자신만 생각하고 타인을 잊어버리면, 우리의 마음은 매우 좁은 공간만 차지하게 된다. 그 작은 공간 안에서는 작은 문제조차 크게 보인다. 하지만 타인을 염려하는 마음을 갖는 순간, 우리의 마음은 자동적으로 넓어진다. 이때는 자신의 문제가 아무리 큰 것이라 해도 별로 크게 느껴지지 않는다.

티베트의 영적인 지도자 달라이 라마와
그의 중국인 친구가 나누는 용서의 대화

30년 전, 빅터 챈이 처음으로 달라이 라마를 만났을 때, 그는 자신이 태어난 홍콩을 떠나 아시아 여러 지역을 방랑하던 젊은 여행자였다. 티베트 난민 정부가 있는 북인도 다람살라에 도착한 챈은 중국인이라는 이유 때문에 달라이 라마가 자신을 적대적으로 대하지 않을까 몹시 걱정했다. 하지만 달라이 라마는 챈이 입고 있는 발목까지 오는 검은 망토와 뒤로 묶은 말총머리, 희한하게 자란 염소 수염을 보며 연신 웃음을 터뜨렸다. 그리하여 두 사람의 만남은 금방 따뜻한 우정으로 피어났다.

그후 지금까지 챈은 이 따뜻하고, 잘 웃고, 장난 잘 치는 티베트 지도자와 함께 세계 전역을 여행했다. 인도에서 아일랜드까지, 둘만의 명상 시간에서부터 세계 지도자들과의 만남에 이르기까지 중국인 학자 챈은 달라이 라마와 함께하는 전례 없는 특권을 누렸다. 챈은 달라이 라마의 새벽 명상 시간에 동참하고, 그가 수많은 특별한 사람들을 만날 때나 아픈 아이들을 위로할 때도 옆에 서 있었다.

(뒷날개에 계속)

ം 서

The Wisdom of forgiveness
by H.H. The Dalai Lama & Victor Chan

Copyright © 2004, H.H. The Dalai Lama and Victor Chan
All rights reserved.

Korean Translation Copyright © 2004, by The Ancient Future Publications
Korean edition is published by arrangement with Riverhead Books,
Penguin Group(USA) Inc. through Eric Yang Agency, Seoul, Korea

Photographs © Steve Pyke, Brian Harris, Eric Valli, Danielle Föllmi,
            Olivier Föllmi, Matthieu Ricard

이 책의 한국어판 저작권은 에릭양 에이전시를 통한 Riverhead Books,
Penguin Group(USA) 사와의 독점 계약으로 오래된미래에 있습니다.
저작권법에 의해 한국 내에서 보호를 받는 저작물이므로 무단전재와 무단복제를 금합니다.

용서

달라이 라마 · 빅터 챈
류시화 옮김

오래된미래

만일 나를 고통스럽게 만들고 상처를 준 사람에게
미움이나 나쁜 감정을 키워 나간다면,
내 자신의 마음의 평화만 깨어질 뿐이다.
하지만 내가 그를 용서한다면,
내 마음은 그 즉시 평화를 되찾을 것이다.
용서해야만 진정으로 행복할 수 있다.

―달라이 라마

차 례

옮긴이의 말 · 용서의 지혜 8

1
함께 있어서 기분 좋은 사람 13

2
친절이라는 이름의 종교 29

3
영혼이 살아있는 얼굴 43

4
용서와 마음의 평화 57

5
가장 큰 수행은 용서 75

6
세상에서 가장 이타적인 사람 93

7
보살피는 마음, 나누는 마음 105

8
용서하라, 그러면 행복해진다 123

9

자비와 상호 의존의 가르침 137

10

지혜로운 자의 눈 155

11

자기를 비운 사람의 아름다움 167

12

지혜와 자비는 새의 두 날개 181

13

공중을 나는 요가 수행자 199

14

나를 아파하는 대신 남을 아파하라 215

15

행복한 삶에 이르는 길 237

16

보리죽 한 그릇의 만족 261

17

단순한 삶, 고요한 마음 277

용서의 지혜

 10년 전 처음으로 티베트에 여행을 갔을 때 많은 것들이 내게는 놀라움으로 다가왔다. 무엇보다 인도와 네팔 여행으로 다져진 내 몸과 정신을 간단히 쓰러뜨려 버리는 고산병의 위력에 놀랐으며, 오래된 사원들과 달라이 라마가 살았던 포탈라 궁의 장엄함에 놀랐다. 눈이 부신 히말라야 설산들과 함께 티베트를 제압하고 있는 중국 군대도 놀라움의 대상이었다. 그들은 어디에나 있었으며, 수도 라싸는 물론 외딴 지역까지 이미 중국인들의 세상이었다. 티베트식 양탄자라고 하는 것들도 더 이상 티베트제가 아니었으며, 보리주나 야크 버터 차를 제외하고는 식당에서 나오는 음식들도 티베트 음식이 아니었다.
 티베트 불교의 상징인, 라싸 중심가에 있는 조캉 사원 바로 앞에는 중국 정부가 내건 붉은 현수막 하나가 위압적으로 걸려 있다. 거기에는 '정신 개혁이 문명의 시초'라고 씌어져 있었다. 티베트를 강제 점령하고 수많은 사람을 죽였으며 사원과 경전들을 불태운 중국이 동양의 심원한 사상을 간직한 티베트 인들을 향해 정신을 개혁하라고 윽박지르고 있는 것이다. 그 현수막을 바라보는 것 자체가 슬픔이었다.
 시간이 지나면서 티베트를 더 자세히 들여다보게 되었는데, 나를 더욱 놀라게 한 것이 한 가지 있었다. 다정하고 호기심 많은 티베트 인들의 삶의 자세였다. 그들이 중국의 침략으로 얼마나 많은 고통을 겪었는가는 상상조차 하기 힘든 일이다. 가족들은 죽었고, 살아남은 사람들은 감옥에 갇혔다. 중국이 아무리 물질적으로 발달한다 해도 티베트에서 자신들이 저지른 실상을 고백하지 않는다면 그들은 끝내 정신적으로 타락한 민족이 될 수밖에 없을 것이다. 하지만 내가 거리와 여인숙과 상점에서 만난 티베트 인들은 언제나 웃고 있었고, 유머와 장난기와 명랑함이 넘쳐 흘렀다. 내 고산병을 치료한 것은 티베트 여의사가 내민 정체불명의 중국산 드링크제 한 병과, 마주칠 때마다 내게 농담을 던지던(주로 내 장발 머리에 대해) 바코르의 여인숙 종업원 롭상의 다정함이었다.
 중국의 잔악 행위로 인해 겪은 고통을 화제로 꺼낼 때마다 내가 만난 티베트 인들은 한결같이 '용서'를 이야기했다. 특히 그 일을 직접 겪은 당사자들이 더욱 그런 자세를 가지고 있었다. 흐린 버터 등잔 아래서 투박한 손과 떨리는 목소리로 자신들의 아픔과, 그 아픔을 안겨 준 사람들에 대한 용서를 이야기하는 이들의 인간적인 모습은 진한 감동 그 자체였다.
 나는 또 티베트를 대표하는 피리 연주자 나왕 케촉과 몇 차례 만난 적이 있다. 티베트 인 특유의 느닷없는 호탕한 웃음과 장난기 때문에 우리는 금방 친구가 되었는데, 그는 한국의 내 집을 방문한 자리에서 자신의 삶과 음악의 근본은 평화와 자비의 정신임을 강조했다. 그리고 그는 연주회를 시작할 때마다 어김없이 '세상에 존재하는 모든 생명체들에게 자비와 평화가 깃들기를' 기원하는 티베트 기도문을 낭송했다.

훗날 북인도 다람살라와 해마다 큰 법회를 여는 보드가야에서 달라이 라마의 모습을 보면서 나는 티베트 인들의 그런 친절과 용서의 힘이 바로 그들의 영적 지도자로부터 나오는 것임을 깨달았다. 그는 우리가 텔레비전에서 흔히 보듯이 군중을 헤치고 나아가며 방탄 유리 안에서 손을 흔드는 정치인이나 종교 지도자들과는 사뭇 달랐다. 그는 언제나 웃고 있었고, 경호원들을 벗어나 따뜻하게 미소 지으며 사람들의 손을 맞잡았으며, 때로는 다른 사람들의 턱수염을 잡아당기기도 했다. 티베트 수도승들이 흔히 그렇듯, 그의 둥근 어깨는 겸손함을 나타내기 위한 무의식적인 몸짓이 오랜 세월 동안 영구적인 상태로 굳어져 인사를 할 때는 마치 곱추처럼 앞으로 굽어 있었다. 그는 아직도 젊은이와 같은 순수함을 갖고 있었으며, 용서를 이야기할 때는 뜨겁고 진지했다. 그리고 그들의 목걸이와 의상만큼이나 독특한 색채를 지닌 티베트 인들의 용서와 자비의 사상은 세상의 모든 존재가 서로 연결되어 있고 상호 의존하고 있다는 오랜 지혜에서 오는 것이었다.

왜 지금 용서를 말하는가?

달라이 라마가 늘 강조하듯이, 모든 생명 가진 존재는 행복을 최대의 목표로 삼는다. 세속적인 행복뿐 아니라 궁극의 행복에 이르는 것이 우리 모두의 이상이다. 하지만 우리들 대부분은 전생애에 걸쳐 상처와 고통을 끌어안고 살아가며, 그것은 또 다른 생의 비극을 가져오는 인과관계로 이어진다. 문제는 우리 안에 있는 미움과 질투와 원한의 감정이다. 이 부정적인 감정들은 행복에 이르는 길을 가로막는 가장 큰 장애물이며, 그 장애물을 뛰어넘는 유일한 길이 용서라고 달라이 라마는 말한다.

하지만 용서는 결코 쉬운 일이 아니다. 개인의 차원에서나 큰 공동체 차원에서나 상처는 깊고 오래 간다. 종교를 통해 늘 용서의 의미와 가치를 설득당하지만, 현실에서 우리에게 부당하게 상처를 안겨 준 이들에 대한 감정의 골은 좀처럼 지워지지 않는다. 사랑을 배반한 과거의 연인, 은혜를 원수로 갚는 사람, 부당하게 재산을 갈취한 형제, 나를 감옥에 가둔 독재자와 그 정권에 협력한 기득권자들, 더구나 그들이 부도덕하게 살아가고 있는 모습을 상상하는 것만으로도 용서가 아닌 미움과 복수의 감정이 앞선다.

그러므로, 용서는 삶 속에서 실천할 수 있는 가장 큰 수행이라고 달라이 라마는 말한다. 그것은 인간이 근본적으로 지닌 자비로운 심성과 더불어 오랜 성찰과 명상, 그리고 인과관계의 문제와 사물의 실상에 이르기까지 통찰력을 필요로 하는 일이다. 힌두교의 오래된 경전〈바가바드 기타〉는 '용감한 사람을 보기를 원하면 용서할 줄 아는 사람을 보라. 영웅을 보기를 원하면 미움을 사랑으로 되돌려 보내는 사람을 보라.'고 말하고 있다. 용서는 자신 안에 갇힌 에너지를 밖으로 내보내 세상에서 선한 일을 하는 데 쓸 수 있게 한다. 용서의 실천은 우리 자신과 이 세상을 치료하는 데 가장 중요한 기여를 한다. 상처의 진정한 치유는 용서에서 온다는 것을 우리가 깨닫지 못할 까닭이 없다.

달라이 라마의 순수한 장난기와 유머, 호탕한 웃음소리가 가득한 이 책〈용서〉는 인간의 본성에 대한 진지한 탐구와 더불어 달라이 라마 자신의 밝고 긍정적인 성격 때문에 더욱 빛을 발한다.

그는 보통 사람이라면 적으로 생각했을 사람들을 어떻게 사랑할 수 있게 되었는가? 그의 개인적인 두려움은 무엇인가? 그의 심장은 의학적으로 어떤 상태인가? 그리고 오랜 명상 수행을 거친 사람은 자신의 신체적인 고통을 어떤 식으로 받아들이는가? 이 책은 이런 의문들에 대한 해답과 함께, 생생하고 감동적인 일화들로 마치 달라이 라마와 마주 앉아 용서와 행복에 대한 대화를 나누고 있는 듯한 느낌을 갖게 한다.

달라이 라마는 가난, 전쟁, 미움으로 가득한 이 세계에 희망을 가져다준다. 만일 그가 왜 전세계 지성인들로부터 가장 존경받는 종교인인가에 대해 의문을 가져 본 적이 있다면, 이 책은 우리를 그가 살고 있는 방과 그의 여행과 그가 만나는 사람들 곁으로 데려다 줌으로써 그 답을 풀어 준다. 즐거움을 만드는 그의 탁월한 능력과 명랑함, 겸손함, 정직함은 곧바로 우리 자신을 비춰 준다. 달라이 라마의 얼굴을 겉표지에 담은 책은 많지만, 〈용서〉는 그의 웃음소리를 가장 많이 담고 있는 책이다. 그 웃음은 다름 아닌 용서에서 나오는 당당한 힘이다.

류시화

1
함께 있어서 기분 좋은 사람

나는 마음 깊은 곳에서는 누구의 탓도 하지 않고, 누구에 대해서도
나쁜 생각을 하지 않는다. 또한 나 자신보다 타인을 더 많이
생각하고, 그들이 나보다 훨씬 중요한 존재들이라고 여긴다.
나는 늘 타인에게 행복한 느낌을 전달하려고 노력한다.

 그녀는 금방 눈에 띄었다. 프라하 성의 작은 연회장, 그녀는 사람들을 헤치고 접근 금지선 바로 앞까지 다가갔다. 짧은 금발 머리에 목에는 자주색 스카프를 두른, 삼십대 초반의 매력적인 여성이었다. 그녀의 얼굴은 기대감으로 가득 차 있었다.

2000년 10월, 체코의 하벨 대통령은 달라이 라마를 비롯한 전 세계의 유명한 사상가들을 프라하로 초청해, 교육과 영적 가치에 대한 세미나를 열었다. 수많은 인터뷰 요청을 감당하기 위해 달라이 라마는 공동 기자 회견을 열었다. 그는 이제 막 대만 신문기자의 질문에 답한 참이었다. 다섯 명의 대만 기자들이 그 자리에 참석했고, 그들 모두는 달라이 라마가 중국과 대만에 대해 어떤 생각을 갖고 있는지 알고 싶어했다.

그리고 나서 곧바로 그 금발 여성이 질문 마이크를 잡았다. 목에 매단 두 대의 무거운 카메라 때문에 그녀는 몸이 앞쪽으로 기울어져 있었다.

그녀가 물었다.

"우린 지금 인터넷 시대에 살고 있습니다. 그리고 당신은 많은 명상 기법들을 알고 있습니다. 전 당신이 텔리파티에 매우 능통해 있으리라고 확신합니다만…….”
"텔라요?"
달라이 라마는 그 말을 이해하지 못해 약간 당황한 듯했다.
여자가 다시 말했다.
"텔리파티요."
마침내 달라이 라마도 이해했다.
"아, 텔레파시!"
"네, 자신의 생각을 다른 사람에게 전달하는 것 말입니다."
여자는 집요한 시선으로 달라이 라마를 쳐다보았다. 표정에 진지한 기색이 역력했다. 억양으로 보아 체코 인이거나 독일 출신인 듯했다.
"내가요?"
달라이 라마가 특유의 굵고 우렁찬 목소리로 크게 외쳤다. 그 목소리가 화려한 연회장 안에 쩌렁쩌렁 울려 퍼지자, 그곳에 모인 백 명 가까운 언론사 기자들과 카메라맨들이 일제히 웃음을 터뜨렸다.
"아뇨. 전혀요!"
달라이 라마는 강조하듯 말했다.
"절대로 그렇지 않습니다. 나한테 그런 능력은 없습니다. 하지만 내게도 그런 힘이 있었으면 좋겠군요. 그랬다면 당신이 질문을 하기 전에 미리 알았을 것이고……, 그럼 질문을 못 알아듣는 일도 없을 테니까요!"
그렇게 말하고 나서 달라이 라마는 고개를 뒤로 젖히고 큰소리로 웃기 시작했다. 가뜩이나 표정이 풍부한 얼굴에 유쾌한 주름을 하나 가득 만들며, 그는 한참 동안 자신을 주체하지 못하고 웃음을 터뜨렸다. 기자들도 마찬가지였다. 한 체코 기자는 너무 웃어서 눈물을 훔쳐낼 정도였다. 그렇게 해서 연회장에 있던 모든 사람들은 잔뜩 긴장했던 달라이 라마와의 기자 회견이 재미있어지기 시작했다.

금발 여자는 잠시 바닥을 내려다보았다. 분명 달라이 라마의 대답에 실망한 얼굴이었다. 하지만 그녀는 이런 소동에 흔들리지 않기로 결심한 듯했다. 그녀는 계속 밀어붙였다.

"제 질문은 이것입니다. 당신은 가끔 이메일을 사용하시나요, 아니면 여전히 텔리파티를 쓰시나요?"

그녀는 분명 텔레파시가 달라이 라마가 숨기고 있는 비밀 무기 중 하나라고 확신하는 듯했다.

마침내 달라이 라마는 옆에 서 있는 비서실장 텐진 게셰 테통에게 고개를 돌려 도움을 청하는 몸짓을 보냈다. 그들은 잠시 티베트 어로 말을 주고받았다. 기다리는 동안 여자의 얼굴이 붉게 상기되었다.

마침내 텐진 게셰가 공손한 어조로 설명했다.

"달라이 라마께서 개인적으로 이메일을 사용하시지는 않지만, 티베트 망명 정부의 모든 사무실에는 이미 인터넷이 보편화되어 있습니다."

달라이 라마가 티베트 어로 몇 마디 덧붙이자, 텐진 게셰가 이어서 말했다.

"컴퓨터에 관한 한, 달라이 라마께서는 전원을 켜기 위해 어떤 버튼을 눌러야 하지는지에 대해서도 애를 먹곤 하십니다."

비서실장은 대개 이런 공개적인 자리에서는 자신의 감정을 드러내지 않는 법인데도 불구하고, 텐진 게셰는 자신도 모르게 얼굴 가득 미소를 짓고 말았다.

달라이 라마가 좀더 설명을 하고 나섰다. 그는 자신의 손을 얼굴 가까이 대고서 쫙 펼친 손가락들을 바라보며 말했다.

"내 손가락들은 컴퓨터보다는 십자 드라이버 같은 연장을 사용하는 데 훨씬 알맞습니다."

그는 이제 오른손을 목수의 연장처럼 만들어 보였다. 카메라 셔터 누르는 소리들이 최고조에 달했다. 달라이 라마는 자신의 말에 열중한 채, 손가락들을 움직여 보이며 말을 이었다.

"이런저런 자질구레한 일들을 하다 보니, 이제 최소한의 것들은 내 손으로 직접 할 수 있게 되었습니다. 하지만 컴퓨터에 있어서는 구제불능에 가깝지요."

그는 그렇게 말하면서 둘째 손가락으로 서툴게 테이블을 서너 번 두들겨 보였다.

회견이 끝나자, 기자들이 달라이 라마와 악수를 하기 위해 앞다퉈 몰려들었다. 금발 여성도 그 가운데 있었다. 달라이 라마는 그녀에게 다가가, 그녀의 얼굴에 바싹 얼굴을 들이대고는 느닷없이 둘째 손가락으로 그녀의 이마를 세게 눌렀다. 그녀는 놀라서 비명을 지르며, 재빨리 오른손으로 그의 손을 잡았다. 두 사람은 아무 거리낌없이 큰 소리로 웃음을 터뜨렸다.

달라이 라마는 어렸을 때부터 장난기로 유명했다. 그것은 나이가 칠십을 넘은 지금도 여전했다. 그와 함께 많은 여행을 하면서,

나는 그가 주어진 어떤 상황에서도 즐겁고 자연스럽게 반응하는 것을 수없이 목격해 왔다.

최근 들어, 달라이 라마는 국제적인 아이콘이 되었다. 그가 티베트 인들의 정신적인 지도자라는 것, 가장 눈에 띄는 불교의 상징이라는 사실은 대중에게는 그리 중요하지 않다. 서구 세계에서 그는 어떤 면에서는 고행하는 슈퍼스타, 또 어떤 면에서는 귀여운 판다 곰처럼 인식되고 있다.

2003년 달라이 라마가 뉴욕을 방문했을 때, 비콘 극장에서 행한 4일 동안의 특별 강론은 완전히 표가 매진되었다. 극장 입구의 전광판은 이렇게 반짝이고 있었다.

'현재 공연 — 달라이 라마. 다음 공연 — 트위스트 시스터와 매운 참치'

강론이 끝난 다음 날, 달라이 라마는 맨하탄 한복판 센트럴 파크에서 공개 강연을 했다. 눈부신 하늘 아래, 동쪽 잔디밭은 그의 충실한 팬들, 영적인 구도자들, 그리고 단순히 호기심에서 온 사람들로 가득 메워져 있었다.

거대한 무대가 세워지고, 무대 양쪽에는 두 대의 대형 모니터가 설치되었다. 잔디밭에 앉지 못한 사람들은 우거진 나무들 뒤편에서, 나뭇잎 사이로 간신히 내다보아야만 했다. 명실상부하게 그해 최대의 이벤트였고, 10만 명의 사람들이 운집했다. 배우 리처드 기어가 주관한 이 행사는 그야말로 작은 우드스탁(1969년 뉴욕 근교의 베델 평원에서 개최된 록 페스티벌. 지미 헨드릭스, 존 바에즈 등 당시 최고의 가수들이 참가했음)이라고 할 수 있었다. 센트럴 파크에서 이

보다 더 많은 군중을 끌어 모은 사람은 빌 그레이엄 목사와 교황뿐이었다.

그날 달라이 라마는 컨디션이 무척 좋아 보였다. 그의 바로 몇 발자국 뒤에 서 있던 나는, 구름처럼 모인 군중을 보며 그의 에너지가 차오르는 것을 느낄 수 있었다. 그는 평소처럼 겸허했고, 부드러운 유머와 진심 어린 웃음을 보여 주었다.

미리 써둔 연설 원고 없이 달라이 라마는 청중을 향해 곧바로 말했다.

"여러분 중 일부는 달라이 라마에 대한 특별한 기대를 품고 이 자리에 왔을 것입니다. 노벨 평화상 수상자가 뭔가 흥미로운 정보나 특별한 이야기를 들려줄 것이라고 말입니다. 하지만 그런 건 전혀 없습니다! 난 그저 몇 가지 사소한 이야기 외에는 들려드릴 것이 없습니다."

그런 다음 그는 자신이 좋아하는 주제로 힘있게 나아갔다.

"우리는 인간에 대한 애정을 키우기 위해 모든 노력을 기울여야 합니다. 폭력과 전쟁에 반대하면서 다른 해결 방식도 존재한다는 것을 보여 주어야 합니다. 비폭력적인 방식이 그것입니다. 인류를 하나의 전체로서, 한 생명으로서 바라보아야만 합니다. 오늘날의 진실은, 전세계가 마치 한 몸으로 연결되어 있는 것과 같다는 것입니다. 어딘가 먼 장소에서 무슨 일이 일어나면, 그 영향은 반드시 여러분이 살고 있는 곳까지 미칩니다. 여러분의 이웃을 적으로 여겨 미워하고 파괴한다면, 그것은 결국 여러분 자신에 대한 미움과 파괴로 돌아옵니다. 우리의 미래는 전 지구의 평화에 달려 있습니다."

그는 몇 분이 채 지나지 않아 군중의 주의를 집중시켰다.

달라이 라마에 대한 경외감에 젖어 있는 듯이 보이는 한 티베트 사진작가는 내 귀에 대고 속삭였다.

"저 분은 대필 원고가 전혀 필요 없어요. 저 분 자신이 곧 살아 있는 지혜의 원천이거든요. 오늘날의 세계에 가장 필요한 지혜이지요."

달라이 라마는 왜 자신이 그토록 사람들을 끌어당기는지 생각해 본 적이 있을까? 그와 나눈 대화 중 하나에서, 나는 그에게 물었다.

"한 가지 바보 같은 질문이 있는데요."

그 티베트 지도자는 북인도 다람살라에 있는 그의 접견실 팔걸이 의자에 평소처럼 가부좌를 틀고 앉아 있었다.

"당신은 왜 그토록 인기가 좋은가요? 당신의 어떤 점이 그토록 많은 사람들을 매혹시키는 걸까요?"

달라이 라마는 내 질문에 심사숙고하면서 잠시 미동도 하지 않고 앉아 있었다. 내가 예상했던 것처럼 그는 이 질문을 농담으로 털어 버리지 않았다.

그는 진지한 어조로 대답했다.

"내 자신이 특별히 뛰어난 면을 지니고 있다고는 생각하지 않습니다. 아마 몇 가지 작은 장점들은 있겠지요. 나는 무엇보다 긍정적인 사고방식을 가지고 있습니다. 물론 때로는 나도 약간 흔들릴 때가 있지요. 하지만 마음 깊은 곳에서는 절대로 누구의 탓도 하지 않고, 누구에 대해서도 나쁜 생각을 하지 않습니다. 나는 또

한 나 자신보다 다른 사람들을 더 많이 생각하려고 노력합니다. 다른 사람들이 나보다 훨씬 중요한 존재들이라고 나는 여깁니다. 어쩌면 나의 이런 선한 마음 때문에 사람들이 나를 좋아하는 게 아닐까요.

처음엔 아마도 호기심 때문에 사람들이 내게 관심을 가질 거라고 생각합니다. 그 다음엔 아마……. 대개 나는 누구를 처음 만나도 그가 낯선 사람처럼 느껴지지 않습니다. 나는 언제나 생각합니다. 그 사람 역시 특별할 것이 없는 또 다른 인간 존재일 뿐이라고. 그 점에선 나 자신도 마찬가지이지요."

그는 손가락으로 뺨을 문지르며 말을 이었다.

"이 피부 아래에는 똑같은 본성, 똑같은 종류의 욕망과 감정이 숨겨져 있습니다. 나는 늘 다른 사람에게 행복한 느낌을 전달하려고 노력합니다. 그러면 결과적으로 많은 사람들이 나에 대해 긍정적인 것들을 말하기 시작합니다. 그렇게 되면 더 많은 사람들이 나를 만나러 오지요. 그 평판을 따라서요. 어쩌면 그런 것일 수도 있습니다."

달라이 라마의 영어에는 흉내낼 수 없는 그만의 독특한 방식이 있었다. 처음 그와 함께 책을 쓰게 되었을 때, 나는 그가 하는 말을 이해하느라 무척 애를 먹었었다. 그의 말들은 어떤 때는 좌절감을 안겨줄 정도로 수수께끼 그 자체였다. 하지만 나는 차츰 그가 말하는 방식에 익숙해졌고, 이제는 그것이 가진 매력과 단순성에 완전히 매료될 정도가 되었다.

내가 말했다.

"때로 사람들은 당신을 만날 때, 당신이 하는 말을 듣지도 못한 채 그저 당신을 바라보는 것만으로도 감동하곤 합니다. 그 이유가 어디에 있을까요?"

달라이 라마는 대답했다.

"때때로 어떤 가수나 유명 배우가 나타나면 사람들이 거의 울부짖고, 펄쩍펄쩍 뛰고, 소리내어 우는 것을 봅니다. 그것과 비슷하지요."

그는 의자에서 몸을 들썩이며 두 팔을 몇 차례 파닥거렸다.

내가 말했다.

"그럼 당신은 자신이 마치 록스타 같다고 생각하나요."

"네, 그렇습니다."

달라이 라마는 사실을 말하듯 평범하게 대답했다. 그리고 나서 말했다.

"하지만 다른 요소들도 있을 겁니다. 우리는 전생에 다른 삶들이 존재했었다는 것을 믿습니다. 따라서 어쩌면 카르마(업)에 따른 어떤 연결, 혹은 더 신비한 무엇인가가 있을 수도 있지요."

그는 눈을 가늘게 뜨고 먼 곳을 응시했다. 나는 그가 자신이 가진 카리스마에 대해 좀더 근접한 설명을 생각해 내려고 노력 중이라는 인상을 받았다.

그는 몸에 걸쳤던 숄을 벗어서 다시 어깨에 감았다.

마침내 그가 말했다.

"그 신비한 차원에 대해 이야기해 봅시다. 예를 들어, 어떤 사람들은 이상한 꿈을 꾸며, 그 꿈이 그들에게 새로운 미래, 새로운 삶, 또는 다른 사람들과의 새로운 연결을 열어 줍니다."

그는 생각을 전개해 나가며 나를 가리켰다.

"당신의 경우를 생각해 봅시다. 어쨌거나 예기치 않은 뭔가가 당신을 이곳으로 데려왔습니다. 아프가니스탄에서의 납치 사건이 그것이지요. 만일 그 일이 일어나지 않았다면 당신은 이곳에 없을지도 모릅니다. 그렇다면 나와의 이 모든 관계, 티베트 인들과의 관계들도 발전시킬 수 없었겠지요. 따라서 나는 우리의 삶에서 일어나는 모든 일에 다 원인과 조건들이 있다고 확신합니다. 불교적인 관점에서 보면 많은 전생들에 카르마적인 연결이 있을지도 모릅니다. 어쩌면 그것이 오늘날 많은 사람들이 나에 대해 가깝게 느끼는 이유일 수도 있지요."

그렇다, 아프가니스탄에서의 납치 사건. 1971년, 나는 대학을 졸업한 뒤 위트레흐트(네덜란드의 한 도시)에서 폭스바겐 캠핑카를 구해, 네덜란드에서 인도까지 가는 육로 여행에 나섰다. 터키와 이란을 가로지른 다음, 나는 반년을 아프가니스탄에서 보냈다. 당시 아프가니스탄은 기존 사회로부터 이탈한 젊은이들과 모험가가 되기를 꿈꾸는 이들의 피난처였다.

그 여행이 거의 끝나갈 무렵, 나는 두 명의 젊은 여자—뉴욕에서 온 셰릴과 뮌헨에서 온 리타—와 함께 아프가니스탄 남자 세 명에게 납치를 당했다. 그들은 권총 한 정을 휘두르며 우리를 위협해 심하게 녹슨 차에 태운 뒤, 힌두쿠시 산맥 고지대의 작은 마을로 데려갔다. 며칠 동안 붙잡혀 있던 우리는 그들의 차가 급커브에서 미끄러져 산비탈에 부딪친 틈을 타 가까스로 탈출하는 데 성공했다.

곧이어 셰릴과 나는 인도 여행을 함께 하기로 결정했다. 그녀는 다람살라에서 망명 중인 달라이 라마에게 보내는 소개 편지를 지니고 있었다. 우리는 곧바로 그림 같은 티베트 정착촌을 향해 출발했다. 다람살라에 도착하고 며칠 지나서 접견 허락이 떨어졌다. 1972년 3월의 서늘하고 구름이 낮게 깔린 어느 봄날, 나는 모든 티베트 인들의 영적 지도자이자, 동시에 티베트 인들에게 현실 세계의 지도자인 달라이 라마를 처음으로 만났다.

운명, 카르마. 무엇이라고 불러도 좋다. 그렇다, 달라이 라마의 말이 옳았다. 만일 아프가니스탄에서 납치 사건을 겪지 않았더라면 틀림없이 나는 달라이 라마를 만나지 못했을 것이다. 그와 함께 책을 쓰고, 그가 가진 카리스마에 대해 질문을 던지는 건 둘째치고라도.

달라이 라마는 자신이 가진, 사람을 끌어당기는 커다란 힘에 대한 내 질문에 여전히 심사숙고하면서 말을 이었다.

"또한, 많은 사람들이 내 웃음을 좋아합니다. 하지만 그게 어떤 종류의 웃음인지, 어떤 종류의 미소인지 나는 모릅니다."

내가 말을 받았다.

"많은 사람들이 그 웃음에 대해 한마디씩 하지요. 당신이 가진 장난스러움에 대해서도요. 당신은 70세가 다 됐지만, 여전히 장난을 좋아하고, 스스로를 심각하게 받아들이지 않습니다."

달라이 라마가 말했다.

"우선, 티베트 사람들은 대개 쾌활한 성격을 갖고 있습니다. 많은 고난에도 불구하고 우리는 항상 웃을 준비가 되어 있습니다. 내 가족들도 마찬가지입니다. 걀로 쏜둡(달라이 라마의 둘째 형)만 제외하고는 가족 모두가 그렇죠. 큰형 노르부는 언제나 장난칠 준비가 되어 있고, 늘 짓궂게 농담을 합니다. 세상을 떠난 내 바로 손윗형 롭상 삼텐은 매우 재미있고 지저분한 농담을 즐겨했지요. 그리고 나도 그렇습니다. 막내 동생 텐진 소갈, 여동생 젯순 페마, 또 돌아가신 큰누나도 다 심각하지 않습니다. 돌아가신 어머니도 마찬가지였습니다. 아버지도 성격은 급하셨지만 마음만은 언제나 밝으셨지요.

내 자신의 경우, 나는 늘 평화로운 마음을 유지하고 있습니다. 힘든 상황이나 가끔씩 들려오는 매우 비극적인 소식에도 불구하고, 내 마음은 그리 많이 흔들리지 않습니다. 잠깐 동안은 슬픈 기분이 들지만, 그것이 오랫동안 지속되거나 내 마음을 괴롭히지는 않습니다. 몇 분이나 몇 시간 안에 그 감정은 사라져 버리지요. 그래서 나는 마음의 상태를 바다에 비유하기를 좋아합니다. 표면에서는 파도가 왔다갔다 하지만, 바다 속은 언제나 고요히 머물러 있습니다."

데스먼드 투투 대주교(남아프리카 공화국의 인종 분리 정책에 비폭력 투쟁으로 대항, 1984년 노벨 평화상을 받음)가 말했듯이, 달라이 라마와 만난 사람들은 거의 예외 없이 그를 '진짜'라고 느끼게 된다. 왜 그런지 정확한 이유도 모른 채, 사람들은 그에게서 깊은 영향을 받고, 멀리서도 그의 진실한 인간성에 이끌린다.

어쩌면 달라이 라마의 강렬한 현존은 그가 지닌 깊은 영성의 샘과 관련이 있을지도 모른다. 또한 누구나 입을 모아 말하는 그의 따뜻함은 단순히 그의 영적 깨달음의 표현이 아닐까?

대답은 쉽지 않다. 나는 거의 30년 넘게 달라이 라마를 알아 왔으며, 그 자신도 나를 '오랜 친구'라고 부른다. 지난 몇 해 동안 이 책을 공동 집필하면서, 나는 전에 없이 그와 가깝게 지낼 수 있었다. 가까운 거리에서 달라이 라마를 지켜보았고, 그의 수행원이 되어 전세계로의 여행에 동행했으며, 그의 사택에서 함께 시간을 보내기도 했다. 그럼에도 불구하고 그가 가진 놀라운 흡인력을 정확히 집어내기는커녕, 그것을 설명할 단어들조차 찾기 어렵다. 아마도 그의 본질을 이해하기 위해서는 반세기에 걸친 불교도로서의 수행, 그리고 주위 세상과 관계를 맺는 그만의 독특한 방식을 살펴보아야 할 것이다.

삶에 대한 달라이 라마의 접근 방식은 많은 부분에 있어 몇 가지 근본적인 통찰력을 바탕으로 하고 있다. 그것들을 설명하기는 쉽지 않다. 그는 몇 번에 걸쳐 내게 상호 의존과 공空의 개념에 대해 설명했다. 이 두 가지는 그에게 있어서 매우 중요한 개념들이다. 나는 그가 하는 말을 주의 깊게 듣고 노트에 옮겨적었다. 내가 그 개념들을 이해하느라 무척 애를 먹었다는 사실을 고백해야만 하겠다.

하지만 그의 그림자가 되어 몇 시간이나 계속해서 그와 함께 있음으로써, 나는 그를 정의하는 몇 가지 특성들을 확인할 수 있었다. 무엇보다 자비와 비폭력의 원리가 달라이 라마가 세상을 바라보는 방식의 근본을 이루고 있다. 또한 그는 갈등과 미움의 해결책으로서 한결같이 용서를 선택한다. 이것들이 그의 행동을 결정 짓는다.

나는 이 한 가지만은 확실하게 알고 있다. 어쨌든 달라이 라마 주위에 있으면 나는 기분이 좋아진다. 또한 다른 사람들도 그와 가까이 있으면 좋은 기분이 된다는 것도 알고 있다. 어쩌면 우리는 그가 스스로 말한 대로 행동한다는 사실을 직관적으로 알아차리는 것인지도 모른다. 우리는 그의 내면에서 보기 드물게 순수한 중심을 느낀다. 빛을 반사하는 거울처럼, 그것은 우리로 하여금 우리 자신의 인간성을 발견하게 하고, 그것에 가까이 다가갈 수 있게 해준다.

어딘가 먼 장소에서 무슨 일이 일어나면, 그 영향은 반드시
내가 살고 있는 곳까지 미친다. 나의 이웃을 적으로 여기고 미워한다면,
그것은 결국 나 자신에 대한 미움으로 돌아온다.

친절이라는 이름의 종교

새벽 4시 정각에 알람이 울렸다. 나는 안도하며 알람을 껐다. 전날 시장에서 산 그 여행용 시계가 제대로 작동할지 걱정했었다. 전에 샀던 인도제 시계들에 실망한 경험이 많았기 때문이다.

급히 옷을 입고 카메라 장비를 챙겨 배낭 여행자 숙소를 나섰다. 바깥쪽 히말라야인 다울라다르 산의 어슴푸레한 윤곽이 다람살라의 야트막한 구릉지대 너머로 솟아 있는 것을 볼 수 있었다. 사방은 고요했다. 마을이 잠에서 깨어나려면 아직 두 시간은 더 지나야 했다. 인적이라곤 그림자 하나 보이지 않았다. 나는 빠른 걸음으로 작고 텅 빈 버스 정류장 앞을 지나, 달라이 라마의 처소를 향해 난 구불구불한 길을 따라 뛰기 시작했다.

달라이 라마의 비서실장 보좌관인 텐진 타클라가 사택 정문에서 나를 기다리고 있었다. 반소매 셔츠에 긴 회색 바지를 입은 그는 이른 시간인데도 충분히 잔 사람처럼 편안해 보였다. 나는 약간 당황하고 있었다. 서늘한 기온에도 불구하고 셔츠가 땀에 젖어 불편하게 등에 달라붙었다.

내가 사과의 인사를 했다.

"이렇게 일찍 일어나게 해서 죄송합니다."

잘생긴 30대 남자 텐진이 살짝 미소를 지으며 대답했다.

"아, 아닙니다. 저는 달라이 라마께서 새벽 명상을 하실 때 옆에 있었던 적이 거의 없습니다. 저에게도 드문 영광인걸요."

나는 한 해 전인 1999년부터 우리가 공동 집필하는 책을 위해 달라이 라마와의 특별 대화를 시작했다. 하지만 이렇게 아침 일찍 그를 접견하도록 허락 받은 것은 이번이 처음이었다.

이른 시간인데도 대여섯 명의 인도 병사들과 두 명의 티베트 인 경호원이 사택 입구 주위를 순찰하고 있었다. 텐진은 나를 데리고 곧바로 커다란 철제 문으로 들어갔다. 나는 놀랐다. 비록 지난 1년 동안 여러 차례 달라이 라마와 대화를 나눔으로써 유명 인사가 되긴 했지만, 나는 언제나 일련의 금속 탐지기를 통과해야만 했고 티베트 경호원들의 철저한 몸수색을 받아야만 했었다. 모든 방문자가 이 과정을 거쳐야만 했다. 예외는 없었다.

그런데 이 아침, 나는 보이지 않는 선을 넘은 듯했다. 적어도 이제 나는 티베트 인이 아닌 사람으로서 신뢰받는 몇 안 되는 달라이 라마의 막역한 친구 중 한 사람이 된 것이다. 숨긴 무기가 없는지 수색당하지 않고 달라이 라마의 사적인 공간에 들어가도록 허락을 받은 것이다.

나의 기억은 1972년 3월, 처음으로 이 똑같은 문을 걸어들어갔을 때의 일로 거슬러 올라갔다. 그때는 인도인 보초 한 명만이 입구를 지키고 있었다. 나는 언제나 달라이 라마를 처음 만났던 그 봄날의 기억을 소중하게 간직할 것이다. 그때 내 나이 스물일곱이었다.

그 당시 나는 접견을 위해 나름대로 공들여 옷을 입는다고 몸에 딱 맞는 검은색 벨벳 바지를 입었다. 그런데 엉덩이 부분이 문제였다. 너무 닳아서 속이 다 들여다보일 지경이었다. 카불(아프가니스탄의 수도)에서 산 검은 면 셔츠는 가볍고 부드러웠으며, 소매 끝에는 손으로 수놓은 얇은 띠가 대어져 있었다.

하지만 무엇보다 압권은 마라케시(북아프리카 모로코 남서부의 도시)에서 산 모자 달린 검은 망토였다. 나는 그 망토에 유난히 애착을 가지고 있어서, 날이 아주 덥지 않는 한 언제나 그 망토를 조로 스타일로 몸에 두르고 다녔다.

나는 온통 검은색인 내 의상이 푸만추(영국 작가 색스 로머의 작품에 나오는 중국인 악당)식 염소 수염과 잘 어울린다고 생각했다. 지난 2, 3년간 유럽과 아시아를 여행하면서 나는 끈기 있게 그 수염을 길렀다. 하지만 실망스럽게도 수염이 너무 가늘고 듬성듬성해서, 내가 애초에 기대했던 풍성한 수염과는 거리가 멀었다. 게다가 수염이 내 목젖을 향해 안쪽으로 자꾸만 꼬부라드는 경향이 있었다. 나는 수염이 중력에 순응하도록 자주 잡아당겼다. 하지만 날마다 기울이는 노력에도 불구하고 수염은 고집스럽게 안쪽으로 휘어졌다.

내 머리카락은 윤기가 나고, 거의 허리까지 내려올 정도로 길었다. 나는 정성스럽게 머리를 빗어 말 꼬랑지 모양으로 묶었다. 마음에 드는 가장 좋은 옷을 입고, 그 위에 망토를 드리워 바지 엉덩이의 해진 부분을 감춘 나는 소위 티베트의 '신왕神王'을 접견할 만반의 준비가 되었다.

나는 달라이 라마와 그의 나라에 대해 아는 것이 거의 없었다. 홍콩에서 태어나 그곳에서 20년을 보냈지만, 단적으로 말해 영국 직할 식민지의 학교 수업에 티베트는 전혀 등장하지 않았다. 나와 내 중국계 급우들의 관심은 오로지 서양 문물에만 집중되어 있었다. 서구 사회의 사업과 훌륭한 의과 대학들, 눈부신 기술 발전 등이 그것이었다. 세계의 지붕이라고 알려진, 접근조차 하기 어려운 얼어붙은 땅은 분명 그들의 상상력을 자극하는 장소가 아니었다.

나도 그들과 다를 바가 없었다. 한 가지를 제외하고는. 고등학교 때 나는 진용(중국 져장성 출신의 유명한 무협 소설 작가)의 책에 매료되었는데, 그는 내가 젊은 시절에 알았던 가장 탁월한 이야기꾼이었다. 내 상상 속의 티베트는 진용의 열광적인 정신에 의해 만들어졌다. 산꼭대기 은둔처에서 수년간 명상한 끝에 초자연적인 능력을 얻게 되는 신비로운 티베트 라마승에 대해 처음 알게 된 것도 그의 무협 소설을 통해서였다. 정신적, 육체적 무예의 화신인 이들 낭만적인 티베트 수도승들의 이미지가 내 의식 속에 계속 남아 있었다.

내가 달라이 라마를 만나게 된 것은 뉴욕에서 온 불교 신자 셰릴 크로스비 덕분이었다. 그녀의 친구이자 라싸(티베트의 수도) 출신 귀족 집안의 여가장인 도르제 유톡 부인이 그녀를 위해 달라이 라마에게 보내는 소개 편지를 써 준 것이다. 셰릴은 나보다 불과 두세 살 많을 뿐이었지만 정신적인 성숙도에 있어서는 큰 차이가 있었다. 그녀는 자기 확신이 서 있었고, 사람들과 쉽게 친구가 되었다. 우리가 카불에서 납치되어 있는 동안에도 그녀는 우리를 납치한 자들과 스스럼없이 대화를 나눌 만큼 차분한 마음 상태를 유지했다. 탈출한 뒤 그녀는 나와 함께 다람살라로 여행을 했다.

그곳에서 나는 생애 최초로 티베트 인들을 만났다. 남자와 여자들이 기도 바퀴(나무로 된 둥근 통 속에 기도문 적힌 종이를 말아 넣은 것.

여러 가지 크기가 있음)를 돌리며 좁은 골목길을 걸어가고 있었다. 많은 이들이 여전히 전통 의상과 무릎 높이까지 오는 색색의 신발을 신고 있었다. 나는 친절하고 경계심 없는 그들의 얼굴을 홀린 듯이 바라보았다. 그들에게서는 진실한 따뜻함이 느껴졌다. 그들은 잘 웃고, 또 자주 웃었다. 모든 만남마다 항상 유쾌함과 장난기가 넘쳐 흘렀다. 그 점에는 의심할 여지가 없었다. 리틀 라싸라고도 알려진 다람살라는 내가 가본 곳 중 가장 명랑한 장소였다.

접견을 하기로 한 오후, 세릴과 나는 중년의 티베트 인 수행원을 따라 사택의 정문으로 들어갔다. 마당 안에는 인도인 병사 한 명이 비디(담배 잎사귀를 말아서 만든 싸구려 담배)를 피우며 총에 기대어 서 있었다. 그는 우리가 짧은 진입로를 지나 접견실로 들어가는데 거의 쳐다보지도 않았다. 당시 달라이 라마에 대한 보안 조치는 그 정도 수준이었다.

짙은 오렌지색으로 칠해진 접견실은 넓고 환했다. 사방 벽에는 두루마리에 채색된 티베트 그림들이 걸려 있었다. 우리는 편안하고 소박하게 생긴 인도제 팔걸이 의자에 앉아서 기다렸다. 많은 사람들에 의해 살아 있는 신이자 왕으로 추앙 받는 사람을 만난다는 생각에 나는 무척 흥분되어 있었다. 하지만 그 흥분감 속에는 약간의 염려도 함께 깃들어 있었다. 당시 나는 티베트에 대해 모르는 것이 많았지만, 이것만은 잘 알고 있었다. 중국이 50년대 말에 달라이 라마의 조국을 침략해 많은 사람을 죽였으며, 달라이 라마가 인도로 망명하지 않을 수 없게끔 만들었다는 사실이었다. 그리고 누구에게 들어도 점령 기간 동안 중국이 티베트 인들에게 몹쓸 짓을 많이 한 것은 분명한 사실이었다. 그런데 이제 순수한 중국 혈통인 내가 티베트의 최고 지도자와 얼굴을 맞대고 마주 앉게 된 것이다. 1959년 망명한 이후, 달라이 라마가 많은 중국인들을 만났을 것 같지는 않았다. 나는 그가 마음속에 중국인에 대한 적의를 품고 있을까봐 염려가 되었다.

내가 가능한 모든 상황들을 머릿속에 그리고 있을 때, 밤색 승복을 똑같이 입은 두 명의 젊은 수도승이 방안으로 걸어들어왔다. 나는 금방 달라이 라마를 알아보았다. 당시 그는 37세였다. 하지만 안경과 주름살 없는 얼굴 때문에 그가 무척 젊어 보여 깜짝 놀랐다. 다른 많은 티베트 인들과는 달리 그는 얼굴이 창백하고 섬세했다. 그의 부드럽고 겸허한 태도 역시 의외의 사실이었다. 그는 거의 말라보일 정도로 몸이 날씬했다. 함께 나타난 수도승도 마찬가지였는데, 키가 달라이 라마보다 훨씬 작았다. 나는 나중에 그의 이름이 텐진 게세 테통이라는 것을 알았다. 그는 라싸의 한 유명한 가문의 후손으로, 달라이 라마의 통역관이자 비서실장이었다.

자리에 막 앉으려다가 달라이 라마는 문득 우리를 바라보았다. 그는 처음으로 나를 의식했다. 잠시 내 염소 수염을 뚫어져라 쳐다보던 그는 갑자기 낄낄거리며 웃기 시작했다. 지금 내가 익히 알고 있는 굵고 호탕한 웃음소리가 아니라, 높은 톤의 낄낄거리는 웃음이 계속되었다. 그는 도저히 자신을 억제할 수 없다는 듯, 웃음을 참기 위해 몸을 앞으로 구부리기까지 했다.

텐진 게세가 그의 어깨에 부드럽게 손을 올려놓고 그를 팔걸이 의자로 인도했다. 한편 셰릴은 이미 달라이 라마를 향해 큰절을 올리기 시작한 터였다. 그녀는 예상치 못한 웃음소리에 놀랐지만,

어쨌든 절은 다 끝내기로 결심한 듯했다.

그 3월 오후, 나는 어색한 기분으로 그곳에 서 있었다. 내가 뭘 해야만 하는지도 알 수가 없었다. 나는 큰절을 하는 법도 몰랐다. 어쨌거나 내 모습을 보고 미친 듯이 웃어대고 있는 이 젊은 친구에게 넙죽 엎드려 절하고 싶지는 않았다.

마침내 달라이 라마는 간신히 스스로를 자제했다. 그는 셰릴이 티베트 전통에 따라 흰색 스카프인 카따를 두 손으로 받쳐들고 내밀자, 셰릴에게 수줍게 미소를 지었다. 나도 내 것을 펼쳐들고 그에게 다가갔다. 그러자 그는 나를 또 한 번 훔쳐보더니, 다시금 참을 수 없다는 듯 낄낄거리며 웃기 시작했다. 엄숙해 보이는 텐진 게셰마저 이제는 이를 드러내 놓고 씩 웃고 있었다.

그 다음 30분간은 기억이 흐릿하다. 대화가 어떻게 시작되었는지도 기억에 없다. 셰릴이 자신에 대해 이야기하면서, 자기가 티베트 불교 신자이며, 뉴욕에 사는 도르제 유톡 부인의 친구라고 말했던 것이 희미하게 기억난다. 셰릴은 달라이 라마에게 특히 자신의 불교 수행에 대해 몇 가지 질문을 했다. 그녀가 무엇을 알고 싶어했으며 그 대답이 무엇이었는지 나는 오래전에 잊었다.

텐진 게셰가 옆에 서서 세심하게 통역을 해주었다. 그 시절 달라이 라마의 영어는 대다수 인도인들이 자기들 문법에 따라 하는 엉터리 영어보다도 못했다. 통역이 없으면 자신의 생각을 전달하기가 어려울 정도였다. 하지만 그는 이따금 몇 가지 간단한 영어 문장을 시도하기도 했다.

셰릴과 대화를 나누면서 달라이 라마는 잠시 고개를 돌려 나를 바라보았다. 나는 뭔가 그럴듯한 질문을 하기 위해 머리를 쥐어짜고 있었다. 하지만 나는 티베트에 대해 아는 것이 거의 없었고, 티베트 불교에 대해서는 더욱 그러했다. 그래서 나는 접견실 문으로 들어선 이후부터 줄곧 나를 괴롭혀 온 한 가지 문제에 대해 질문하기로 했다.

나는 그에게 물었다.

"당신은 중국인을 미워합니까?"

달라이 라마는 세릴과 얘기를 주고받다가 갑자기 멈추었다. 그는 의자에 몸을 곧추세우고 앉았다. 그의 대답은 즉각적이고도 간결했다. 그리고 영어였다.

"아니오."

그의 눈이 내 눈과 마주쳤다. 그의 표정은 엄숙하기 그지없었다. 얼굴에 장난기라고는 전혀 남아 있지 않았다. 나는 시선을 피해 바닥에 깔린 양탄자를 응시했다.

끝나지 않을 것 같은 침묵이 흐른 뒤, 달라이 라마는 옆에 있는 텐진 게셰에게 티베트 어로 조용히, 그리고 천천히 말했다.

비서실장이 통역을 시작했다.

"나는 중국인에 대해 어떤 나쁜 감정도 갖고 있지 않습니다. 우리 티베트 인들은 중국의 침략으로 크나큰 고통을 겪었습니다. 그리고 우리가 대화를 나누는 지금 이 순간에도 중국인들은 계획적으로 티베트의 위대한 사원들을 돌 하나까지도 해체하고 있습니다. 다람살라에 와 있는 거의 모든 티베트 가정이 슬픈 이야기를 하나씩은 갖고 있습니다. 중국의 잔학 행위 때문에 대부분의 집이 최소한 식구 한 명씩을 잃었습니다. 하지만 나는 중국 공산당과 투쟁하는 것이지, 일반 중국인들과 싸우는 것이 아닙니다. 나는 중국인들을 미워하지 않습니다. 사실 무조건적으로 그들을 용서합니다."

30년이 지났음에도, 내가 너무도 분명하게 대화의 그 부분을 기억하고 있는 것이 놀라울 정도이다. 아마도 대답이 전혀 예상치 못했던 것이고, 진용이 소설 속에서 묘사한 것과 너무도 달랐기 때문일 수도 있다. 진용의 모든 이야기는 복수를 주된 테마로 다루고 있었다. 남자의 명예는 영웅적이고 단순한 신조, 즉 '눈에는 눈'에 의해 결정되었다. 봉건 시대 일본 사무라이의 규율과 비슷했다. 그런데 중국인들이 자신의 민족에게 저지른 만행에도 불구하고 달라이 라마가 그들을 무조건적으로 용서한다는 사실에 나는 놀라지 않을 수 없었다.

이 만남에 압도당한 셰릴은 조용히 흐느끼고 있었다. 우리가 떠날 채비를 하자, 달라이 라마가 다가와 부드럽게 그녀의 어깨에 팔을 둘렀다. 그리고 나서 나와 엄숙하게 악수를 나누었다.

나는 셰릴과는 상대적으로 무감동한 채로 접견실을 나섰다. 왕을 기대했건만, 그는 내가 만난 사람 중 가장 왕 같지 않은 사람이었다. 비록 다정하긴 했지만, 너무 현세적이고 너무 겸손했다. 그의 둘레에 성자 같은 후광은 거의 없었으며, 그리고 내 모습을 보고 너무 많이 웃었다.

하지만 나중에 미얀마, 홍콩을 거쳐 미국을 향해 동쪽으로 여행을 계속하면서 나는 다람살라에서 보낸 짧은 시간이 내 세계 여행 중 최고의 경험임을 깨닫게 되었다. 그곳의 티베트 인들은 내게 지울 수 없는 인상을 남겼다.

1972년 달라이 라마와의 접견을 갖고 나서 10년이 흐른 뒤에도 티베트의 어떤 것들이 여전히 내 마음속에 커다랗게 자리잡고 있었다. 그것들은 또한 내 안에 잠자고 있던 유목민적인 본능에 불을 지폈다. 1984년부터 나는 카트만두(네팔의 수도)에 근거지를 마련하고서 티베트의 순결한 순례지들에 대한 여행 안내서를 쓰기 위해 4년 동안 광활한 티베트 영토를 방랑했다.

높은 고원 지대의 풍경은 영혼을 자극하면서도 놀랍도록 아름다웠다. 내가 그전까지 다니면서 본 어떤 풍경과도 달랐다. 그곳의 티베트 인들은 다람살라에서의 기억 그대로였다. 다정하고, 관대하며, 갑자기 큰 소리로 호탕하게 웃음을 터뜨리곤 했다. 내가 인종적으로 중국인에 속한다는 사실도 나를 도와주려는 그들의 마음을 막지는 못했다.

그리고 달라이 라마의 그 웃는 얼굴은 결코 멀리 있지 않았다. 내가 방문한 모든 마을의 집들과 사원들마다 제단 위에 그의 사진이 모셔져 있었다. 내가 만나는 모든 티베트 인들은 종종 눈에 눈물을 글썽이면서 그의 안부를 물었다. 그렇게 해서 달라이 라마와 그가 상징하는 것이 내 마음속에 더 큰 의미를 지니게 되었다. 그와 그의 국민들이 아주 단순한 종교를 실천하고 있다는 생각이 들었다. 그것은 다름아닌 서로에게 친절을 베푸는 일이었다.

달라이 라마가 머무는 사택의 철제 문이 우리 등 뒤에서 닫히고, 텐진 타클라와 나는 접견실 건물 쪽으로 향하는 넓다란 콘크리트 길을 걸었다. 달라이 라마와의 대화는 항상 그 접견실에서 이루어졌었다. 그곳은 내가 사택의 가장 깊숙이 가본 곳이기도 했다. 우리는 접견실과 작은 법당을 지나, 나무들이 빽빽이 들어찬 지역을 통과했다. 그 너머에 정원이 있고, 달라이 라마가 생활하고, 잠자고, 명상하는 아담한 2층 건물이 있었다.

품에 껴안듯이 자동 소총을 든 인도 병사가 건물 입구 주변을 순찰하고 있었다. 흰 셔츠 자락이 바지 밖으로 삐져나온 평상복 차림의 또 다른 인도인이 무표정하게 우리를 지켜보았다. 티베트인 경호원 서너 명도 소리를 내지 않고 조용히 걸어다녔다. 잠시 건물 밖에 서 있으면서 나는 약간 어색함을 느꼈다. 달라이 라마의 가장 내밀한 성소의 침입자가 된 기분이었다.

마치 연락이라도 받은 것처럼 때맞춰 달라이 라마가 건물 밖으로 걸어나왔다. 그는 내 눈을 깊이 들여다보고 미소를 지으며 특유의 굵고 우렁찬 목소리로 인사를 했다.

"니 하오?"

그는 내게 중국어로 인사하는 것을 좋아했다. 내 손을 한 차례 힘있게 잡고 난 뒤, 그는 혼자서 정원 사이로 난 길을 걸어가기 시작했다. 그리고 우리가 보는 앞에서 20미터쯤 되는 완만한 비탈길을 힘차게 걷다가 되돌아왔다. 그는 내 쪽으로 걸어오면서 만족한 듯 큰 소리로 웃었다. 나에게 지금 자랑하고 있는 것이었다. 몇 달 전에 우리는 운동의 중요성에 대해 얘기를 나누었었다. 그때 달라이 라마는 내게, 자신은 신체적인 운동을 별로 좋아하지 않으며 운동을 하는 데 매우 게으르다고 고백한 바 있었다. 나는 그에게서 절을 하루 30번에서 100번으로 늘리겠다는 약속을 받아냈다. 그는 지금 자신이 얼마나 진지하게 아침 운동을 하는지 보여주기 위해 열심이었다.

달라이 라마는 나와 텐진에게 자신을 따라오라고 손짓했다. 우리는 건물 바깥으로 난 콘크리트 계단을 걸어올라가 환하게 불이 켜진 2층에 이르렀다. 넓고 탁 트인 공간에 편안한 소파와 팔걸이 의자 몇 개가 여기저기 놓여 있었다. 나무를 깐 바닥의 일부에는 동양식 양탄자가 덮혀 있고, 바닥에서 천장까지 닿는 창이 오른쪽 벽 전체를 차지하고 있었다. 그 창을 통해 급경사를 이루는 캉그라 계곡과 새벽빛에 부드러운 빛을 반사하는 산꼭대기들이 내다보였다.

  그때 달라이 라마가 우리를 자신의 명상하는 방으로 안내했다.

눈을 뜬 뒤, 내가 맨 먼저 생각하는 것은 사랑과 자비에 대한 가르침. 그리고 만물이 서로 의존하고 연결되어 있다는 진리이다. 난 언제나 그렇게 한다. 나의 하루는 오직 그 두 가지 기준에 따라 진행된다.

3
영혼이 살아있는 얼굴

달라이 라마의 명상하는 방은 이른 아침의 부드러운 빛으로 채워져 있었다. 공들여 만든 목재 진열장들이 벽을 따라 줄지어 서 있고, 그 안에는 수많은 청동 불상들과 종교적인 예술품들이 진열되어 있었다. 맞춤 선반들 위에는 황색 천과 아름다운 무늬를 넣어 짠 옷감으로 싸인 티베트 경전들이 가지런히 쌓여 있었다.

방 한가운데는 화려하게 장식된 불단이 차지하고 있었다. 불단 위 가장 눈에 잘 띄는 자리에는 크기가 50센티미터밖에 안 되는 작은 불상이 유리와 나무로 만든 작은 사원 모형 안에 모셔져 있었다. 그 공간은 눈이 부실 만큼 평화로웠다. 그것이 지닌 우아함은 언어로는 설명이 불가능할 정도였다.

텐진 타클라가 내게 출입문 근처에 놓인 사각형의 작은 티베트 양탄자 위에 앉으라고 손짓을 했다. 나는 삼각대에 비디오 카메라를 설치했다. 달라이 라마는 아무 말 없이 자신의 간소한 마호가니 탁자 뒤켠으로 갔다. 그는 샌들을 벗고 나무판에 등을 기댄 뒤 가부좌를 하고 앉았다. 그런 다음 옷자락을 추스리고, 눈을 감고 명상에 들어갔다. 나는 카메라를 켰다. 디지털 테이프에 달라이 라마의 모습이 포착되면서 모터가 희미하게 씽하는 소리를 내며 돌았다.

한번은 달라이 라마가 내게 자신의 아침 일정을 말해 준 적이 있다.

"요즘에는 정확히 3시 30분에 일어납니다. 일어나자마자 만트라(반복해서 외면 정신적인 힘과 집중력을 가져다주는 단어나 문장)나 기도문을 낭송합니다. 눈을 뜬 뒤 내가 맨 먼저 생각하는 것은 붓다와, 자비에 대한 그의 가르침, 그리고 상호 의존에 대한 가르침입니다. 난 언제나 그렇게 합니다. 하루의 나머지 시간은 오직 그 두 가지, 즉 다른 사람들을 생각하는 마음과 상호 의존의 진리에 따라 진행됩니다. 그런 다음 절을 합니다. 절과 약간의 운동을 하는 시간이 합쳐서 약 30분 가량 됩니다. 그런 뒤 언제나 목욕을 하고 샤워를 합니다. 그리고 나서 5시경이나 4시 40분쯤에 아침을 먹습니다. 내 남동생이 늘 놀리곤 하지요. 일찍 일어나는 진짜 목적이 아침식사 때문이라고! 나는 불교 수도승으로서 대개 저녁은 먹지 않거든요."

달라이 라마가 명상에 들면서 내 눈도 차츰 실내의 어슴푸레한 불빛에 적응이 되었다. 내가 앉은 맞은편 벽에는 유리와 목재로 만든 진열장 안에 천 테두리를 두른 인상적인 불화 한 점이 걸려 있었다. 그림 속에는 단순한 오렌지색 옷을 입은 붓다가 앉아 있고, 배경에는 초록색으로 우거진 산과 구불구불한 길들이 그려져 있었다. 붓다의 머리는 전통적인 비례에 따라 그려져 있었는데, 길다란 귓불과 깨달음을 상징하는 꼬불거리는 머리카락을 지니고 있었다. 붓다는 미소 짓고 있는 것인지 잠자고 있는 것인지 분간하기 어려운 중간 상태의 표정을 짓고 있었다. 약간 통통한 뺨, 작은 턱, 긴 눈꺼풀 선 등 그의 얼굴 전체에 절대적인 환희의 빛이 가득 넘쳤다.

달라이 라마는 아주 빨리 깊은 명상 상태로 들어간 것이 분명했다. 외부 세계에는 더 이상 아무것도 존재하지 않았다. 방도 사라지고, 몇 발자국 앞에 앉아 있는 텐진과 나도 존재하지 않았다.

달라이 라마의 명상 방식은 흔히 말하는 선승들의 방식과 달랐다. 많은 티베트 라마승들이 그렇듯, 그는 바위처럼 정지해 있거나 엄숙하게 앉아 있지 않았다. 거기 언제나 약간의 움직임이 있었다. 그는 옆으로 몸을 흔들다가 멈추고는 한동안 전혀 미동도 하지 않았다. 그러다가 한 손을 목 뒤로 뻗어 가려운 부분을 긁으면서 작은 목소리로 중얼중얼 짧은 만트라를 외었다. 전에 그가 깊은 명상에 잠긴 모습을 한 번도 본 적이 없었다면, 나는 그가 안절부절못하고 있다고 단정했을 것이다.

갑자기 그의 눈동자가 정면 위치로 돌아오더니 반쯤 뜬 눈꺼풀이 저절로 떨렸다. 실로 안절부절못하는 모습과 거의 흡사했다.

달라이 라마의 탁자는 어질러져 있었다. 묶지 않은 경전 더미, 꽃이 꽂힌 투명한 유리 화병, 밝기를 조절할 수 있는 탁상용 램프, 작은 청동 불상 등이 탁자 위에 흩어져 있었다. 그리고 탁상용 시계 옆에 작은 그릇이 놓여 있고, 그릇 안에는 고급 스위스제 군용 칼이며 맨 위에 놓인 작은 입상을 비롯해 별의별 물건들이 담겨져 있었다. 그의 왼쪽에는 무릎 높이의 목재 진열장이 있고, 붉은색 서류철들이 그 위에 얹혀 있었다. 작은 벽감이 나 있는 오른쪽 벽에도 비슷한 높이의 진열장이 있었다. 그 위에는 책과 더 많은 티베트 경전들, 볼펜들과 야광펜이 담긴 그릇 3개, 단백질 보충제가 들어 있는 병이 놓여 있었다. 이런 잡동사니들 위로는 백합과 장미로 이루어진 노랗고 붉은 꽃들이 도자기 화병에 꽂혀 화려하게 피어 있었다. 꽃잎에 매달려 있는 작은 이슬 방울들까지, 꽃들은 놀라울 정도로 사실적이었다. 바로 옆에는 텔레비전 리모컨이 놓여 있었다.

그 방은 업무도 보고 명상도 하는, 달라이 라마의 개인 성소였다. 그곳은 그가 진정 홀로 있을 수 있는 장소였다. 정부 관리들과 회의를 열고 외부 방문객을 맞는 일은 사택 입구 쪽에 있는 접견실 건물에서 이루어졌다. 명상을 통해, 그리고 고대 티베트 스승들의 가르침을 되풀이해 읽음으로써 자신과 국민들이 어려운 시기를 극복하는 데 필요한 지혜를 얻어내는 곳이 바로 여기, 이 방이었다.

달라이 라마는 명상할 때 안경을 벗었다. 그리고 그때야 비로소 나는 그의 나이를 정확히 가늠할 수 있었다. 눈 아래 처진 살과, 광대뼈 아래에서 턱까지 수직으로 패인 주름을 볼 수 있었다. 그 당시 이 티베트 지도자는 60대 중반이었다.

달라이 라마의 얼굴을 바라보는 것은 기쁨이었다. 그의 얼굴은 나와는 정반대였다. 그의 얼굴에는 주름이 가득하고, 주름 하나하나에는 투쟁과 고통과 즐거움의 이야기가 담겨 있었다. 달라이 라마보다 고작 열 살이 젊은데도, 내 얼굴은 비교적 매끈하고, 아직 뚜렷한 주름살 하나 없었다. 하지만 내 자신이 내 얼굴을 바라보고 있으면 종종 기분이 나빠졌다. 못생겼거나 공격적으로 생겨서가 아니었다. 평범하고 평균적으로 생긴 얼굴이었다. 문제는 언제나 죽은 것 같은 얼굴이라는 점이었다. 누가 봐도 생명력 넘치는 얼굴이 아니었다.

　나는 전통적인 중국 가정에서 자랐다. 감정을 밖으로 표현하는 것은 금지 사항이었다. 진정한 기쁨을 드러낸 경우는 아주 가끔 있었다. 설날 삼촌이 내게 달러 지폐가 든 붉은색 봉투를 선물로 주었을 때, 나는 기쁜 나머지 벌어진 입을 다물 줄을 몰랐다. 그리고 몹시 화를 낸 적도 있었다. 여동생이 내가 가장 아끼는 무협 소설을 창 밖으로 집어 던졌을 때처럼. 하지만 살아오면서 지금까지 대부분은 무표정한 얼굴을 만들기 위해 노력했다. 나는 유독 자의식이 강했고, 보호막은 갈수록 두꺼워졌다. 대학 때 포커 게임으로 이름을 날린 것도 이 때문이었을 것이다.

　중립적인 얼굴을 갖는 것은 내 삶의 대부분에서 잘 들어맞았다. 하지만 최근에 와서 나는 그것 때문에 내가 많은 대가를 치르고 있음을 발견했다. 시간이 갈수록 감정을 경험하는 능력이 줄어들었다. 그것은 어머니가 돌아가셨을 때 극에 달했다. 장례식에서 나는 의식적으로 슬픈 감정을 끌어내야만 했다. 속을 알 수 없는 전형적인 동양인이 되어 버린 것이다.

　하지만 달라이 라마는 얼굴에 영혼이 드러나 있었다. 심리학 교수이자 얼굴 표정 분야의 세계적인 석학인 폴 에크먼을 비롯해 많은 이들이 그 사실을 알아차렸다.

　에크먼은 인간 얼굴 감정가이다. 그는 지난 40년간 인간 얼굴에 대해 깊이 연구해 왔다. 이 연구에서 에크먼은 얼굴 근육을 분류하고, 그 근육들이 어떻게 움직여 7천여 가지의 표정을 만들어 내는지 조사했다. 그는 얼굴 근육의 어떤 부위의 움직임이 인간의 중요한 감정들과 관계가 있는가를 밝혀 냈다. 이 과정에서 그는 뛰어난 인간 거짓말 탐지기가 되었다. 9.11 뉴욕 세계 무역 센터 테러가 발생한 뒤, CIA와 FBI 합동의 테러 대책 본부는 용의자를 심문할 때 거짓말을 탐지하는 방법을 일러 주는 자문역으로 에크먼을 고용할 정도였다.

그가 요원들에게 가르쳐 준 것 중 하나는 매우 미묘한 표정이었다. 예를 들어, 내측부 전두근이라 불리는 눈썹 안쪽 근육이 약간 움직이면 슬프다는 표시다.

2000년 3월, 폴 에크먼은 다람살라에서 열린 제8차 마음과 인생 학술 회의에서 처음으로 달라이 라마를 만났다. 전세계 불교도들과 서양 과학자들이 그 자리에 참석했고, 회의 주제는 파괴적인 감정이었다. 5일 동안 진지한 토론과 모임을 거치면서 그 심리학자는 티베트 지도자를 관찰할 충분한 기회를 갖게 되었다. 에크먼은 놀라지 않을 수 없었다. 지금까지 수많은 얼굴들을 연구해 왔지만, 달라이 라마 같은 얼굴은 본 적이 없었다. 그의 얼굴 근육은 생기가 넘치고 유연했다. 20대의 사람에게서나 볼 수 있는 얼굴 근육이었다.

이 놀라운 불일치의 이유가 무엇일까? 에크먼은 그 해답을 알 것만 같았다. 달라이 라마는 에크먼이 지금까지 알았던 어느 누구보다 얼굴 근육을 더 활발히 움직이는 사람이었다. 그리고 감정이나 느낌을 매우 정확히 표현했다. 신호를 애매하게 뒤섞는 경우가 거의 없었다. 행복할 때, 그는 백 퍼센트 행복했다. 그 기분을 희석시키는 어떤 다른 감정도 끼어들지 않았다.

에크먼이 달라이 라마의 얼굴에 깊은 인상을 받은 또 다른 이유가 있었다. 어린아이들의 경우를 제외하면 이 티베트 지도자의 얼굴은 수십 년간의 연구 기간 동안 에크먼이 만난 가장 가식적이지 않은 얼굴이었다. 그리고 어린아이들처럼 달라이 라마는 자신의 감정을 드러내는 데 전혀 숨김이나 거리낌이 없었다. 그는 자신의 감정을 부끄럽게 여기지 않았다. 자기 감정에 대해 남을 의식하거나 창피해야 할 이유가 없었다.

회의 도중, 캘리포니아에서 온 참관인 한 명이 달라이 라마에게 다람살라에서 한 아이가 광견병 걸린 개에 물려 죽었다고 전했다. 참석자 모두 이 티베트 인의 얼굴에 서린 깊은 슬픔을 똑똑히 보았다. 에크먼에게 이것은 놀라운 경험이었다. 달라이 라마가 마치 자기 자식을 잃은 듯 몹시 상심해 하고 있다는 것은 의심할 여지가 없었다. 하지만 에크먼은 그런 슬픈 표정이 얼마 가지 않는다는 데 놀랐다. 불과 몇 분 만에 슬픔의 메아리는 모두 사라졌다. 비슷한 얘기로, 달라이 라마는 재미있는 일이 있을 때 전혀 거리낌없이 웃음을 터뜨리고는, 몇 초 만에 더할 나위 없이 진지하게 집중하곤 했다. 그는 자신의 감정뿐 아니라 어떤 것에도 지나치게 집착하지 않았다.

달라이 라마의 명상하는 모습을 지켜보면서 나는 처음 5분 동안은 그의 흉내를 내면서 엉성한 가부좌 자세를 하고 있었지만, 다리의 통증이 참을 수 없이 심해졌다. 나는 자세를 바꾸어 무릎을 꿇고는, 비디오 카메라를 만지작거리기 시작했다. 먼저 한쪽 벽을 따라 천천히 카메라를 움직이면서 채색된 고대 티베트의 두루마리 그림들과 정교한 불상들을 카메라에 담은 다음, 달라이 라마에게로 돌아왔다. 나는 달라이 라마처럼 가만히 앉아 있을 수가 없었다. 방의 깊은 고요와 평화는 나와는 무관했다. 달라이 라마에게서 발산되는 것이 분명한 강력한 명상의 빛이 방안에 물결치고 있는데도 불구하고, 내 머릿속을 지배하는 것은 오른쪽 허벅지와 오른쪽 엉덩이를 연결하는 힘줄의 참기 힘든 통증이었다.

그때 무엇인가가 내 눈을 사로잡았다. 방 맞은편, 소형 청동 불상들과 새로 꽂꽂이한 꽃병 사이에 짙은 초록색 틀의 작은 액자 하나가 반쯤 몸을 숨기고 있었다. 액자 속의 사진은 불화와 예술품들, 오래된 경전들을 통틀어 그 방에 있는 유일한 사진이었다.

그뿐만이 아니었다. 그것은 내 것이었다. 아니, 더 정확히 말하면, 몇 달 전 대화를 나누던 중에 내가 달라이 라마에게 주기 전까지 내 작품이었다. 나는 그 사진을 1985년 티베트에서 찍었다. 두 명의 수도승이 붉은색 승복을 입고 사원 지붕 난간에 반쯤 기대어, 아래에서 일어나고 있는 어떤 일을 열심히 내려다보고 있는 모습을 찍은 것이었다. 뒤에서 찍었기 때문에 사진에는 두 수도승의 뒷모습만 보였다. 그들은 금방이라도 아래로 떨어질 것처럼 난간에 아슬아슬하게 기대어 있었다. 그들 앞으로는 낮은 구릉들이 물결쳐 내리고 있었다.

아주 훌륭한 사진이었다. 짙고 화려한 붉은색 승복은 그 무명천을 직접 만지고 냄새를 맡을 수 있을 것처럼 생생했다. 그리고 그곳에는 달 표면처럼 얼룩덜룩한 갈색의 티베트 고원, 방금 내린 푸른 빛 나는 눈으로 엷게 뒤덮인 둥근 언덕들이 골짜기와 갈라진 틈까지도 섬세하게 새겨져 있었다. 사진 오른쪽 끝에는 짙은 초록색의 커다란 나무들이 작은 숲을 이루고 있었다. 레팅 사원(라싸

서북쪽에 위치한 중요한 사원으로, 문화대혁명 기간 동안 거의 파괴되었다)의 유명하고 매우 신성한 노간주나무들이었다.

1980년대 중반, 티베트의 성스런 장소들을 찾아다니며 찍은 수천 장의 슬라이드 사진들 중에서도 그 사진은 내가 가장 좋아하는 것이었다. 이유는 잘 모르겠다. 무심한 관찰자의 심금을 더 크게 자극할 만한 사진들이 많았다. 내셔널 지오그래픽 지의 티베트 특집 기사에 오를 만한 더 좋은 후보작도 있었다. 하지만 수도승 두 명을 찍은 그 사진은 거의 20년 가까이 내 침대 머리맡에 걸려 있었다. 어쩌면 두 수도승이 아무렇지도 않게 무심히 난간에 기대어 서 있었기 때문이었을 것이다. 티베트 인들의 천진난만하고 근심 걱정 없는 자연스러움은 내가 세상과 관계하는 방식과는 너무 달랐다.

처음 사진을 액자에 넣어 달라이 라마에게 주었을 때, 그는 별달리 감동하지 않았었다. 무심히 사진을 보고는, 금방 텐진 타클라에게 건네주었다. 그는 선물을 많이 받았으며, 거의 언제나 보좌관들에게 넘겨 주어 안전하게 보관토록 했다. 그는 감사의 표시를 하면서도, 아름답든 아름답지 않든 물건에 그다지 깊은 관심을 갖지 않았다.

텐진 타클라에게 사진 액자를 건네고 난 뒤, 뒤늦게 떠오른 듯 달라이 라마가 물었다.

"이 장소가 어딥니까?"

내가 대답했다.

"레팅 사원입니다."

그가 반가워하며 소리쳤다.

"레팅이라! 1956년에 그곳에 갔었습니다."

그는 텐진이 놀랄 정도로 덥석 사진을 빼앗아 뚫어져라 들여다보았다. 그리고는 말했다.

"레팅 사원! 잘 기억하고 있어요. 그곳에 갔을 때 특별한 친근감을 느꼈었어요."

내가 말했다.

"내가 찍은 많은 티베트 사진들 중에서 이 사진만큼은 항상 내 곁에 두어 왔습니다."

달라이 라마가 말했다.

"그래요, 우리 둘 다 레팅에 대해 특별한 느낌을 갖고 있군요. 그곳에 갔을 때 난 깊은 감동을 받았습니다. 몇 가지 알 수 없는 이유 때문에 내 자신이 그 장소와 깊이 연결되어 있음을 느꼈습니다. 그때부터 나는 레팅에 오두막을 짓고 그곳에서 내 남은 여생을 보내고 싶다는 생각을 하곤 했습니다."

그 당시 나는 그 사진이 달라이 라마가 여러 해에 걸쳐 받은 훌륭한 선물이나 기념품들을 제치고 큰 보물 창고 같은 곳의 좋은 자리에 보관될 것이라 여겼었다. 그런데 그 방에서 내 사진을 발견하고는 소스라치게 놀라지 않을 수 없었다.

텐진이 내가 사진을 쳐다보고 있는 것을 알아차렸다. 그는 크게 미소를 지어 보였다. 양손을 무릎에 단정히 올려놓은 상태에서 그는 엄지손가락 하나를 치켜세워 보였다.

그랬다. 내 사진이 달라이 라마와 아주 가까이, 그가 명상하는 방에 놓여져 있다는 것만으로도 감동적이고 자랑스러웠다. 그가 특별히 나를 마음에 두고 있기 때문에 사진을 거기에 둔 거라고 믿고 싶었다. 하지만 그런 것이기보다는, 레팅 사원이 그의 마음속에 특별한 장소로 자리잡고 있기 때문에 사진이 그곳에 있다는 걸 나는 잘 알고 있었다.

바깥이 점점 밝아져 오고 있었다. 새들이 지저귀기 시작했다. 캉그라 골짜기 아래쪽에 옅은 안개가 깔리고 있는 것을 볼 수 있었다.

새벽 명상이 끝난 듯, 달라이 라마가 내게 물었다.

"이 정도면 되겠어요?"

내가 대답했다.

"네, 감사합니다."

달리 무슨 말을 하겠는가? 하루 종일 당신과 함께 있고 싶다고?

달라이 라마가 탁자 뒤켠에서 몸을 일으켰다. 텐진과 나도 얼른 일어났다. 달라이 라마는 벽화 쪽으로 다가가 진열대 위에 놓인 작은 청동 조각품들과 버터 등잔들을 살살이 뒤지기 시작했다. 그런 다음 어깨 너머로 나를 불렀다.

"이쪽으로 오시오."

그는 내게 인도풍의 작은 불교 사원 복제품 하나를 건네주었다. 회색빛 화강암으로 만든, 높이가 7센티미터쯤 되는 것이었다. 정교하게 조각되어 있고, 2층으로 된 구조물 지붕에는 5층까지 중앙 탑이 얹혀져 있고, 네 모서리에는 더 작은 네 개의 탑이 고정되어 있었다. 그것을 조각한 사람은 각 층마다 작은 창과 출입문, 그 밖의 세부적인 것들을 정성껏 새겨 놓았다. 작은 것치고는 무게가 꽤 나가는 것이었다.

달라이 라마가 말했다.

"보드가야에 있는 절입니다. 당신에게 선물하는 겁니다."

붓다가 깨달음에 이른 장소인 북인도 보드가야는 불교도들에게는 최고의 순례지다.

그런 다음 달라이 라마는 두번째 것을 내게 건넸다. 큰 구슬 크기의 보석이 청동판에 박혀 있는 것이었다. 보석은 갈색이 단계적으로 변화를 이루고 있고, 흰색 줄 하나가 중앙을 가로지르고 있었다. 어떤 종류의 보석인지는 알 수 없었다. 달라이 라마는 그것에 대해 자세한 설명을 하지 않았다.

나는 선물을 받고 놀랐다. 격식에 따라 티베트의 전통적인 선물인 흰 스카프 카따를 준 것을 제외하고는, 그에게서 선물을 받은 적이 한 번도 없었다. 이 두 가지 물건은 달라이 라마의 명상실에 놓여 있었으므로, 그것들이 그에게 특별한 의미를 갖고 있음에 분명했다.

달라이 라마는 내 손을 부드럽게 잡고 문 쪽으로 안내했다. 그러더니 갑자기 더 많은 청동 조각품과 또 다른 신기한 물건들이 담긴 진열 상자로 몸을 돌렸다. 그는 뭔가를 찾으려는 듯 상자를 뒤적였다.

"아하!"

마침내 그는 기쁜 표정을 하고서 작은 조각상 하나를 집어올렸다. 허리까지 수염을 기른, 나무로 조각한 노인상이었다. 큰 얼굴에 콧날이 뚜렷하고, 짙은 눈썹을 한 전형적인 동양인의 용모였다. 오른쪽 손에는 지팡이가 들려져 있었다. 중국 현자의 조각상이었다.

달라이 라마가 그것을 내게 건네주며 말했다.

"당신 겁니다. 자, 곧 다시 만납시다."

그날 일정을 마치고 여인숙으로 돌아오면서 나는 노랫가락을 흥얼거렸다. 내 방문이 열려 있었고, 여인숙 아래 옥상에서 빨래를 널고 있는 티베트 여인의 모습이 보였다. 멀어서 잘 들리진 않았지만 그녀 역시 노래를 흥얼거리고 있었다.

아침에 촬영한 장면을 보기 위해 비디오 카메라를 꺼냈다. 스위치를 켜고 테이프를 처음으로 되감았다. 작은 LCD 화면에 뜬 첫 번째 영상은 명상하는 방의 탁자 뒤켠에 앉아 있는 달라이 라마의 모습이었다. 그는 명상을 시작할 준비를 하고 있었다. 조명도 적당하고 소리도 좋았다. 그런데 갑자기 화면에 가로줄들이 나타났다. 벽화 대신, 회색 바탕에 반투명의 가로줄들만 보였다. 달라이 라마는 화면에서 완전히 사라지고 없었다.

나는 빨리감기 버튼을 눌렀다. 가로줄들이 가볍게 흔들리면서 춤을 추었다. 테이프를 정지시켰다가 다시 재생 버튼을 눌렀다. 역시 가로줄들밖에 나타나지 않았다. 테이프를 처음으로 되감은 뒤 첫 장면을 다시 틀었다. 조명이 약해 색이 어두웠지만, 막 가부좌를 하고 있는 달라이 라마의 모습이 선명했다. 그 다음의 명상하는 장면들은 어찌된 일인지 다 지워져 있었다. 배터리가 다 닳을 때까지 반복해서 테이프를 되감고 재생을 시도했지만 결과는 마찬가지였다.

4
용서와 마음의 평화

용서는 단지 우리에게 상처를 준 사람들을 받아들이는 것만을 의미하지 않는다. 그것은 그들을 향한 미움과 원망의 마음에서 스스로를 놓아 주는 일이다. 그러므로 용서는 자기 자신에게 베푸는 가장 큰 자비이자 사랑이다.

달라이 라마와의 대화를 위해 나는 다람살라에 있는 접견실에 일찌감치 도착해 있었다. 제법 넓은 접견실 안에는 인도풍의 큰 팔걸이 의자와 안락 의자들이 자연스럽게 놓여 있고, 자연광과 인공 조명이 편안한 조화를 이루고 있었다. 자주색 부겐빌리아 줄기와 베란다 밖의 무성한 초록 식물들에 일부 걸러진 한낮의 밝은 햇살이 커다란 창으로 쏟아져 들어와 방안을 적셨다. 타라 여신(티베트 인들이 좋아하는 자비로운 여성 붓다)의 각기 다른 특성을 담은 여덟 개의 화려한 티베트 그림이 천장 근처에 걸려 있었다.

하지만 방의 분위기와 일치하지 않는 무엇인가가 내 눈길을 사로잡았다. 출입문 근처 창턱에 마치 나중에 생각나서 갖다 둔 것처럼 워싱턴 D.C. 미의회 의사당을 본딴 수정으로 된 모형 조각상이 놓여 있었다. 높이가 50센티미터 정도 되는 그 조각상은 매우 묵직해 보였다. 나는 좀더 자세히 보기 위해 가까이 다가갔다. 조각상 아래쪽에 글귀가 새겨져 있었다. 그 조각상은 미 하원의원 톰 랜토스가 달라이 라마에게 수여한, '제1회 라울 월렌베리 의회 인권상'이었다.

죽음의 나치 수용소에서 수천 명의 유태인들의 목숨을 구한 스웨덴 외교관의 이름을 딴 그 상은 1989년 7월 21일에 수여되었다. 그로부터 석 달도 채 지나지 않은 10월 5일, 노르웨이의 노벨상 위원회는 오슬로에서 달라이 라마에게 노벨 평화상을 수여한다고 발표했다. 그들은 달라이 라마의 폭력에의 끊임없는 저항과, '티베트 민족의 역사적, 문화적 유산을 보존하기 위한 인내와 상호 존중에 바탕을 둔 평화적인 해결 노력'을 높이 평가한다고 밝혔다.

당시 54세이던 달라이 라마는 단독으로 노벨 평화상을 수상한 최초의 동양인이었다. 노벨상 위원회 의장인 에질 아르빅은 달라이 라마의 수상을 발표하면서, 비폭력이라는 방식이 지난 30년 동안 티베트의 독립을 성취하는 데 성공적이지 못했음을 인정했다. 그러나 그는 그 이상의 다른 해결 방식은 없다고 믿는다고 말했다. 그는 비폭력에 대한 의견을 이렇게 밝혔다.

"물론 그것이 너무 비현실적이라고 여길지도 모릅니다. 하지만 오늘날의 세계를 보면, 갈등을 해결할 수 있는 방법이 무엇입니까? 폭력이나 군사적인 힘으로 해결할 수 있을까요? 아닙니다. 평화적인 길이야말로 가장 현실적인 것입니다. 그래서 달라이 라마가 선정된 것입니다. 그는 평화의 철학을 가장 분명하고 훌륭하게 대변하고 있기 때문입니다."

달라이 라마가 가진 평화의 철학 중심에는 용서가 자리잡고 있다. 30년 전 달라이 라마를 처음 만났을 때, 그는 중국인들이 티베트 인들에게 한 일들을 무조건적으로 용서한다고 내게 말했었다. 그때 나는 깜짝 놀라웠다. 그래서 나는 이번 대화를 통해 그것에 대해 좀더 자세히 알고 싶었다.

이윽고 달라이 라마가 접견실로 들어와 내 맞은편에 자리를 잡고 앉았다. 나는 서론을 생략한 채 곧바로 물었다.

"나는 당신이 중국인들에게 분노의 감정을 품는 것이 당연하다고 생각합니다. 하지만 당신은 전혀 그렇지 않다고 말씀하셨습니다. 아주 가끔이라도 증오심을 느껴 본 적이 없으십니까?"

달라이 라마가 대답했다.

"그런 적은 거의 없습니다. 그것에 대해 나는 이런 생각을 갖고 있습니다. 만일 나를 고통스럽게 만든 사람에게 나쁜 감정을 키워 나간다면, 단지 내 자신의 마음의 평화만 깨어질 뿐입니다. 하지만 만일 내가 그를 용서한다면, 내 마음은 평온을 되찾을 것입니다. 자유를 찾기 위한 투쟁의 경우에도, 분노나 증오의 감정 대신 진정으로 용서하는 마음을 갖고 대한다면 우리는 그 투쟁을 더욱 효과적으로 펼쳐 나갈 수가 있습니다. 평화로운 마음으로, 자비심을 갖고 투쟁하는 것이지요. 나는 분석적인 명상을 통해 증오와 같은 파괴적인 감정이 쓸모가 없는 것이라는 확신을 갖게 되었습니다. 요즘에는 분노나 미움의 감정은 내 안에 일어나지 않습니다. 하지만 이따금 흥분할 때는 있지요."

용서에 대해 말할 때면, 달라이 라마는 중국 점령기 전부터 알고 지낸 라싸 출신의 승려 로폰라의 이야기를 자주 예로 들었다. 달라이 라마는 내게 말했다.

"내가 티베트를 탈출한 뒤, 로폰라는 중국인들에게 붙잡혀 감옥에 갇혔습니다. 그는 그곳에 18년 동안이나 갇혀 있었습니다. 그러다가 마침내 자유의 몸이 되어 인도로 넘어왔습니다. 나는 20

년 만에 그를 만났습니다. 하지만 그는 옛날 모습 그대로였습니다. 물론 외모는 더 늙었지만, 몸은 건강했습니다. 오랜 세월을 감옥에서 보냈음에도 불구하고 그의 이성은 아직도 날카로웠지요. 그는 변함없이 부드러운 승려였습니다.

그가 내게 말하기를, 중국인들이 그에게 그가 믿는 종교를 비판할 것을 강요했다고 합니다. 그는 감옥에서 수없이 고문을 당해야만 했습니다. 나는 그에게 두려웠던 적이 없었느냐고 물었습니다. 그러자 로폰라는 이렇게 대답했습니다.

'네, 한 가지 두려운 것이 있었습니다. 내 자신이 중국인들을 미워하게 될까봐, 중국인들에 대한 자비심을 잃게 될까봐 그것이 두려웠습니다. 하마터면 큰일 날 뻔했습니다.'

그 말에 나는 크게 감동했고, 매우 깊은 영감을 받았습니다."

달라이 라마가 잠시 말을 멈췄다. 그는 입고 있는 밤색 승복을 잡아당겨 단단하게 몸을 감쌌다.

"로폰라의 경우를 생각해 봅시다. 용서하는 마음이 감옥에서 그에게 큰 힘이 되어 준 것입니다. 용서 덕분에 중국인들에 대한 나쁜 경험이 더 이상 악화되지 않을 수 있었습니다. 감옥에 갇혀 모진 고문을 당하면서도 정신적으로나 감정적으로나, 그는 그다지 많은 고통을 겪지 않았습니다. 그는 자신이 탈출할 수 없음을 알았습니다. 따라서 그것으로 인해 깊이 상처 입기보다는 현실을 받아들이는 편이 더 나았던 것이지요."

달라이 라마는 용서의 힘이 로폰라로 하여금 20년 가까운 감옥 생활을 마음에 돌이킬 수 없는 상처를 입지 않고 잘 이겨낼 수 있게 해주었다고 확신하고 있었다. 달라이 라마와 함께 유럽을 여행하던 도중, 나는 로폰라처럼 용서의 힘으로 자신의 삶을 한 차원 끌어올린 남자를 만나게 되었다.

내가 가지고 있는 론리 플래닛 출판사의 영국 여행 가이드북에 따르면, 벨파스트(북아일랜드의 수도)에 있는 유로파 호텔은 유럽에서 가장 많이 폭격을 당한 호텔이다. 그 호텔은 북아일랜드에서 가톨릭교와 개신교가 동족상잔의 비극을 불러일으키면서 30년간의 갈등을 계속하는 동안 32차례나 폭격당했다. 1993년에 호텔측이 방탄 유리를 설치하자, 비로소 폭격도 줄어들었다.

유로파 호텔의 대리석 깔린 로비에 있는 우아한 레스토랑에서 아침식사를 마친 뒤, 나는 몇 블록 떨어진 곳에 위치한 반짝이는 워터프론트 홀로 걸어갔다. 유리와 화강암으로 지은 둥근 형태의 그 신축 건물은 엔터프라이즈 호 우주선과 모양이 매우 흡사했다. 그 5천2백만 달러짜리 콘서트 홀은 벨파스트의 희망과 부활의 상징이었다. 빌바오의 구겐하임 미술관처럼, 그 건물은 벨파스트 시를 유럽의 문화 지도 위에 굳건히 자리잡게 했다.

내가 워터프론트 홀로 간 것은 달라이 라마를 만나기 위해서였다. 그날은 티베트의 지도자가 세계에서 가장 참혹한 살육의 현장을 처음으로 방문하는 날이었다. 달라이 라마는 베네딕도 수도회 소속의 로렌스 프리먼 신부가 마련한 종교간 평화 회의에 참석하고, 북아일랜드의 분쟁 지역들을 둘러보기 위해 지금 그곳에 와 있었다.

내가 도착했을 때 달라이 라마는 강연장 옆 리셉션 룸에 있었다. 그는 로렌스 신부와 북아일랜드 가톨릭교 지도자 시머스 말론 옆에 서 있었다. 말론은 티베트 지도자가 우정의 선물로 준 길고 흰 스카프를 목에 두르고 있었다. 그는 안경을 끼고 머리가 흰 60대 중반의 남자로, 실제 나이보다 더 늙어 보였다. 아일랜드 평화 정착의 중심적인 인물로, 하루도 쉬어 본 적이 없는 사람이었다. 그는 자신의 나라에 대해 이 티베트 인 방문객이 어떻게 생각하는가 알고 싶어했다.

질문을 받은 달라이 라마는 적당한 단어를 찾느라 잠시 말을 더듬었다.

"매우 아름답군요. 그리고 사람들도……."

그러자 텐진 게셰 테통이 얼른 말을 거들었다.

"따뜻하고요."

키는 작지만 눈에 띄는 용모의 텐진 게셰는 생의 대부분을 이 티베트 지도자의 조언자 역할을 하며 보냈다. 그도 한때는 불교 수도승이었지만, 얼마 전 옷을 벗었다.

"네, 사람들도 매우 따뜻하고요."

그리고 나서 달라이 라마는 말론 쪽으로 몸을 기대며 그의 얼굴을 뚫어지게 바라보았다. 그리고는 말했다.

"하지만 사람들 사이의 벽은, 그러니까 가톨릭교와 개신교 사이의 벽은 아주 나쁘군요. 마치 작은 베를린 장벽 같아요."

달라이 라마가 말한 '작은 베를린 장벽'이란 가톨릭교도와 개신교도들이 서로 멱살을 잡지 못하도록 그들 사이에 가로놓인, 콘크리트와 철근으로 만든 5미터짜리 구조물이었다. 그 위에는 이중 철조망이 쳐져 있고, 그 사이의 공간에는 감시 카메라가 작동하고 있었다. 그 주변은 누구라도 느낄 만큼 황량하기 그지없었다. 벽 양쪽 빈 공간에는 돌무더기, 철조망, 부패한 쓰레기더미들이 쌓여 있었다. 아일랜드 사람들은 벨파스트 중심가에서 그리 멀지 않은 곳에 있는 이 벽을 평화의 선이라고 불렀다.

그곳에서 한 블록 떨어진 곳에는 포니 클럽이 있었다. 건물의 벽은 아직도 서 있었으나 지붕은 무너져내렸고, 노출된 기둥들은 폭격에 까맣게 그을려 있었다.

그 건물은 마치 여러 해 동안 그런 식으로 방치돼 있었던 것처럼 보였다. 그 지역은 사진가들이 매우 선호하는 곳이었다. 건물들 정면에는 신구교 간의 갈등이 빚은 충격적이고 생생한 흔적들이 얼룩져 있었다. 그리고 그것들 대부분이 상대방에 대한 적개심을 불러일으키기에 아주 적절했다. 검은색 닌자 복장을 한 복면 쓴 남자들이 기관총을 들고 있었다. 4층 높이에 달하는 바비 샌즈(반영 지하 조직인 IRA의 유명한 단식 투쟁자. 1981년 IRA 죄수들에 대한 영국의 무자비한 대우에 항거해 단식 투쟁을 벌이다 사망했다)의 초상에는 이런 글귀가 씌어져 있었다.

'우리의 복수는 우리 아이들의 웃음이다.'

방문 첫날 달라이 라마는 나무 한 그루를 심기 위해 벽 쪽으로 걸어갔다. 그는 신교도들의 구역인 라나르크 가에서 차를 내렸다. 그곳 거리의 기둥들과 보도 턱은 영국 군대의 색인 푸른색, 붉은색, 흰색으로 칠해져 있었다. 한 달 전, 이 세 가지 색이 칠해진 폭탄이 가톨릭교도의 집에 던져졌다.

많은 군중이 달라이 라마를 환영했다. 그들 중 상당수는 교복을 입은 학생들이었다. 학생들은 다양한 색깔의 티베트 기도 깃발을 흔들고 있었다. 달라이 라마는 사람들에게 말을 걸고 악수를 하며 그 사이를 지나갔다.

그렇게 그는 육중한 철문 쪽으로 향해 갔다. 북아일랜드 경찰 수비대가 그 문을 열어 주자, 벽 양쪽에서 커다란 함성 소리가 울려 퍼졌다. 달라이 라마는 천천히 평화의 선을 넘어가 가톨릭교도들의 구역인 스프링필드 가로 들어섰다. 그곳에서도 수많은 아이들이 환영 깃발을 흔들었다. 사실 그 문은 1년에 한 번씩만 열렸다. 매년 7월, 신교도 측의 주홍 기사단이 그 문을 통과해 가톨릭교도들의 영역 쪽으로 행진해 가면 벨파스트에 언제나 존재하는 긴장의 수위가 한층 더 올라가곤 했다.

평화의 선에서 달라이 라마는 전쟁 상태에 있는 두 집단이 갈등을 막는 최선의 길은 감정을 다스리는 일이라고 설명했다. 그는 군중을 향해 말했다.

"사람이 감정을 다스리지 못하면, 올바른 판단을 내릴 때 작용하는 두뇌의 가장 우수한 부분이 제대로 기능하지 못합니다. 물론 약간의 갈등, 약간의 차이는 어떤 식으로든 늘 존재할 것입니다. 하지만 우리는 그 차이들을 긍정적으로 이용해야 합니다. 그래서 서로 다른 관점으로부터 지혜를 얻기 위해 노력해야 합니다. 힘에 의해서가 아니라, 자각과 상호 존중으로 폭력을 최소화해야 합니다. 대화를 통해 다른 사람들의 입장을 이해하고, 나의 견해를 나누어야 합니다. 그곳에 문제를 해결하는 진정한 길이 있습니다."

티베트 인들은 중국의 통치 하에서 말할 수 없는 정신적 육체적 고통을 겪어 왔다. 따라서 달라이 라마가 청중들에게 폭력의 무의미함을 말할 때, 그는 자신의 깊은 경험과 고통으로부터 말하고 있는 것이었다.

자기 앞에 서 있는 가톨릭교도들과 신교도들의 얼굴을 훑어보며 달라이 라마는 말했다.

"같은 기독교인들끼리 싸운다는 것은 믿을 수가 없는 일입니다. 그렇지 않은가요? 정말 어리석은 일입니다. 당신들의 문제 때문에 나까지도 머리가 어지러워집니다. 만일 어떤 사람이 불교와 기독교를 비교한다면, 우리는 그 둘 사이에 큰 차이가 있다고 납득할 것입니다. 그러나 개신교와 가톨릭교의 차이는? 그건 아무것도 아닙니다! 당신들 서로간의 차이보다 나와 당신들 간의 차이가 훨씬 더 큽니다. 하지만 나는 당신들이 희망을 잃지 않기를 바랍니다. 내가 할 수 있는 건 아무것도 없습니다. 최종적인 결론은 북아일랜드 시민인 당신들의 손에 달려 있습니다."

연설 마지막에 달라이 라마는 청중을 향해 물었다.

"내 말이 도움이 되었습니까?"

그러자 큰 환호성이 일었다. 그가 다시 말했다.

"만일 도움이 되었다면, 부디 내가 한 말을 기억해 주십시오. 하지만 아무 도움이 안 되었다면……."

그는 말을 멈추고 큰 소리로 웃었다. 그리고는 말했다.

"그렇다면 그냥 잊어버리시길 바랍니다."

신교의 목사와 가톨릭교의 신부가 양쪽에서 달라이 라마를 호위했다. 그는 두 사람을 가까이 끌어당겨 함께 포옹했다. 그리고 두 눈에 장난기를 가득 담고서 그들의 턱수염을 잡아당겼다. 군중들은 이번에도 또다시 환호성을 질렀다. 달라이 라마는 턱수염을 보면 언제나 그런 식으로 장난을 치지 않고는 배기지 못하는 성미였다.

〈벨파스트 텔리그래프〉지는 달라이 라마의 방문을 소재로 한 만화를 사설란에 실었다. 평화의 선에서 나무 묘목을 심으며 미소 짓고 있는 달라이 라마를 세 명의 자객들이 노려보고 있었다. 그 중의 리더가 으르렁거리며 물었다.
'그래, 당신은 가톨릭 불교도요, 아니면 개신교 불교도요?'

다음날 오후, 벨파스트 시장이 달라이 라마를 시청 안에 있는 말끔하게 꾸며진 사무실로 안내했다. 그곳 시청은 얼스터 홀이라고 불리는 곳으로, 신교도들의 중심지로 유명한 곳이었다. 달라이 라마는 의자에 털썩 주저앉은 뒤 두 다리를 한껏 쭉 폈다. 데리(벨파스트 북서쪽 150킬로미터 떨어진 곳)에 갔다오느라 지쳐 있었기 때문이다. 이른 아침 워터프론트 홀에서 강연을 마친 뒤, 달라이 라마는 개인 비행기를 타고 데리에 다녀왔다. 그곳에서 그는 지난 30년 동안 3,600명의 목숨을 앗아간 테러 공격의 생존자인 34명의 신교도와 가톨릭교도 앞에서 용서를 주제로 강연을 했다.

다음 일정이 시작되기 전까지 그 15분간의 짧은 휴식 시간에 달라이 라마는 로렌스 신부와 함께 데리 시를 다녀온 이야기를 나누었다. 로렌스 신부와는 공통된 이상을 갖고 있고 서로를 존중할 줄 알았기 때문에, 두 사람은 지난 이틀 동안 항상 붙어다녔다.

언제나처럼 흰 수도복 차림을 한 로렌스 신부는 생기에 넘쳐 있었다. 설령 지쳤다 하더라도 내색을 할 사람이 아니었다.

로렌스 신부가 넌지시 말했다.

"데리에 사는 리처드 무어라는 젊은이를 기억하시나요? 열 살때 두 눈을 잃은 청년이죠."

그 말에 달라이 라마는 금방 기운을 되찾았다. 그는 몸을 일으켜 좀더 반듯한 자세로 고쳐앉으며 말했다.

"총에 맞아서 그렇게 되었지요. 하지만 열정과 이상으로 가득 찬 청년입니다."

로렌스 신부가 나를 쳐다보며 말했다.

"달라이 라마 성인께선 아주 유쾌한 분입니다. 그 청년도 그렇고요. 그래서 두 사람은 공동으로 이 희생자들과의 만남을 기획하게 된 겁니다."

"한 가지 재미있었던 일은…… 신부님께서 이렇게 물으셨죠."

달라이 라마는 말을 끝맺지 못하고 큰 소리로 웃기 시작했다. 그러더니 그는 손으로 자신의 얼굴을 어루만지는 시늉을 했다.

달라이 라마가 무슨 말을 하려고 했는지 금방 알아차린 로렌스 신부가 말을 이었다.

"리처드는 장님이 되었지만 암흑 속에 살고 있지 않았습니다. 그래서 내가 물었어요. '당신은 무엇을 보나요?' 하고요. 그러자 그는 '나는 사람들을 봐요. 이를테면 상상을 통해 보는 거죠.' 하고 대답했어요. 그래서 내가 다시 '달라이 라마는 어떻게 생겼나요?' 하고 물었어요."

그때 달라이 라마가 끼어들었다.

"그때 내가 그에게 내 얼굴을 만지게 해주었지요."

그는 둥글게 원을 그리며 손으로 다시금 자신의 얼굴을 어루만졌다. 그리고는 코를 움켜잡았다.

"그는 내 코를 만지더니 이렇게 소리쳤어요. '와, 코가 정말 크시군요!' 하고요."

그렇게 말하고 나서 달라이 라마는 손뼉을 치면서 또다시 웃음을 터뜨렸다. 웃음을 참으려고 몸을 흔들기까지 했다.

로렌스 신부가 다시 말을 이었다.

"네, 그러고 나서 달라이 라마께선 그에게 시력을 잃은 슬픔에서 벗어나는 데 얼마나 오래 걸렸느냐고 물으셨죠."

"그는 '하룻밤'이라고 대답했습니다."

그 정도의 적은 정보로 그들이 하는 이야기를 알아듣느라 나는 애를 먹었다. 만일 내가 리처드 무어의 입장이었다면, 나는 아주 다르게 반응했을 것이다. 나라면 그런 커다란 상실감에서 그렇게 빨리 헤어날 수는 없었을 것이다.

달라이 라마가 북아일랜드를 다녀간 몇 달 뒤, 나는 데리의 리처드 무어와 전화 통화를 했다. 시력을 잃은 것을 당연하게 받아들이는 그에 대해 좀더 알고 싶었다.

그가 말했다.

"내가 장님이 된 상황을 그토록 빨리 받아들이게 된 데는 두세 가지 이유가 있어요. 나는 사건이 일어난 즉시 가족과 친구들로부터 많은 격려를 받았어요. 그리고 지역 언론들과 전국의 매체들도 나에게 많은 관심을 가져주었구요. 정치 지도자들도 우리 집을 방문해 야단을 떨었어요. 하룻밤 사이에 난 유명 인사가 되었고, 스스로 중요한 인물처럼 여기게 되었어요. 또 다른 이유로는, 내가 운이 좋았다는 거죠. 난 태어날 때부터 행복한 아이였어요. 행복하고 낙천적인 성격을 타고났거든요."

내가 물었다.

"절망한 적은 없나요?"

무어가 대답했다.

"병원에서 퇴원한 후 2주일 동안은요. 그때 형이 나를 데리고 뒷마당으로 산책을 나갔어요. 형은 나한테 무슨 일이 일어났는지 알고 있느냐고 물었어요. 난 내가 총을 맞은 걸 알고 있다고 했어요. 그러자 형은 상처가 얼마나 심한지도 알고 있느냐고 물었어요. 난 모른다고 대답했죠. 형은 내가 한쪽 눈을 잃었고, 곧 다른 쪽 눈도 시력을 잃게 될 거라고 말했어요. 난 그날 밤 몹시 슬프게 울었어요. 더 이상 아버지나 어머니의 얼굴을 볼 수 없게 되리란 걸 알았으니까요. 그러나 그게 전부였어요. 그 다음날부터 난 내 운명을 받아들이기로 했어요.

물론 힘들고 고통스런 순간들도 있었어요. 내 아이들이 태어날 때 옆에 있었지만, 난 그 아이들을 볼 수가 없었어요. 아이들이 첫 영성체를 받을 때, 아이들의 얼굴을 볼 수만 있다면 난 무슨 일이든 했을 거예요. 수많은 성탄절 아침도 마찬가지였고요. 난 늘 앞을 못 보는 고통을 겪어 왔고, 앞으로도 그럴 거예요. 하지만 그것이 내 남은 생을 지배하게 두고 싶지는 않아요. 아버지는 늘 내게 말씀하셨어요. '어떤 구름도 너의 햇빛 화창한 날을 망치게 하지 말라'고요."

나라면 도저히 눈에 총을 맞는 경험을 햇빛 화창한 날에 구름이 지나가는 것에 비유할 수 없을 것이다. 내가 물었다.

"어떻게 총을 맞게 되었죠?"

"1972년 5월 4일의 일이었어요. 그때 나는 열 살이었는데, 거리 시위가 있던 날이었어요. 나도 시위대에 끼어 영국 군인들에게 돌을 던지고 있었어요."

무어는 한동안 침묵을 지켰다가 말을 이었다.

"그 다음엔 무슨 일이 일어났는지 잘 기억나지 않아요. 한 군인이 근처에서 폭동 진압용 고무탄을 쏘았고, 그것이 내 오른쪽 눈에 맞았어요. 나를 가르치는 학교 선생님 한 분도 그곳에 있었지만 날 알아보지 못할 정도였어요. 내 얼굴이 심하게 망가져 버렸거든요. 아버지가 나를 구급차에 태웠어요. 하지만 어머니가 함께 타는 것은 막았어요. 아버지는 어머니에게 내 얼굴을 보이고 싶지 않으셨던 거죠. 엄마는 이미 1972년 1월, 피의 일요일에 외삼촌을 잃으셨거든요."

내가 물었다.

"당신을 쏜 군인에 대해선 어떤 감정을 갖고 있나요?"

무어가 말했다.

"이렇게 말하는 게 이상하다는 건 알아요. 하지만 난 그에게 아무런 나쁜 감정이 없어요. 사실 그를 무척 만나고 싶어요. 당신한테 한 가지 말씀 드리죠. 내가 생각하기에, 내 인생에서 가장 큰 도움이 되었던 것은 내가 그에게 전혀 원한의 감정을 갖지 않았다는 거예요. 나는 그를 완전히, 그리고 무조건적으로 용서했어요."

리처드 무어가 가진 용서의 힘은 그의 삶을 전혀 예기치 않은 방향으로 이끌고 갔다. 몇 해 전, 무어는 아시아, 아프리카, 남미 등 고통받는 아이들을 후원하는 '칠드런 인 크로스파이어(고난에 처한 아이들)'란 단체를 조직했다. 가장 최근에 그는 방글라데시에 가서 그곳의 후원 사업을 돕는 일을 했다.

나는 무어에게, 달라이 라마가 그의 빠른 회복력과 그가 삶에서 해온 일들에 대해 깊은 인상을 받았다고 전했다. 그러면서 나는 무어에게 달라이 라마에 대해 어떤 인상을 받았는지를 물었다.

그가 말했다.

"그날 아침 데리에서 그분과 대화를 나눈 뒤, 나는 점심식사 때 그분 옆자리에 앉도록 초대 받았어요. 그분은 직접 내 시중을 들어 주었어요. 쇠고기 카레와 밥을 내 접시 위에 덜어 주었고, 양이 충분한지 물었어요. 그리고는 내 손에 포크와 나이프를 쥐어 주었어요. 또 오렌지 주스가 어디 있는지도 가르쳐 주었어요. 난 그분에게서 흘러나오는 따뜻함을 느낄 수 있었어요. 그것은 강한, 아주 강한 사랑의 느낌이었어요. 거역할 수 없는 사랑의 에너지였어요. 난 마치 집에 있는 것처럼 너무도 편안했어요."

점심식사가 끝난 뒤, 달라이 라마가 라디오 방송국 기자와 인터뷰를 하는 동안, 무어는 먼저 가서 기다렸다가 작별 인사를 하기 위해 달라이 라마의 차가 서 있는 곳으로 걸어가기 시작했다.

무어가 내게 말했다.

"차 있는 쪽을 향해 몇 발자국 걸어가기 시작했을 때, 뒤에서 누군가 달려오는 소리가 들렸어요. 달라이 라마였어요. 그분은 나를 따라잡기 위해 숨을 헐떡이며 달려오고 있었어요. 그분이 소리쳤어요. '당신의 친구를 기다려 줘요! 당신의 친구를 기다려 줘요!' 그리고 우리는 함께 차 안으로 들어갔어요. 그분은 나를 놓아 주기 전에 아주 꼭 껴안아 주었어요."

데리에서 아일랜드 분쟁의 희생자들과의 만남이 있고 난 후, 달라이 라마는 다시 비행기를 타고 벨파스트로 돌아왔다. 그곳에서 그는 갈갈이 찢겨진 가톨릭과 개신교 공동체 사이의 조화를 되찾는 길에 대해 짧은 강연을 했다. 강연에 앞서 머리를 짧게 깎은 12세 소년 콜린 맥크로리가 그에게 꽃다발을 선물했다. 달라이 라마는 소년의 두 손을 잡고 힘있게 악수를 했다.

행사가 끝났을 때, 아직 달라이 라마와 악수를 한 흥분이 가라앉지 않은 콜린 맥크로리는 신교도들의 학교인 헤이즐턴 학교까지 걸어서 가기로 마음먹었다. 그것이 큰 실수였다. 그는 걸어가는 대신 친구들과 함께 버스를 타고 갔어야만 했다. 혼자서 걸어가던 도중에 그는 한 무리의 십대 청소년들과 맞닥뜨렸다. 그들은 콜린에게 어느 학교에 다니는가를 물었다. 콜린에게서 대답을 받아 낸 그들은 그를 바닥에 내동댕이치고, 그의 머리를 수차례 발로 걷어찼다. 콜린은 때마침 그것을 보고 달려온 여성의 도움으로 간신히 중상을 면할 수 있었다.

텐진 게셰 테통은 콜린이 집단 구타를 당한 소식을 듣자마자 곧바로 달라이 라마에게 전했다. 달라이 라마는 아일랜드 인들의 갈등에 대해 잘 알고 있었다. 로렌스 신부에게서도 간단히 설명을 들었고, 다람살라에서의 그의 아침 의식 중 하나는 영국 BBC 채널의 국제 방송을 듣는 일이었다.

그럼에도 불구하고 달라이 라마는 그런 노골적인 종파간의 적대감에 몹시 당황하고 상심했다. 그 12세의 소년은 그에게 꽃다발을 주었었다. 두 사람은 불과 한두 시간 전에 악수를 나누었었다. 달라이 라마는 그 공격의 잔인함에 괴로워했으며, 소년의 머리 부상을 크게 염려했다. 벨파스트에 오기 전에 그는 부다페스트, 브라티슬라바(슬로바키아 공화국의 수도), 프라하를 여행했었다. 어린 소년 콜린 맥크로리에게 가해진 폭행 사건은 그의 모든 여행 일정 중에서 그를 가장 가슴 아프게 한 사건이었다. 그것은 어느 누구도 어찌할 수 없는 아일랜드 문제의 심각성을 가장 극명하게 보여 준 사건이었다.

 오랫동안 원한 관계에 있는 적을 용서한다는 것은 말처럼 쉬운 일이 아니었다.

5
가장 큰 수행은 용서

용서는 값싼 것이 아니다. 그리고 화해도 쉬운 것이 아니다.
하지만 용서할 때 우리는 누군가에게 문을 열 수 있다.
지난일에 대해 마음의 문을 꼭꼭 닫아걸고 있던 누군가가
그 문을 열기 위해서는, 무조건 용서해야 한다.

달라이 라마와 대주교가 만났다. 밤색 승복을 입은 티베트 수도승과 검은색 수도복을 입은 그 성공회 신부는 머리가 거의 맞닿을 정도로 마주 앉아 서로의 손을 굳게 맞잡고 있었다. 두 사람은 마치 사랑에 빠진 십대 소년 소녀처럼 세상 전체가 지켜보는 앞에서 상대방의 눈을 깊이 들여다보았다. 전세계의 언론 매체들이 몇 미터 거리를 유지하면서 접근 금지선 밖에 모여 있었다. 각 대륙에서 온 텔레비전과 출판 언론인들도 눈에 띄었다. 33명의 역대 노벨 평화상 수상자들이 한 공간에 모이는 것은 종종 있는 일이 아니었다. 그들은 지금 노르웨이의 수도 오슬로의 홀멘콜른 호텔의 눈부신 연회장에 모여 있었다. 2001년 12월, 노르웨이 정부는 노벨 평화상 100주년을 축하하기 위해 역대 노벨 평화상 수상자들을 한자리에 초대하는 전례 없는 행사를 열었다.

노벨 평화상 100주년 심포지엄이 열리던 첫날 아침, 개회식이 시작되기 전에 달라이 라마와 남아프리카 공화국의 데스몬드 투투 대주교는 조용히 개인적인 만남을 가졌다. 나는 두 사람 뒤에 구부정하게 선 채로, 쏟아지는 카메라 셔터 소리들 속에서 두 사람이 나누는 대화를 듣기 위해 온통 정신을 쏟아야만 했다.

달라이 라마가 투투 대주교에게 말했다.

"나는 방금 북부 노르웨이에서 이곳으로 왔습니다. 그곳의 트롬소 대학에서 명예 학위를 받았거든요. 매우 특별한 경험이었습니다. 전에 유럽에서 가장 오래된 대학인 이탈리아의 볼로냐 대학에서도 명예 학위를 받은 적이 있습니다. 그곳에는 한 가지 전통이 있습니다. 학위를 받는 동안, 아름다운 의복을 입는 것 외에도 특별한 반지를 끼도록 되어 있었습니다. 그때 나는 대중 앞에서 이렇게 말했지요. '불교 수행자로서 반지를 끼는 것이 금지되어 있지만, 오늘만큼은 행사의 일부이기 때문에 반지를 끼겠습니다.' 그렇게 말하고는 잠시 동안 그 반지를 끼고 있었습니다."

투투 대주교가 말했다.

"아, 참 잘하셨습니다. 그 반지를 팔면 많은 돈을 받을 수 있으리라고 내가 장담하지요."

누가 먼저랄 것도 없이 두 사람은 낄낄거리며 웃기 시작했다. 처음에는 부드럽게 히히거리는 웃음으로 시작되었지만, 이내 그 웃음은 호탕한 너털웃음으로 바뀌었다. 티베트 지도자는 굵고 우렁찬 목소리이고, 대주교는 고음의 날카로운 웃음이었다. 그들의 자유롭고 전염성 강한 웃음은 넓은 연회장의 값비싼 프랑스식 문들을 뒤흔들 만큼 컸다. 모두가 놀라서 하던 일을 멈추고 두 사람을 쳐다보았다.

나는 한 가지 갑작스런 느낌을 받았다. 피부색과 나이 차이(투투 대주교가 달라이 라마보다 네 살 위)에도 불구하고 두 사람은 기질이 완전히 똑같았다. 그들은 상황 속에 자신을 완전히 내던지는 비범한 능력이 있었고, 행동에 조금도 거리낌이 없었으며, 더없이 자연스러웠다. 또한 자신들 주위의 세속적인 것들을 둘러보면서, 그것들 속에서 무엇인가 웃을거리를 발견하는 탁월한 능력을 갖고 있었다.

그때 기자 한 명이 카메라맨을 이끌고 접근 금지선을 넘어 두 사람에게로 다가왔다. 그녀가 달라이 라마에게 물었다.

"질문 하나 해도 될까요?"

달라이 라마가 그 기자를 올려다보며 물었다.

"어디에서 오셨습니까?"

기자가 말했다.

"노르웨이 텔레비전 방송입니다. 2001년에 당신에게 가장 특별한 일은 무엇이었습니까?"

달라이 라마가 대답했다.

"당연히 그 놀랍고 충격적인 뉴스입니다. 9.11 뉴욕 테러 소식을 듣고, 무고한 승객을 태운 민간 여객기가 끔찍한 무기로 쓰여지는 장면을 텔레비전을 통해 보았습니다. 상상도 할 수 없는 일이었습니다. 또한 그들은 몇 년 동안은 아니더라도 최소한 몇 달 동안 계획을 세웠습니다. 나는 인간의 뛰어난 지능이 이처럼 미움과 원한에 의해 조종되고 악용될 수 있다는 걸 실감했습니다."

투투 대주교가 크게 고개를 끄덕였다. 달라이 라마가 대주교를 바라보며 말했다.

"따라서 우리에게는 인간의 긍정적인 감정을 끌어낼 수 있도록 도와야만 할 특별한 책임이 있습니다. 그렇지 않습니까?"

대주교가 박수를 치며 화답했다.

"좋습니다. 아주 좋습니다. 그래요, 당신의 의견에 전적으로 동의합니다. 당신의 의견엔 언제나 동의하지 않을 수 없군요."

홀멘콜른 호텔에 초대 받은 노벨상 수상자들과 연회 손님들을 위한 점심식사는 호텔의 레스토랑 안에서만 제공하도록 되어 있었다. 오전 일정이 끝난 뒤, 나는 투투 대주교와 함께 그 우아한 식당 안으로 들어갔다. 대주교는 내가 달라이 라마와 함께 여행하고 있음을 알고 나를 자신의 점심식사에 초대했다.

우리는 입구 근처의 테이블에 앉았다. 우리가 자리에 앉자마자 1977년 노벨 평화상을 수상한 국제 사면 위원회의 콜름 오쿠아나 체인 의장이 우리와 합류했다. 그리고 뒤이어 1902년 평화상을 수상한 국제 평화 사무소의 현 대표인 코라 바이스가 합석했다.

웨이터가 다가와 우리 모두에게 어떤 음료를 주문할 것인지 물었다.

투투 대주교가 웨이터에게 말했다.

"감사합니다. 대단히 감사합니다. 하지만 난 지금 배가 몹시 고파요. 음식을 먼저 먹을 순 없을까요?"

그 노르웨이 인 웨이터가 대답했다.

"빨리 드실 수 있도록 제가 한번 힘써 보겠습니다."

"고맙습니다, 고맙습니다."

투투 대주교는 그의 트레이드 마크인 큰 미소를 지어 보였다.

나는 갑자기 유명한 인물들과 자리를 함께 하게 돼 약간 긴장이 되었다. 하지만 곧 대주교에게 달라이 라마와의 관계에 대해 물어보기로 마음먹었다.

내가 그에게 물었다.

"달라이 라마에 대한 당신의 인상은 어떻습니까?"

그런데 내 목소리가 부자연스러울 만큼 컸기 때문에 오쿠아나 체인 의장과 바이스 씨가 고개를 돌려 나를 쳐다보았다.

대주교가 곧바로 대답했다.

"그는 훌륭한 사람입니다. 난 그를 좋아합니다. 우리 둘 다 매우 명랑한 성격을 갖고 있지요. 우리들 안에서는 한 어린아이가 밖으로 뛰쳐나오려고 애를 쓰고 있습니다. 그리스도는 '어린아이처럼 되지 않으면 하늘나라로 들어갈 수 없다'고 말했습니다. 어린아이는 경이로움을 느낄 줄 아는 능력을 갖고 있고, 달라이 라마도 마찬가지입니다. 그는 또한 때묻지 않은 신성함을 지니고 있습니다. 그는 성인이라는 칭호를 받았고, 실제로 성스런 분입니다. 특히 젊은이들이 그에게 이끌립니다. 젊은 사람들은 진실하지 않은 것, 가식적인 것을 금방 알아차리죠. 그들은 달라이 라마가 진실한 사람이라는 걸 알고 있습니다."

내가 말했다.

"당신은 달라이 라마와 매우 특별한 감정을 공유하는 듯합니다. 두 분이 함께 있을 때면 마치 두 어린아이가 노는 듯한 모습이 됩니다. 그 특별한 친밀감은 어디서 오는 걸까요?"

투투 대주교가 말했다.

"잘 모릅니다. 정말 잘 모릅니다. 당신은 어떻게 사랑에 빠집니까? 그건 그냥 일어나는 일일 뿐이에요. 가깝게 지내는 두 사람이 있습니다. 당신은 그 두 사람에게 일어난 연금술을 이해할 수 없습니다. 왜 내가 달라이 라마와 가깝게 느끼고, 또 그가 나와 가깝게 느끼는지는 그저 신비일 뿐입니다. 그냥 그것을 신의 은총이라고 해둡시다."

대주교는 테이블에 빵 바구니가 도착하자 재빨리 기도를 웅얼거리고는 빵을 집어들었다. 다들 노르웨이식 롤빵을 우적우적 씹고 있을 때, 내가 대주교에게 물었다.

"당신은 인종 분리 정책에 대한 많은 경험을 갖고 있습니다. 티베트와 중국에 대해 말씀해 주시죠."

"가장 중요한 것 중 하나는, 우리 남아프리카 공화국의 흑인들은 우리가 이겼다고 강하게 믿고 있다는 것입니다."

나는 테이블에 둘러앉은 다른 노벨상 수상자들이 투투 대주교의 말에 진지하게 귀를 기울이고 있음을 느꼈다. 대주교가 말을 이었다.

"믿음……. 때로 우리는 간신히 그것에 매달릴 때가 있습니다. 특히 날마다 누군가의 장례식을 치러야만 하는 암흑기에는 더욱 그렇지요. 하지만 우린 행운아였습니다. 우리 흑인들은 웃을 수 있는 능력이 대단했습니다. 심지어 가장 비참한 상황에서도 웃을 수 있었습니다. 우리 자신의 처지를 보고도 웃을 수 있었어요. 자, 중국인들에 대해 생각해 봅시다. 그들은 결과적으로 지게 되어 있습니다. 세상이 그들을 어떻게 생각하든 그들은 패배할 것입니다. 달라이 라마는 매우 큰 권위와 영향력을 가지고 있습니다. 그가 뉴욕 센트럴 파크에 나타났을 때를 생각해 보십시오. 수만 명의 사람들이 그를 보기 위해 몰려들었습니다. 엄청난 군중이었어요. 중국인들은 이 골칫거리를 해결해야만 하기 때문에 결국 언젠가는 티베트 인들에게 진정한 자치권을 줄 수밖에 없습니다."

웨이터가 대주교 몫으로 생선과 과일이 담긴 큰 접시를 들고 왔다. 그러나 나머지 사람들을 위한 것은 없었다. 대주교의 얼굴에 빛이 났다.

"좋아요, 아주 좋습니다. 당신에게 신의 축복이 있기를 기도하겠습니다. 아주 좋아요."

그는 음식 접시를 내려다보며 또다시 말했다.

"이 친구가 매우 머리가 좋군요. 매우 머리가 좋아요."

그가 웃음을 터뜨릴 때마다 그의 큰 콧구멍이 더 크게 벌어지고, 작은 눈은 더 작아졌다.

웨이터는 이 뜻밖의 요란한 반응에 당황하며 말했다.

"필요하신 게 있으면 언제라도 불러 주십시오."

투투 대주교가 여전히 웃으며 나머지 사람들에게 설명했다.

"사실은 내가 가진 영향력을 아주 조금 사용했답니다. 우리의 핫라인을 통해 미리 부탁을 했지요. 내 친구들에게도 편안함의 혜택을 누리게 해달라고 말해 두었습니다."

"우린 아직 그 혜택을 누리지 못하고 있는데요."

오쿠아나체인 의장이 말했다. 나는 그의 배가 꼬르륵거리는 소리를 들을 수 있었다.

대주교가 안심을 시키며 말했다.

"금방 가지고 올 겁니다. 금방 올 겁니다."

그 말이 끝나기도 전에 웨이터가 또 다른 음식 접시를 들고 도착했다.

1995년부터 1997년까지 투투 대주교는 남아프리카 공화국의 진실 규명 및 화해 위원회 의장이었다. 그가 한 일은 2만 명에 달하는 증인들로부터 인종 분리 정책 기간 동안 가해진 잔학 행위와 인권 유린에 대한 증언을 듣는 일이었다. 그는 그 청문회에서 백인들이 사람들의 팔다리를 버너로 불태우는 고문을 가했다는 이야기를 듣고 펑펑 울기까지 했다. 그렇다면 그가 내린 해결책은 무엇이었는가? 그것은 다름아닌 용서였다. 그는 진정한 치유를 위해 가해자들을 용서해야만 했다.

투투 대주교는 말했다.

"사람들은 말합니다. 상처가 있으면 곪지 않도록 그것을 열고 깨끗하게 닦아내야 한다고. 그리고 그 위에 연고를 발라야 한다고. 그렇게 하면 어쩌면 상처가 치료될지도 모릅니다. 용서는 값싼 것이 아닙니다. 그리고 화해도 쉬운 것이 아닙니다. 하지만 용서하는 마음이 있으면 우리는 누군가에게 문을 열 수 있습니다. 지난일에 대해 마음의 문을 꼭꼭 닫아걸고 있던 누군가가 그 걸쇠를 풀기 위해서는 문의 뒤쪽으로 걸어들어가야 하고, 그러면 새로운 미래가 보이기 시작합니다."

1999년 미국 미네아폴리스에서 열린 한 토론회에서 투투 대주교는 위원회에서 겪은 경험을 이야기했다.

"우리는 그곳에 앉아서 피해자들의 이야기를 들으며 말할 수 없이 겸허해졌습니다. 그들은 당연히 화를 내고, 증오하고, 복수를 할 권리가 있는 사람들이었습니다. 하지만 그 대신 그들은 모두 용서하려는 마음으로 가득 차 있었습니다.

한 백인 여성이 왔습니다. 그녀는 흑인 해방 운동 단체에 의해 수류탄 공격을 당한 희생자였습니다. 그 공격으로 그녀의 많은 친구들이 목숨을 잃었습니다. 그리고 그녀 역시 장기간 중환자 치료를 받아야만 했습니다. 치료가 끝났을 때, 그녀는 여러분과 내가 당연히 할 수 있는 일들을 할 수가 없었습니다. 아이들이 그녀를 목욕시켜 주어야 했고, 옷을 입혀 주었으며, 음식을 먹여 주어야 했습니다. 그녀는 자신의 몸이 수류탄 파편으로 가득 차 있기 때문에 공항의 모든 금속 탐지 장치가 꺼지지 않는 한 보안 검색대를 통과할 수 없다고 말했습니다.

여러분은 자신을 그 지경으로 만든 사건에 대해 그녀가 무슨 말을 했는지 아십니까? 그녀는 말했습니다.

'그 사건은 내 삶을 더 가치 있게 만들었어요.'

삶을 더 가치 있게 만들었다고? 그런 뒤 그녀는 말했습니다.

'가해자를 만나고 싶군요. 용서하는 마음으로 그를 만나고 싶어요. 그를 용서해 주고 싶습니다.'

훌륭한 생각이죠. 하지만 솔직히 말해, 난 깜짝 놀라 자빠질 뻔 했습니다. 그런 다음 그녀가 뭐라고 말했는지 아십니까?

'그가 나를 용서해 주기를 바래요.'

'뭐라구요?'

'그가 나를 용서해 주기를 바랍니다.'

그 다음에, 비쇼 대학살이라 불리는 사건이 있었습니다. 흑인 자치구 중 한 곳에 대해 백인 정부는 아프리카 민족회의(남아프리카 공화국의 흑인 해방 조직)의 출입을 금지시켰고, 민족회의측은 시위를 벌여 항의를 하기로 결정했습니다. 비쇼는 그 자치구의 수도입니다. 이날 수많은 민족회의 지지자들이 비쇼에 모였습니다. 시위를 막기 위해 출동한 보안대 군인들이 총을 난사했고, 그 결과

29명이 사망하고 200명이 중상을 입었습니다.
 우리는 커다란 회관에서 사건 진상 청문회를 열었습니다. 피해자들이 그곳을 가득 메웠습니다. 첫번째 증인은 보안 대장이었습니다. 그는 몹시 당황했고, 나까지 당황하게 만들었습니다. 난 그것을 내색하지 않으려고 애썼습니다. 실내에는 팽팽한 긴장감이 감돌았습니다.
 그 다음 증인들은 네 명의 군인이었습니다. 한 명은 백인이고, 다른 세 명은 흑인이었습니다. 그들의 대변인격인 백인이 말했습니다.
 '우린 장교들이며, 우리가 부하 병사들에게 발포 명령을 내렸습니다.'
 실내의 온도가 확 높아졌습니다. 그런 다음 그는 청중을 향해 말했습니다.
 '부디 우리를 용서해 주십시오. 나의 동료인 이 세 사람을 용서해 주시고, 그들이 사회로 돌아갈 수 있도록 받아 주십시오.'
 청중이 어떻게 했는지 아십니까? 믿기지 않게도 모두가 일제히 박수를 쳤습니다. 그 박수가 가라앉을 때쯤 내가 말했습니다.
 '우리 잠시 조용히 합시다. 왜냐하면 지금 어떤 신성한 일이 일어나고 있기 때문입니다. 지금 우리 앞에서 일어나고 있는 이 일에 대해 우리가 할 일은 모두 신발을 벗는 일입니다. 왜냐하면 우리는 성스런 장소 위에 서 있으니까요.'"
 투투 대주교는 흑인들이 간직해 온 오래된 지혜를 통해 용서가 가진 힘을 마음 깊이 확신하게 되었다. 아프리카에서는 인간은 다른 인간을 반영한 것이라는 시각이 있다. 아프리카 인들은 그것을

'우분투'라고 부른다. 대주교는 그것에 대해 이렇게 설명했다.

"나의 인격은 당신의 인격에서 나옵니다. 내가 원하든 원하지 않든, 당신의 인격이 향상되었을 때 나의 인격도 따라서 향상됩니다. 마찬가지로 당신의 인격이 비인간적이고 냉정한 것이 될 때, 나 또한 그렇게 됩니다. 용서는 실제로 자신에게 가장 이익이 되는 최상의 길입니다."

오슬로에서 노벨 평화상 모임이 있은 지 한 달 뒤, 나는 더 깊이 있는 대화를 나누기 위해 다람살라에서 달라이 라마와 마주 앉았다. 용서에 대해 얘기를 나누던 도중, 달라이 라마는 티베트 불교도인 롭상 텐진의 이야기를 들려주었다. 롭상 텐진은 진정으로 용서함으로써 극적인 영적 성장을 이룬 사람이었다.

"롭상은 티베트의 펨포 지방에서 마을의 지도자 중 한 명이었고, 독립 운동가였습니다. 그는 1959년에 중국군에게 체포되어 감옥에 갇혔습니다. 그러다가 인도로 탈출했습니다. 그는 처음엔 불교에 대해 아무것도 모르는 상태였습니다. 그러나 어쨌든 스스로 신체 내부에 뜨거운 기를 발생시키는 '투모' 수행을 시작했습니다. 그는 꽤 나이 들어서야 수행의 길에 접어들게 되었습니다."

다람살라 고지대에 위치한 한 동굴 속에서 명상을 하던 도중 롭상 텐진은 강렬한 빛을 보았다. 이것은 그가 탄트라 수행에 접어들었다는 첫번째 신호였다. 그는 그 빛이 사라지는지 보기 위해 눈을 감았다. 놀랍게도 빛은 사라지지 않았다. 오히려 더욱 강렬해졌다. 롭상은 또 아름다운 꽃들의 환영을 보았다. 그런 다음 그는 배꼽 주변에서 타는 듯한 열기를 느꼈다. 그 열기는 사방으로

터지는 불꽃을 가진 하나의 불덩어리와 같았다.

의식을 그것에 집중시킨 결과, 그는 그 불덩어리를 크게 하거나 줄어들게 할 수 있으며, 그것을 신체의 다른 부분으로 이동시킬 수도 있다는 사실을 발견했다. 그는 그것을 심장 부위로 옮겨 그곳에 고정시키고 좀더 명상에 잠겼다. 그것은 새로운 지각 능력을 가능하게 해주었다. 롭상은 이제 자신이 추위를 느끼지 않게 되었다는 사실을 알았다. 투모, 즉 신체 내부에 뜨거운 기를 발생시키는 이 새로 발견한 능력을 경험하고서 그는 큰 경이로움에 사로잡혔다.

1년 남짓 이 명상 수행을 지속한 뒤 롭상은 자신의 명상이 새로운 차원에 이르렀음을 느꼈다. 신체의 뜨거운 기는 더욱 강력해졌고, 그것을 발생시키는 것도 더 쉬워졌다. 이제 그는 그 기 에너지를 신체의 경락을 통해 이동시킬 수 있음을 발견했다. 일단 그것이 가능해지자, 롭상은 심오하고 오래 지속되는 크나큰 환희의 상태에 이르렀다.

1980년대 초, 달라이 라마는 40대에 들어선 롭상에게 투모를 영적 수행의 한 방편으로 삼으라고 권했다. 그 조언을 듣고 롭상은 북인도 히마찰 프라데시 주의 고산지대에 있는 작은 마을인 마날리로 가서 유명한 투모의 대가 켄체 라마를 만났다.

달라이 라마가 내게 설명했다.

"켄체 라마의 제자들은 일년 내내 투모 수행을 했는데, 특히 젖은 담요 기법을 사용했습니다. 그들은 아주 추운 날에도 거의 벌거벗은 채 그 수행을 했습니다. 먼저 담요를 얼음물에 넣은 뒤 짭니다. 그리고 그것을 몸에 덮고 명상을 하는 것입니다. 몇 분 안에 수증기가 피어오릅니다. 그러면 한 시간 안에 담요가 완전히 마릅니다. 그러면 담요를 다시 얼음물에 적시고, 그것을 또다시 몸 위에 올려놓습니다. 하룻밤에 10회에서 13회에 걸쳐 그렇게 하는 겁니다."

하버드 대학의 허버트 벤슨 박사 팀이 투모에 관심을 갖게 되었다. 그들은 다람살라로 와서 산속에 살고 있는 투모 전문가들을 만났다. 그리고 롭상 텐진이 몸에서 뜨거운 기를 발생시키는 것을 보고 깊은 인상을 받았다. 그들은 달라이 라마의 허가를 받아 롭상을 실험하기 위해 하버드 대학으로 초청했다.

영어를 잘하는 젊은 승려 카르마 겔렉이 롭상과 동행해 미국으로 건너갔다. 1985년의 그 여행이 무척 힘든 것이었다고 카르마 겔렉은 내게 말했다. 보스턴에 도착한 롭상은 시차 적응을 하지 못해 무척 애를 먹었다. 그는 거의 녹초가 되다시피했고, 기운을 되찾을 때까지 실험을 연기해 줄 것을 희망했다. 하지만 벤슨 박사는 빡빡한 일정을 그대로 밀고 나갔다. 실험을 뒤로 미루는 것은 이미 불가능한 상태였다. 그들이 도착한 다음날 곧바로 실험이 행해졌다.

롭상은 고기를 냉동시킬 정도의 낮은 온도가 유지되어 있는 실험실에서 혹독한 실험 대상이 되었다. 실험자는 흰 실험실 가운 안에 오리털 조끼를 입었지만, 롭상은 승복 상의를 벗도록 지시받았고, 얇은 면 조끼만 입은 채로 실험을 받았다. 테스트는 장시간 이어졌다. 카르마 겔렉에 따르면, 실험 기간 동안 롭상은 말 그대로 뼛속까지 얼어붙었다.

롭상이 마침내 깊은 명상 상태에 들어가자, 그의 산소 흡입량이 눈에 띄게 줄어들었다. 신진대사의 감소와 함께 롭상은 정상인이 1분에 13회에서 14회 숨을 쉬는 데 반해 5회에서 6회 정도만 숨을 쉬었다. 신체 내부에 뜨거운 기인 투모가 발생할 때까지 그의 체온은 10도 이상 올라갔다.

벤슨 박사는 훗날 투모 수행에 대한 연구 논문에 이렇게 썼다.

"이 실험들을 통해 우리가 밝혀내고자 하는 것은 명상이 눈에 띄게 신체의 생리적인 변화를 가져온다는 사실이다. 이 변화들은 건강에 직접적인 영향을 미친다. 정신적인 스트레스로 인해 신체 장애가 일어나거나 더 악화될 수도 있다."

나는 롭상 텐진의 이야기를 듣고 호기심이 일었다. 때로 인명을 살상하기도 한 독립 운동가가 어떻게 생애 후반기에 그런 강력한 영적 능력을 개발할 수 있었는지 의아했다. 티베트에서는 대부분의 승려들이 6,7세부터 절에서 수행을 시작한다.

카르마 겔렉은 나에게 롭상이 중국의 감옥에 갇혀 있는 동안 그의 영적 수행이 시작되었으며, 그 당시 극적으로 발전했다고 말해 주었다. 이 어려운 시기에 롭상은 두 가지 깨달음을 얻게 되었다. 첫째, 그는 감옥에서 겪는 고통이 자신이 중국인들에게 행한 잔인한 행위의 직접적인 결과가 인과응보적으로 연결되어 일어나는 것임을 깨달았다. 둘째, 중국인에 대한 증오심으로 자신을 소모시키고 복수심에 몰두한다면, 결국 자신이 미쳐 버리고 말 것이라는 사실을 그는 직감했다.

중국인들이 그에게 신체적으로 가하는 학대 행위에 대해서는 어찌할 도리가 없었다. 하지만 롭상은 마침내 이해했다. 중국인들이 그의 정신 건강에 일방적으로 공격을 가할 수는 없다는 것을.

그의 마음의 평화는 오로지 그가 가진 자세, 무서운 상황에 그가 어떻게 반응하는가에 달려 있었다. 롭상은 자신을 감옥에 가둔 사람들에 대해 중립적인 감정, 또는 더 나아가 긍정적인 감정을 유지할 수 있다면, 밤에 편히 잠을 이룰 수 있다는 것을 알았다. 그리고 중국인들이 아무리 심하게 자신을 고문한다 해도, 그의 마음은 언제나 그가 편안히 휴식할 수 있는 안식처가 될 수 있었다.

카르마 겔렉에 따르면, 롭상은 중국인에 대한 미움을 승화시켰다. 그는 단순히 그들을 용서한 것이다. 시간이 지나자, 그는 한 걸음 더 나아가 중국인들에 대한 진정한 자비심을 키우게 되었다. 훗날 그것이 매우 중요한 역할을 한 것으로 드러났다. 그런 자세 덕분에 롭상은 정신 건강에 거의 아무런 피해를 입지 않고 혹독한 감옥 생활에서 살아남을 수가 있었다. 감옥에 갇혀 있으면서 그는 뒤늦게 용서가 가진 치유의 힘을 확신하게 되었다. 카르마 겔렉은 바로 이것 때문에 롭상이 영적 수행에서 비약적인 발전을 이루게 되었다고 믿고 있었다. 뿐만 아니라 투모 수련 능력도 극적으로 커졌다.

"적을 용서하는 것이 한 사람의 영적 성장에 큰 차이를 가져다준다는 것이 사실일까요?"

내가 묻자, 달라이 라마는 한순간도 망설임 없이 대답했다.

"그렇습니다. 그것에는 의심할 여지가 없습니다. 그것은 결정적인 일이며, 가장 중요한 일 중 하나입니다. 그것은 한 사람의 삶을 바꿔 놓을 수도 있습니다. 미움이나 또 다른 파괴적인 감정들을 제거하기 위해서는 그 반대의 감정들을 키워야만 합니다. 자비와 친절이 그것입니다. 당신이 다른 사람들에 대해 강한 자비의 마음과 존중하는 마음을 갖고 있으면, 용서는 훨씬 쉬워질 것입니다. 이런 이유로 나는 다른 사람을 해하는 것을 원치 않습니다. 용서는 이런 긍정적인 감정들을 갖도록 도와줍니다. 그리고 이것은 영적인 성장에 큰 도움이 됩니다."

내가 물었다.

"당신이 사용하는 특별한 명상 기법이 있나요?"

달라이 라마가 설명했다.

"나는 주고받기라 불리는 명상법을 사용합니다. 시각화 과정을 통해, 행복이나 따뜻한 애정 같은 긍정적인 감정들을 다른 사람에게 보내는 상상을 하는 것입니다. 그런 다음 그들의 고통, 그들의 부정적인 감정들을 내 자신이 흡수하는 상상을 합니다. 나는 날마다 그렇게 합니다. 특히 중국인들에 대해 그렇게 합니다. 티베트인들에게 끔찍한 짓을 저지른 중국인들에 대해. 명상을 하는 동안 나는 숨을 들이쉬면서 그들이 가진 미움, 두려움, 잔인함 같은 독소들을 들이마십니다. 그리고 숨을 내쉽니다. 그때 자비와 나눔 같은 모든 좋은 감정들이 밖으로 나오게 합니다. 모든 나쁜 것들을 내 몸 안에 받아들여 신선한 공기로 그 독소들을 제거하는 것입니다. 이것이 주고받기 명상입니다. 나는 타인을 비난하지 않도록 주의를 기울입니다. 나는 중국인들을 비난하지도 않고, 나 자신을 비난하지도 않습니다. 이 명상은 미움을 줄이고, 용서의 마음을 키우는 데 매우 효과적입니다."

미움은 강인함이 아닌 나약함의 다른 모습이다.
'미움으로는 미움을 이길 수 없다'는 가르침은
단지 영적인 말이 아니다. 그것은 지극히 현실적인
의미를 담고 있다. 미움을 통해 얻어진 것은
결코 오래 가지 못한다. 미움이나 분노를 통해서는
누구도 행복해질 수 없다.
용서를 통해, 개인적인 차원에서든 또는 국가적,
국제적인 차원에서든, 서로를 이해하고 용서하는
마음을 통해 우리는 평화에 이르게 되고 진정한
휴식과 행복에 이르게 된다. 용서를 실천하는 것은
대단히 중요하고, 인간의 삶에 있어 가장 큰
의미를 갖는 일이다.

6
세상에서 가장 이타적인 사람

오슬로에서 열린 노벨상 100주년 축제는 대성황이었다. 나는 유서 깊은 홀멘콜른 호텔의 중간 2층 라운지에 앉아 달라이 라마의 특사 자격을 가진 로디 갸리 린포체와 차 한 잔 마시기 위해 기다리고 있었다. 라운지는 축제에 참석한 유명 인사들로 북적거렸다. 나치의 유태인 학살에서 살아남은 작가이며 노벨 평화상 수상자인 엘리 위젤이 주위의 소란에 전혀 상관하지 않고 동행인과 진지한 대화를 나누고 있음을 볼 수 있었다. 또 다른 수상자인 동티모르의 호세 라모스 호르타스도 근처 테이블에 앉아 있었다. 그는 두세 명의 기자들과 인터뷰를 하는 중이었다.

내가 앉아 있는 테이블에서는 아래층 호텔 로비가 잘 내려다보였다. 입구에는 최첨단 금속 탐지기가 설치되어 있었다. 몸에 꼭 맞는 제복을 깔끔하게 차려입은 6명의 노르웨이 경찰이 입장하는 모든 사람들을 철저히 수색하고 있었다. 이 행사 기간 동안 오슬로 시는 전시와 같은 보안 조치를 전개했다. 그날 아침, 홀멘콜른 호텔로 오는 길에 나는 지붕의 각 주요 지점에 매복해 있는 여러 명의 경찰 저격수들을 목격했다. 그들은 긴장하고 지쳐 있는 것이 역력했다. 한 쌍의 F16 제트 전투기가 항시 경계 태세를 갖추고 있었다. 그 며칠 동안 오슬로 상공은 일시적인 비행 금지 구역으로 선포되었다.

로디 갸리 린포체는 15분 정도 늦게 도착했지만 전혀 서두르는 기색이 아니었다. 그는 티베트 지도자의 호텔 방에서 가진 달라이 라마와 리처드 홀브룩의 만남을 끝내고 곧바로 이곳으로 오는 길이었다. 1995년 발칸 평화 조약을 중재한 바 있는 그 미국 외교관은 달라이 라마에게 공식적으로 차기 노벨 평화상 후보를 추천해 달라고 부탁하기 위해 그 도시에 머물고 있었다.

여느 때처럼 로디 갸리는 우아하게 재단한 양복 차림이었다. 뚱뚱한 체구에 둥근 얼굴을 한 그는 크게 성공한 아시아 사업가답게 세련되면서도 정중한 태도를 지니고 있었다.

로디는 비서실장인 텐진 게셰 테통과 함께 티베트 지도자의 가장 가까운 조언자였다. 자신이 모시는 지도자를 본받아 로디는 그동안 서구 세계에 티베트를 가장 효과적으로 알려 온 인물이었다. 나는 티베트 지도자의 40년 지기로부터 달라이 라마에 대한 몇 가지 이야기를 듣고 싶었다.

내가 그에게 물었다.

"달라이 라마를 위해 일한다는 건 어떤 것인가요?"

로디가 대답했다.

"달라이 라마가 자비로 가득한 분이라는 것은 모두가 알고 있는 사실입니다. 그러나 그는 또한 의지가 매우 강한 분이기도 합니다. 그와 가까이서 일하고 있는 사람들이 알고 있는 것이 그것입니다. 그리고 그런 모습이 나와 같은 사람을 그분에게 끌리도록 만드는 것입니다."

내가 말했다.

"그가 가진 힘이군요."

"그렇습니다. 그의 자비심이 모두를 포함하고 있다는 사실에는 의심의 여지가 없습니다. 하지만 솔직히 말해서 그는 결코 편안한 상관이 아닙니다. 그리고 그가 사람을 평가하는 잣대는 대단히 높습니다. 나는 내가 모시는 분이 높은 이상을 가지고 있다는 것을 잘 알고 있습니다. 그것은 나 자신을 억제하는 데 큰 도움이 됩니다. 나는 내가 개인적으로 할 수 있는 일의 한계를 넘지 않을 것입니다."

내가 다시 물었다.

"로디, 당신은 오랫동안 달라이 라마를 위해 일해 왔어요. 그리고 내가 보기에도 당신은 그에 대한 깊은 존경심을 갖고 있어요. 그 존경심은 흔히 달라이 라마를 숭배하는 것과는 차원이 다릅니다. 이유가 뭐죠?"

로디 갸리가 대답했다.

"천안문 사태(1989년 6월 베이징의 천안문 광장에서 연좌 시위를 벌이던 학생, 노동자, 시민들을 탱크와 장갑차로 해산시키면서 많은 사상자를 낸 사건) 때 일어난 일을 말씀 드리죠. 그 비극적인 사건이 일어났을 당시, 나는 달라이 라마의 외무부 장관이었습니다. 그 당시 몇 번의 우여곡절이 있었지만, 우리는 막 중국과 대화를 시작하려는 시점에 와 있었습니다. 양민푸가 인민 전선의 대표였는데, 우리는 가까스로 그와의 접촉을 시도하는 데 성공했습니다. 홍콩에서 열릴 임시 회의에 대한 기본 원칙에 합의가 이루어졌고, 실제 협상 장소와 날짜를 정하기로 했습니다."

로디 갸리의 설명이 아니더라도 나는 달라이 라마를 비롯해 국

외로 피신한 티베트 난민들에게 있어서 중국인들을 달래 협상 테이블로 나오게 하는 것보다 더 중요한 일이 없음을 알고 있었다. 지난 40년 동안 그들이 해온 모든 일들이 이 목적과 연결되어 있었다. 사려 깊은 대다수 티베트 인들의 여론은 중국과의 진실한 친교 회복만이 티베트 인들의 삶을 구하고, 중국인들의 이주 물결로 위기에 빠진 티베트를 구할 수 있는 유일한 길이라고 생각했다. 중국 정부는 티베트가 설령 독립을 되찾는다 해도 영원히 중국 땅이 되도록 티베트 영토로 계속해서 한족 이주 정책을 써 왔다. 하지만 세상이 인정하는 달라이 라마의 도덕적 권위에도 불구하고 중국 정부는 대화하려는 의지를 전혀 보이지 않았다.

로디가 말을 이었다.

"나는 그때 그 임시 회의를 준비하느라 눈코 뜰 새 없이 바빴습니다. 그런데 천안문 사태가 일어난 겁니다. 그때의 일을 분명히 기억합니다. 나는 다람살라의 집에 있었습니다. 달라이 라마의 운전사가 나를 데리러 차를 가지고 왔습니다. 즉시 임시 정부 사무실로 오라는 지시가 떨어진 것입니다. 나는 재빨리 티베트 옷으로 갈아입었고, 운전사가 나를 사무실이 아닌, 달라이 라마의 사택으로 데려갔습니다. 내가 도착했을 때 비서실장 텐진 게셰 테통이 이미 와서 나를 기다리고 있었습니다. 우리 두 사람은 곧장 달라이 라마의 방으로 직행했습니다.

난 그때까지 달라이 라마가 그렇게 흥분한 모습을 본 적이 없습니다. 그는 마치 나폴레옹 같았습니다. 우리가 걸어들어갔는데도 우리 쪽을 쳐다보지도 않았습니다. 손을 등 뒤로 깍지 끼고 있었고, 깊은 생각에 잠겨 있는 듯했습니다. 그는 일상적인 인사를 생략하고 곧바로 우리에게 물었습니다.
'보았나요? 당신들도 보았나요?'
물론 우리도 보았습니다. 텔레비전에는 온통 그 뉴스뿐이었으니까요. 우린 그가 무엇을 말하는지 알고 있었습니다. 그래서 그렇다고 대답했지요. 그는 말했습니다.
'두 분께서 내가 발표할 성명서를 작성해 주시길 바랍니다. 중국 정부에 대한 강력한 비난과, 그들의 정책이 자국의 국민들을 유린하고 있다는 내용으로 쓰세요. 그리고 광장의 젊은이들에 대한 나의 무조건적인 지지 의사를 담으세요.'
나의 이기적인 티베트 인의 마음은 즉각 이렇게 속삭였습니다.
'세상에! 이것은 우리가 40년 동안 공들여 쌓아 온 협상 기회를 모두 망쳐 버릴 거야.'
달라이 라마가 금방 내 마음을 읽고 무뚝뚝하게 물었습니다.
'무슨 생각을 하는 거죠?'
난 말했습니다.
'이번 성명이 오랫동안 준비해 온 우리의 노력을 망칠 것이라는 걸 잘 아실 겁니다. 어쩌면 앞으로 오랫동안 기회가 다시 찾아오지 않을지도 모릅니다.'
나는 그가 내 의견을 충분히 이해했다는 것을 느꼈습니다. 그리고 그가 자신의 생각을 바꿀 것이라고 잠시 동안 생각했습니다. 하지만 그때 그가 돌아섰습니다. 나는 그에게서 호랑이와도 같은 강렬한 에너지를 느꼈습니다. 그는 말했습니다.
'네, 당신 말이 옳습니다. 정확한 지적입니다. 그러나 지금 내가 성명을 발표하지 않는다면, 난 자유와 민주주의에 대해 말할 권리를 영원히 잃게 됩니다. 그 젊은이들은 내가 지금까지 요구해 온 것과 더도 덜도 아닌 똑같은 것을 요구하고 있습니다. 만일 내가 그들을 위해 말할 수 없다면…….'"

로디 갸리는 잠시 말을 중단하고는 정확한 단어를 찾아 기억을 더듬었다.

"그분은 이렇게 말씀하셨습니다.

'만일 지금 내가 그 젊은이들을 위해 말하지 않는다면, 나는 앞으로 자유와 민주주의를 말할 때마다 스스로 부끄러움을 느낄 것입니다.'"

말을 끝낸 로디는 잠시 침묵했고, 나는 평소처럼 무표정한 얼굴을 유지하려고 애썼다. 하지만 그것은 쉬운 일이 아니었다. 달라이 라마가 한 말에 나는 깊은 감동을 받았다. 그는 단호하게 자기 동포의 희망보다 중국 학생들의 안전을 더 우선시한 것이다. 나는 고개를 돌렸다. 북적거리는 라운지의 대화 소리는 여전히 계속되고 있었다.

로디가 말을 이었다.

"난 그 순간 그분에 대해서 깊은 존경심을 느꼈습니다. 그리고 내 자신이 너무 초라하고 이기적으로 느껴졌습니다. 물론 돌이켜보면, 그분의 그런 태도가 중국과의 협상을 망칠 것이라는 내 판단은 옳았습니다. 등소평은 그를 결코 용서하지 않았으니까요. 나중에 알게 된 사실이지만 등소평은 그것을 매우 개인적인 감정으로 처리했습니다. 하지만 이런 일들을 통해 나는 달라이 라마를 진실된 사람으로 여기게 되었고, 기꺼이 그를 위해 일하고 있는 것입니다. 그는 자신이 믿는 대로 말하고, 또 그것에 따라 행동하는 사람입니다."

나 자신이 홍콩 출신이긴 하지만 엄연한 중국인이기 때문에, 나는 중국인에 대한 달라이 라마의 태도에 늘 감동받곤 했다. 오슬로 행사가 있기 반년 전, 나는 달라이 라마와 함께 미국 솔트레이크 시티의 한 어린이 병원을 방문한 적이 있었다. 그때 머리를 삭발한 한 소년이 달라이 라마에게 중국 공산주의자들에 대한 의견을 물었다.

달라이 라마가 소년에게 말했다.

"중국 공산주의자들은 잔인하고 거짓말쟁이들입니다."

그리고 나서 그는 낄낄거리며 웃었다. 나는 그가 자신의 입에서 튀어나온 말에 스스로 놀랐다고 느꼈다. 아마도 그는 방안 가득한 어린이 환자들과 의사, 언론사 기자들 앞에서 그런 격한 단어를 썼다는 것에 약간 당황하는 듯했다.

"그들은 다른 사람들이 어떻게 느끼는가에 신경쓰지 않습니다……."

그렇게 말하고 달라이 라마는 잠시 목을 가다듬었다. 나는 그가 약간 감정적으로 돼 가고 있는 걸 느낄 수 있었다. 그는 자신의 말을 강조하기 위해 손가락으로 허공을 찌르며 말을 이었다.

"그리고 그들은 다른 사람들이 겪는 고통을 상관하지 않습니다. 그들의 기본 이데올로기는 약자를 돕고 더 많은 평등을 실현하는 데 있습니다. 하지만 실제로는 정반대입니다. 힘을 가진 공산주의자들은 언제나 자신들의 호주머니를 채울 생각만 합니다."

달라이 라마는 호주머니를 가리키려는 듯 손바닥으로 자신의 가슴을 두드리며 말했다. 하지만 그의 승복에는 호주머니가 없었다. 이윽고 그는 결론을 내렸다.

"하지만 더 깊이 들어가면, 공산주의자들 역시 인간입니다. 악마가 아닙니다. 따라서 수많은 상황에 따라 달라지는 것이지요. 상황이 달라지면 공산주의자들의 생각 또한 달라질 것입니다."

로디 갸리와 나는 홀멘콜른 호텔의 중간 2층 라운지에 앉아 한 시간이 넘도록 이야기를 나누었다. 로디는 훌륭한 이야기꾼이었고, 나는 그가 하는 모든 말에 흥미를 느꼈다. 그때 아래층 로비에서 약간의 소동이 일었다. 난간 너머로 내려다보니 데스몬드 투투 대주교가 막 호텔로 들어서는 참이었다. 자주색의 공식 법복을 차려 입은 그 남아프리카 공화국 사람은 활짝 웃고 있었고, 주변에 강렬한 힘의 선한 기운을 발산하고 있었다.

우리가 다시 의자에 앉자, 로디가 또 다른 이야기를 꺼냈다.

"달라이 라마가 유럽을 처음 방문한 것은 1973년의 일입니다. 그때 나는 아주 젊었고, 매우 급진적이었습니다. 6주에 걸친 여행 일정 중간쯤에 우리는 스위스에 있었습니다. 달라이 라마는 취리히 근처의 개인 가정에 머물고 계셨고, 나는 그때까지 티베트 민중에 대해서 그가 말한 것이 너무 적었기 때문에 실망을 느끼고 있었습니다."

내가 물었다.

"그럼 그는 그 대신 종교적인 것에 대해 말했나요?"

"그는 인간으로 지켜야 할 보편적인 책임감, 자비, 선한 마음 같은, 늘 그가 말하는 주제들에 대해 이야기했습니다. 하지만 수

많은 유럽인들이 티베트에 대해 알고 싶어했습니다. 따라서 나는 그가 티베트 국민을 위해 충분히 할 일을 하지 않고 있다고 느꼈습니다. 그가 머물렀던, 사방에 아름다운 채색 유리가 있는 큰 샬레(스위스풍의 산장)를 아직도 생생히 기억하고 있습니다. 어느 날 이른 아침, 나는 그가 있는 방으로 갔습니다. 그는 내가 무엇인가에 대해 마음이 불편하다는 사실을 곧바로 알아차렸습니다."

내가 말했다.

"당신의 마음을 잘 읽는군요."

그가 말했다.

"그렇습니다. 달라이 라마는 내게 '무슨 일이 있나요?' 하고 물었습니다. 그래서 내가 말했습니다.

'전 당신이 티베트에 대해 더 많이 말해야 한다고 생각합니다. 이것은 더없이 좋은 기회입니다. 우리는 고통을 겪고 있는 우리 국민들에 대해 세상 사람들을 향해 말해야 할 필요가 있습니다.'

그러자 그가 말했습니다.

'그 말이 맞습니다. 그래요, 이해합니다. 사실 나도 티베트에 대해 좀더 많이 언급해야 한다고 생각하고 있었습니다. 하지만 당신은 수많은 사람들이 그들의 마음속에 너무나 많은 문제들을 갖고 있다는 것을 알 겁니다. 그들은 내가 자신들의 짐을 덜어줄 수 있을 거라는 그릇된 희망을 가지고 나에게 오지만, 나는 그런 능력이 없습니다. 하지만 그렇다고 해서 내가 그들에게 내 자신의 짐을 추가로 얹어서 돌려보낼 권리는 없다고 생각합니다.'

그 말을 들었을 때, 나도 모르게 내 눈에선 눈물이 흘러내렸습니다."

로디 갸리는 잠시 말을 멈추고 눈길을 돌렸다. 그는 그 기억으로 마음이 찡한 듯했다.

마침내 떠나야 할 시간이 왔다. 우리가 자리에서 일어섰을 때, 로디의 눈이 내 눈을 바라보았다. 그가 말했다.

"빅토르 씨, 나는 한 가지 확신하는 것이 있습니다. 달라이 라마는 내가 아는 사람 중 가장 이타적인 사람이라는 것입니다."

로디는 힘있게 나를 껴안은 뒤, 호텔 밖으로 걸어나가 대기하고 있는 차 위에 올라탔다. 그는 오슬로의 역사적인 노벨 평화상 100주년 기념식을 그리워할 것이다. 언제나 그렇듯이, 비행기가 그를 기다리고 있었다.

모든 사람은 행복한 삶을 원한다. 더 평화롭고, 더 만족스런 삶을 원한다. 그것을 위해서는 용서와 나눔 같은 내면 세계의 긍정적인 요소들을 잘 키워야 한다. 그 결과 우리는 더욱 열린 사람이 되고, 세상을 보는 눈도 더 넓어질 수가 있다.

7
보살피는 마음, 나누는 마음

닷새 동안 제10차 마음과 인생 학술 회의의 회의 장소로 사용되고 있는 달라이 라마의 개인 법당에 흥분의 물결이 일었다. 모든 사람의 시선이 노벨 물리학상 수상자인 스티븐 추 박사에게로 쏠렸다. 추 박사는 달라이 라마의 오른쪽 자리인 주제 발표자 석에 앉았다. 그의 뒤켠에는 방금 꺾은 꽃들로 가득한 키 큰 청동 화병이 놓여 있었다. 추 박사는 수학과 양자역학의 미묘한 관계를 달라이 라마와 청중들에게 설명하려고 준비하는 중이었다.

그는 티베트 지도자에게 질문을 하는 것으로 시작했다.

"수학이란 무엇이라고 생각하십니까?"

뜻밖의 질문이었고, 달라이 라마 역시 약간 당황하는 기색이었다. 달라이 라마가 대답을 망설이자, 추 박사는 말했다.

"보세요, 수학은 모든 사람들에게 두려움을 안겨 줍니다."

순간, 회의장은 터져나오는 웃음으로 가득 찼다. 두 개의 짧은 문장으로 추 박사는 모두를 편안하게 만들었다. 추 박사 오른편에 앉은, 보스턴에서 온 유전학자 에릭 렌더는 통통한 두 팔로 가슴을 감싸안으며 웃음을 터뜨렸다. 평소처럼 편안한 팔걸이 의자에 앉아 있는 달라이 라마는 몸을 가볍게 좌우로 흔들면서 웃었다.

추 박사는 앞의 야트막한 탁자에 놓여 있는 노트북 컴퓨터의 자판 하나를 두드렸다. 그러자 방 한쪽 끝에 설치된 스크린에 세 줄의 노란 고무오리가 나타났다. 첫번째 줄에는 한 마리의 오리가, 두번째 줄에는 두 마리, 맨 아랫줄에는 세 마리의 오리가 있었다.

"이것은 기술적인 문제입니다. 이것은 고무오리라고 부릅니다. 우리는 이것을 목욕탕에서 가지고 놀지요."

추 박사는 빨간 레이저 빔으로 맨 위에 있는 외로운 오리부터 가리키며 말했다.

"자, 우리 다함께 수학 공부를 해봅시다. 오리 한 마리, 오리 두 마리, 오리 세 마리······. 그리고 오리들을 더 보낼 수도······."

작은 회의장이 다시 한 번 왁자지껄한 웃음으로 채워졌다. 에릭 렌더는 손으로 허벅지를 치면서 웃어제꼈다. 나머지 말이 목에 걸린 채, 추 박사의 유난히 튀어나온 목젖이 오르락내리락했다. 잠시 동안, 한 차례 웃음이 지나갈 때까지 그는 자신을 주체하지 못했다.

달라이 라마는 여전히 흔들거리며 얼굴에 미소를 머금고 있었다. 하지만 그것은 스핑크스 같은 그런 미소였다. 뭔가 통한 듯이 보였지만, 평소와 같은 호탕한 웃음이 아니었다. 나는 달라이 라마가 가장 크게 웃을 거라고 기대했었는데 그게 아니었다.

통역자인 둡텐 징파가 몸을 가까이 기울여 달라이 라마에게 티베트 어로 속삭였다.

그때 한 가지 생각이 내 마음속에 떠올랐다. 어쩌면 달라이 라마는 문화적으로 잘 이해가 가지 않는지도 모를 일이었다. 그는 아마도 목욕탕에서 고무오리를 가지고 놀아 본 적이 한 번도 없었을 것이다. 티베트에서는 고무오리가 생소한 물건이었다. 달라이 라마는 추 박사의 우스갯소리가 무엇을 의미하는지 이해할 수 없는 것이다.

또다시 웃음을 연발하며 유전학자 에릭 렌더가 거들었다.

"우리는 그것을 실험을 통해 증명할 수 있습니다."

이어서 추 박사가 간신히 자신을 자제하며 말했다.

"실제로 이것은 수차례에 걸쳐 실험적으로 증명되어 왔습니다. 특정한 상황에서 이것은 진실입니다. 여러분은 어떻게 오리들을 더하는지 알고 있습니다. 이제 빼기를 해봅시다. 여러분에게 두 마리의 오리가 있는데 그 중 한 마리를 빼면 하나가 남습니다. 그러나 만일 여러분에게 오리가 한 마리뿐이라면, 그것에서 두 마리를 빼는 것이 가능할까요?"

그는 달라이 라마를 쳐다보며 어깨를 으쓱하고 팔을 벌렸다.

"어떤 일이 벌어질까요?"

그는 스스로 묻고 스스로 대답했다.

"그런데 갑자기 새로운 무엇인가가 나타났습니다. 뺄셈을 하는 과정에서 수학자들은 음수를 발명했습니다. 그리고 우리는 규칙들을 만들었습니다. 예를 들면 덧셈과 뺄셈의 규칙을 정한 겁니다. 이것은 복소수(실수와 허수의 합으로 이루어진 수. 허수는 어떤 수를 제곱해 −1이 되는 수)로 이어졌습니다. 복소수는 마이너스 1의 제곱근을 포함하는 숫자입니다. 그리고 이런 복소수가 있음으로써 양자 역학에 대한 설명이 가능해진 것입니다⋯⋯."

달라이 라마의 비서실에서는 2002년 10월 다람살라에서 열린

이 학술 회의에 내가 참석할 수 있도록 허락해 주었다. 과학자들과 초청 받은 손님들—그 중에는 할리우드 스타 리처드 기어, 골디 혼과 일단의 티베트 수도승들이 있었다—을 포함한 우리 50여 명의 일행은 달라이 라마의 사택 안에 있는 작은 법당에 모여 앉았다. 학술 회의의 테마는 '물질의 본질과 삶의 본질'이었고, 주제 발표자에는 복잡계(자연계를 구성하고 있는 많은 구성 성분간의 다양하고 유기적인 관계에서 비롯되는 복잡한 현상들의 집합체), 유전학 연구, 진화 생물학, 불교 철학, 그리고 당연히 물리학의 세계적인 학자들이 포함되어 있었다. 1987년 이후로 다양한 그룹의 신경학자, 물리학자, 철학자들이 달라이 라마와 정기적인 교류를 가져왔다. 그들 사이의 토론 내용을 바탕으로 몇 가지 과학 연구 프로젝트가 탄생했고, 많은 출판물들이 간행되었다.

나는 과학자들의 편안한 우정이 마음에 들었고, 스티븐 추 박사의 유머 감각에 감사했다. 이 안경 쓴 물리학자는 1977년 노벨 물리학상 공동 수상자였다. 그는 레이저 광선을 이용해 기체를 냉각시키는 방법을 발견함으로써 일상 온도에서 시간당 4,000킬로미터인 원자의 속도를 시간당 2센티미터로 줄이는 데 성공했다. 그런 다음 레이저로 그 원자들을 일종의 원자 덫 안에 가둬 놓을 수가 있었다.

추 박사는 분명히 다람살라에 온 것에 흥분해 있었다. 그는 달라이 라마에게 물리학자의 관점에서 물질과 삶에 대해 설명하는 것을 즐겁게 여겼다. 자신의 고무오리 이론으로 들어가기 직전 그는 달라이 라마에게 자신들의 첫 만남에 대해 상기시켰다.

"기억하실지 모르지만, 6년 전 스탠포드 대학에서 뵌 적이 있습니다. 몇몇 사람들과 함께 아침부터 점심 때까지 토론을 했었지요. 그것은 내 인생에서 매우 중요한 사건이었습니다."

추 박사는 마지막 문장을 매우 조용히 말했다. 그리고 나서 서너 차례 눈을 깜박였다. 다시 평정을 되찾은 그는 평소의 편안한 스타일로 말을 이어갔다.

"이곳에 와서 나는 많은 것을 배웠습니다. 어느 정도는 서양의 저희 동료들로부터이지만, 대부분은 달라이 라마와 티베트 수도승들로부터입니다. 앞으로 남은 날들도 많은 것을 배울 수 있게 되기를 고대합니다."

이렇듯 서로 배움을 나누는 것이 달라이 라마가 의도한 마음과 인생 학술 회의의 근본 목적이었다. 달라이 라마는 과학자들이 불교도들의 관점으로 실체를 바라보는 법을 배움으로써 새로운 방향을 열 수 있기를 희망했다. 또한 불교도들 역시 현대 과학의 훌륭한 발견들을 받아들일 수 있다고 생각했다.

달라이 라마는 전에 내게 말했었다.

"내가 과학자들에게 관심을 갖고 가까운 관계를 유지하기 시작한 지 이제 15년이 넘었습니다. 갈수록 더 많은 과학자들이 불교도와의 대화에 진실한 관심을 보이기 시작하고 있습니다. 이런 모임들이 내 자신의 흥미를 만족시키는 차원만이 아니라, 뭔가 세상에 유익한 것이라고 나는 느낍니다. 과학자와 불교도 사이의 대화는 인간의 지식을 넓히는 데 도움을 줍니다. 우리는 이미 지난 2,3년 동안 몇몇 선발된 티베트 수도승들에게 현대 과학을 공부시키고 있습니다. 나는 개인적으로 우리가 더 큰 공동체를 위해 올바르고 유익한 일을 시작했다고 생각합니다."

그러나 달라이 라마는 불교도와 과학자들을 한자리에 모으는 또 다른 동기를 가지고 있었으며, 그것을 대단히 중요한 것으로 여겼다.

과학자들과 자주 만남을 갖는 이유에 대해 설명하면서 그는 내게 말했다.

"모든 사람은 행복한 삶을 원합니다. 더 평화롭고, 더 조용하며, 더 만족스런 삶을 원합니다. 그것을 위해서는 감정과 같은 내면 세계의 요소들을 잘 발달시켜야 합니다. 나는 종교적인 믿음을 이야기하는 것이 아닙니다. 천국이나 깨달음, 또는 내세에 대해 말하는 것도 아닙니다. 우리는 보다 행복한 개인, 보다 행복한 공동체에 관심이 있습니다. 서로를 보살피는 마음, 나누는 마음 등 인간의 가치를 더 키우는 데 있습니다. 그 결과 우리는 더욱 열린 사람이 되고, 세상을 보는 시각도 더 넓어질 수가 있습니다. 그때 우리는 문제와 맞닥뜨린다 해도, 내면의 평화가 덜 방해 받을 수 있습니다.

고대 인도 사상은 내적인 삶을 가꾸는 지식과 기법을 우리에게 전해 주고 있습니다. 물론 과학 역시 인간의 삶에 큰 책임을 가지고 있습니다. 그러나 나는 내면의 가치를 키우는 것이 훨씬 더 중요하다고 느낍니다. 9.11 뉴욕 테러 사건을 보십시오. 인간의 지식과 결합되고 미움과 같은 부정적인 감정에 이끌린 현대 기술이 얼마나 엄청난 재앙을 만들어 내는지 분명하게 보여 줍니다. 현대 과학과 고대의 지혜가 더 긴밀한 관계를 맺어야 하는 이유가 여기에 있습니다. 그 둘은 서로 손잡고 더 나은 세상을 만드는 데 기여할 수 있습니다."

스티븐 추가 달라이 라마와 처음 만난 이야기를 했을 때 나는 무척 호기심을 느꼈다. 그에게는 그 만남이 매우 중요한 사건이었던 것이 분명했다. 그 물리학자의 주제 발표가 끝났을 때, 나는 그에게 다가가 나와 함께 달라이 라마를 개인적으로 만날 의향이 있는지 물었다. 그는 달라이 라마를 개인적으로 접견한다는 것은 생각도 해보지 않았다며 반가워했다. 그가 다람살라에 온 것은 오직 한 가지 이유에서였다. 최신 물리학에 대해 불교가 어떤 의견을 갖고 있는지 알고 싶었던 것이다. 그런데 지금 내가 그런 제안을 하자, 추 박사는 몹시 흥분했다. 그는 티베트 지도자와의 만남을 큰 영광으로 여겼다.

학술 회의 마지막 날, 나와 스티븐 추, 그리고 그의 아내 진 추는 접견실 소파에 다닥다닥 붙어 앉아 있었다. 우리 맞은편에는 달라이 라마가 앉아 있었다. 중국계 미국인인 추 박사는 밝은 하늘색 셔츠에 헐렁한 베이지색 바지 차림이었다. 그리고 편안한 테니스화를 신고 있었다. 그는 스탠포드 대학에서 알아주는 테니스 선수라고 했다. 분위기가 사뭇 다른 학자풍의 텐진 게셰 테통은 우리와 조금 떨어져 앉았다.

달라이 라마가 곧바로 추 박사에게 말을 건넸다.

"어제 회의에서 말씀하실 때, 박사님은 동양의 전통을 잘 보여주시더군요. 겸손하게 자신의 지식 중 일부만을 드러냈지만, 설명을 전개할 때는 권위를 갖고 흔들림 없이 하셨습니다."

추 박사가 말했다.

"우리 과학자들은 말을 할 때 언제나 자신이 알고 있는 것이 무엇이고, 모르는 것이 무엇인가를 명심하지요."

달라이 라마가 말했다.

"맞습니다. 나는 천재적인 과학자들이 선입견을 갖지 않은 훌륭한 관찰자들이라는 사실을 알아차렸습니다. 그들은 자신의 생각을 별로 투영하지 않습니다. 다만 언제나 실체가 무엇인가를 알려고 노력할 뿐이지요."

추 박사가 말했다.

"그렇습니다. 저희는 그렇게 하려고 노력합니다."

"그러고 보니, 노벨상 수상자인 당신도 중국계이고, 여기 이 나의 오랜 친구도 중국계이군요. 이 친구는 무늬만 중국인이지만 말이오."

달라이 라마가 나를 손가락으로 가리키며 말했다. 그러면서 그 유명한 바리톤 웃음소리로 접견실을 채웠다. 그는 기회 있을 때마다 나의 서양식 언행을 농담 삼곤 했다.

추 박사의 무릎을 가볍게 두드리며 내가 말했다.

"이곳에 달라이 라마를 뵈러 올 때마다 모두 티베트 인들이고 나만 혼자 중국인이라서 외로웠는데, 오늘은 동지가 생겼군요. 하지만 우리 두 사람에겐 큰 차이가 있어요. 한 사람은 아주 똑똑한데, 다른 한 사람은 약간 멍청하죠. 아까 고무오리 이야기까지는 완벽하게 이해했는데, 그 나머지 부분은 나에겐 완전히 고차원 물리학이더군요."

추 박사는 고개를 저으며 미소를 지었다.

달라이 라마가 의자 앞으로 몸을 숙여 그 물리학자에게 관심을 집중하며 말했다.

"그저께 한 유전 공학자가 보스턴에 있는 자신의 연구소에 대해 우리에게 말했었지요. 그는 자신의 연구소 지부가 유럽, 나아가 베이징에도 있다고 했습니다. 그 말을 듣고 나는 그 과학자가 진정한 인류애를 갖고 있다고 느꼈습니다. 인종, 국가, 이념, 이런 것들에 상관하지 않고 오로지 연구에만 전념하고 있으니까요."

추 박사가 화답했다.

"맞습니다. 대부분의 과학자가 그러하지요."

달라이 라마가 말을 이었다.

"정치인이나 세계를 이끄는 지도자들에게도 그런 정신이 필요합니다. 그런데 이 사람들은 때로 자신들의 이념, 자신들의 국가에만 너무 집착합니다. 그때 불필요한 문제들이 일어납니다. 불행한 일이지요. 중국과 티베트를 보세요. 2천 년 동안 우리는 가까운 관계였습니다. 때로는 싸우기도 하고, 서로를 죽이기도 하고, 때로는 가까운 친구였던 적도 있습니다. 지금은 상황이 많이 힘들어졌지요."

달라이 라마는 소리가 들릴 만큼 깊이 한숨을 쉬고 나서 말을 이었다.

"나의 주된 관심은 티베트라는 국가나 티베트 민족에 있지 않습니다. 나의 주요 관심은 불교와 논리학과 철학이 어우러진 티베트의 전통입니다. 이것은 그저 고대의 문화가 아니라, 오늘날의 세계와도 깊은 관계가 있는 중요한 것입니다. 인간의 감정에 대해 더 많이 이해하고, 어떻게 하면 그 감정을 탈바꿈시키는가 하는 것이 그것입니다. 티베트의 영적 전통을 보호하는 것은 단지 6백만 티베트 인들을 위한 것만이 아닙니다. 더 넓은 인류 공동체를 위한 것입니다. 특히 우리의 형제 자매인 중국인들을 위해 필요합니다. 중국인들은 자신들의 풍요로운 유산을 너무 많이 잃었거든요. 티베트의 불교 전통이 그 역할을 대신할 수 있습니다. 그것을 보존하는 것은 티베트와 중국 양쪽 모두에게 이익입니다."

달라이 라마의 말이 끝난 뒤, 내가 말했다.

"추 박사님, 당신은 중국 학자들과 깊은 관계를 맺고 있습니다. 당신이 볼 때 현재 중국인들은 티베트에 대해 어떤 생각을 갖고 있습니까?"

추 박사가 대답했다.

"중국에서 얻을 수 있는 티베트에 대한 정보는 정부의 통제를 거친 것들뿐입니다. 중국 정치 지도자들은 국민들에게 조심해야 한다고 말합니다. 달라이 라마가 매우 교활하기 때문이라는 것이죠. 교수들은 그 주장에 따르지만 젊은 세대들은 확실히 그렇지 않습니다. 상황이 바뀌고 있는 것이죠. 정부가 언론을 통제하기가 점점 힘들어져 가고 있고, 특히 인터넷이 그렇습니다. 한 번은 정부에서 실제로 검색 엔진 구글을 제거하려고 시도한 적이 있습니다. 이 사이트에 접속하는 사람은 모두 정부 기관의 검색 엔진을 거치게 해놓은 거죠. 하지만 너무도 많은 사람들이 정부 기관을 거치지 않고 다른 길로 접속하는 방법을 찾아냈기 때문에 결국 몇 주 만에 실패로 끝나고 말았습니다."

달라이 라마가 덧붙였다.

"또 티베트로 여행 오는 중국인들도 점점 늘어나고 있습니다. 전에는 순수한 관광객들이었는데, 요즘은 성지 순례차 오는 사람들이 많습니다. 최근에 들은 얘기로는, 라싸의 티베트 수도승들이 중국인 순례객들로부터 벌어들이는 돈이 1년에 6천 위안 정도라고 합니다. 이 금액은 대략……."

"800달러 정도군요."

내가 달라이 라마의 수고를 덜어 주었다. 하지만 달라이 라마는 고개를 저었다.

"아니, 내가 말하려는 건 그게 아니라……."

그는 적당한 말이 생각나지 않아 고민하더니, 텐진 게셰 쪽으로 몸을 돌려 티베트 어로 뭐라고 말했다.

이윽고 텐진 게셰가 설명을 시작했다.

"달라이 라마께서 말씀하시길, 라싸의 티베트 수도승이 1년에 받는 기부금은 거의……."

"아니, 아니."

통역관이 입을 열자마자 달라이 라마가 다시 말을 가로챘다. 마침내 적당한 표현이 떠오른 듯했다.

"티베트 수도승이 중국인 여행객들로부터 1년에 기부 받는 금액은 대략 중국 공산당 간부들이 받는 월급에 맞먹는다는 것입니다. 다시 말해 주요 수입원이 티베트 인들이 아니라 중국인 순례자들인 셈인데, 지금처럼 통제와 탄압이 심한 상황에서 티베트 수도승들은 이미 중국 시장을 개척하고 있는 것이지요."

그렇게 말하고 나서 달라이 라마는 큰 소리로 웃었다.

추 박사의 아내 진 추는 달라이 라마의 거칠 것 없는 웃음에 매혹당한 듯했다. 감정을 드러내지 않는 달인으로 정평이 난 텐진 게셰조차도 얼굴 가득 미소를 짓고 있었다.

달라이 라마가 계속해서 말했다.

"이것은 매우 긍정적인 신호입니다. 중국인들에게 가르침을 전하는 티베트 라마승들도 많아졌습니다. 티베트 동부 지역의 한 수도승은 600명의 중국 불교도들에게 계를 주었다고 합니다. 이것은 많은 중국인들이 티베트 문화에 깊은 관심을 보이고 있다는 증거입니다. 하지만 우리는 더 많은 중국인들과 친구가 될 필요가 있으며, 그 다리 역할을 가장 잘할 수 있는 이들이 바로 중국계 미국인, 또는 중국계 캐나다 인들입니다."

추 박사는 생각에 잠긴 얼굴이었다. 이윽고 그가 입을 열었다.

"나는 1년에 한 번 정도 중국에 가는데, 갈수록 더 많은 사람들이 중요한 문제에 대해 토론하는 걸 목격할 수 있습니다. 우리처럼 개인적인 모임에서 그들은 정부가 하고 있는 일들에 대해 실제적인 대화를 나눕니다. 아마도 그들과 함께 티베트에 대한 이야기도 나눌 수 있을 겁니다……."

그는 잠시 망설이다가 말을 이었다.

"만일 그렇다면 왜 지금까진 그런 얘기를 나누지 않았을까 자문하게 되는군요. 티베트 문화만이 아니라, 팔룬 공이라든가, 무엇인가 정신적인 주제에 대해서 말입니다."

"맞습니다. 박사님 말이 맞습니다."

달라이 라마가 동의했다.

잠시 아무도 입을 열지 않았다. 방안에 편안한 침묵이 흘렀다. 그때 나는 스티븐 추 박사에게 물어보고 싶었던 것이 떠올랐다.

"어제 주제 발표 시간에 당신은 스탠포드 대학에서 달라이 라마를 처음 만났는데, 그 만남이 당신 삶에서 매우 중요한 순간이었다고 했습니다. 왜 그렇죠?"

추 박사는 달라이 라마를 향해 대답했다.

"당신을 만난 건 그때가 처음이었습니다. 그 만남이 있기 전에 당신이 쓴 자서전을 먼저 읽었습니다. 하지만 난 별다른 기대를 하지 않았습니다. 난 의심 많은 과학자에 불과하니까요. 처음엔 '그래, 어디 한번 만나나 보자.' 이런 생각이었는데, 문득 당신이 저쪽에서 웃고 있는 것을 보는 순간, 그동안 당신에 대해 들었던 이야기들이 전부 진실이라는 느낌이 들었습니다. 당신은 매우 따뜻하고 부드러우며, 다른 사람을 좋아하는, 심지어 자신이 알지 못하는 사람까지도 좋아하는 그런 사람처럼 보였습니다. 첫 만남에서 나는 즉각적으로 그것을 느꼈습니다. 그 짧은 순간에 당신이 그런 인상을 줄 수 있다는 것 자체가 내게는 큰 충격이었습니다."

그가 계속해서 말했다.

"그 당시 내 실험실에 대학생 한 명이 일하고 있었는데, 홍콩 출신의 매우 똑똑한 친구였습니다. 내가 달라이 라마를 만나러 갈 거라고 하자, 그 학생이 약간 흥분하면서, 달라이 라마는 교활한 정치가나 다를 바 없을 것이라고 말하더군요."

그 말에 방안에 있던 모든 사람이 웃음을 터뜨렸다.

"난 그 학생에게, '여러 정치인들을 만나 봤는데, 그들은 달라이 라마와는 매우 다르게 행동하더라.'고 말했습니다. 그랬더니 그 학생이, '하지만 그 사람도 한 나라의 대표자잖아요.' 하더군요. 그래서 난, '그래, 그 말이 맞아. 그는 한 나라를 대표하는 사람이지. 하지만 내가 보기에 정치인은 아냐.' 하고 말했습니다."

달라이 라마는 자세를 바꿔 의자 끄트머리에 걸터앉았다. 팔을 편안히 무릎에 얹고 몸을 앞으로 구부린 채, 그는 허공을 응시하며 한 가지 일화를 꺼냈다.

"여러 해 전에 한 중국인을 만난 적이 있습니다. 그는 중국 불교와 유교를 공부했고, 미국에서 일하고 있었습니다. 뉴욕에 사는 그의 중국 친구들이 그에게 이렇게 말했다고 합니다.

'달라이 라마는 종교인이 아니야. 그냥 정치가일 뿐이지. 티베트 수도승들 중에는 진정한 영적 스승들이 많지만, 달라이 라마는 거기에 해당되지 않아.'

그래서 그 친구는 나에게 가르침을 받으러 오기가 망설여졌습니다. 하지만 호기심 때문에 결국 찾아왔습니다."

나도 그 중국인에 대해 알고 있었다. 그는 막상 와서 보니 달라이 라마가 꽤 솔직하고 자비심이 있어 보였다. 그는 다람살라에 머물면서 달라이 라마에 대해 더 많은 것들을 알게 되었고, 그의 일거수일투족을 주의 깊게 관찰했다. 마침내 그는 달라이 라마의 영적 친구가 되었다. 달라이 라마를 자신의 스승으로 받아들였으며, 달라이 라마에게서 계를 받아 티베트 불교에 입문까지 했다.

달라이 라마가 말을 이었다.

"이렇듯 공산주의자들뿐 아니라 일반인들도 잘못된 인식을 갖고 있습니다. 내가 티베트를 대표하는 자리에 있기 때문에 언론 매체들은 나를 단순한 불교 수도승이 아니라 오히려 정치인이라는 인상을 만들어 놓았습니다."

달라이 라마는 잠시 멈췄다가 말했다.

"기왕이면, 터프한 이미지로 만들어 줄 것이지!"

좌중의 웃음이 잠잠해진 뒤, 달라이 라마는 그때까지 조용히 앉아 있던 추 박사의 아내에게 물었다.

"하실 말씀이 있으신가요?"

진 추가 대답했다.

"우리는 어제 저녁 티베트 어린이 마을을 방문했습니다. 그곳에서 나는 당신이 티베트 문화를 지키기 위해 얼마나 노력하는지 알고 감동했습니다. 당신은 당신의 나라를 떠나왔지만, 여전히 자신의 정체성을 지키고 있습니다. 그것이 다른 사람들에게 큰 본보기가 되리라 여겨집니다."

달라이 라마는 답변을 하려다 말고, 생각을 바꿔 텐진 게셰에게 티베트 어로 말했다.

텐진이 통역을 했다.

"부인의 말씀이 참으로 힘이 됩니다."

달라이 라마가 말했다.

"그렇습니다. 43년 전, 처음 일을 시작할 때부터 우리의 모든 관심은 티베트 문화를 보호하기 위해 학교를 짓고, 어린이 마을을 세우고 하는 일들이었습니다. 그리고 우리는 인도 남부에 독자적인 티베트 마을을 세웠습니다. 그곳에서도 우리의 문화를 지킨다는 똑같은 원칙이 실천되고 있습니다. 이제 나는 자랑스럽게 말할 수 있습니다. 순수한 티베트 전통, 순수한 불교 지식을 티베트 바깥에서도 만날 수 있다고 말입니다."

진 추가 덧붙였다.

"이곳에 와서 불교를 접하고 가장 놀란 건 그 열린 마음이었습니다. 티베트 불교는 다른 사상을 받아들일 뿐 아니라, 그 사상을 자신들의 사회로 흡수해 더욱 풍성하게 만드는 능력을 갖고 있음을 깨닫게 되었습니다."

달라이 라마가 말했다.

"감사합니다. 바로 그렇기 때문에 인도에 있는 모든 티베트 젊은이들은 한 가지 목적만을 갖고 있습니다. '미국으로 가자!'가 그것이지요."

달라이 라마는 또다시 큰 소리로 웃음을 터뜨렸다. 이제 그만 일어나 회의장이 있는 언덕으로 향할 시간이 되었다.

복수는 더 큰 불행을 낳는다. 따라서 더 넓은 시각에서
생각해야 한다. 복수는 결코 좋은 것이 아니므로
용서를 선택해야 한다. 용서는 과거를 잊어버리라는
뜻이 아니다. 오히려 과거를 기억해야 한다. 과거의
고통이 양쪽 모두의 편협한 마음 때문에 일어났음을
자각해야 한다. 그러나 이제는 시간이 지났다.
우리는 더 지혜로워지고 성장했음을 느낀다.

8
용서하라, 그러면 행복해진다

 흰색의 고풍스런 인도제 앰배서더 자동차에서 내린 달라이 라마는 위풍당당하게 서 있는 사르나트의 불탑 옆에 임시로 마련된 연단을 향해 걸어갔다. 수백 명에 이르는 순례자와 수도승들이 그의 가르침을 듣기 위해 기다리고 있었다. 때는 1월이었고, 티베트 지도자는 인도에 있는 불교 성지들을 모두 둘러보는 매우 드문 순례 여행을 시작했다. 붓다가 깨달음을 얻고 나서 처음으로 설법을 행한 장소 사르나트가 그 첫번째 도착지였다. 자신들의 상표처럼 된 밤색 승복을 차려입은 스무 명 가량의 티베트 고승들이 저마다 손에 향묶음을 들고서 달라이 라마를 환영하기 위해 도열해 있었다.

　나는 달라이 라마의 놀라운 자세에 적지 않은 충격을 받았다. 그는 고승들 쪽을 향해 걸어가면서 그들보다 거의 두 배나 더 깊이 머리를 숙이고 있었다. 티베트 수도승들이 흔히 그렇듯이, 그의 둥근 어깨는 마치 곱추처럼 앞으로 굽어 있었다. 겸손함을 나타내기 위한 무의식적인 몸짓이 시간이 지남에 따라 영구적인 상태로 굳어진 탓이었다. 티베트 불교의 원로들 중에서 가장 유명한 그 라마승들과 달라이 라마는 따뜻한 동지애적인 인사를 나누었

다. 이 연로한 영적 스승들은 마치 누가 더 낮은 자세로 인사를 할 수 있는지 끊임없이 경쟁하는 듯했다.

노란색 금잔화로 장식한 연단의 의자로 걸어가다 말고 티베트 지도자는 잠시 멈춰 서서 10층 높이의 탑을 바라보았다. 그 특이한 형태의 건축물은 윗부분이 유선형이 아니라 평평하다는 점을 빼면, 구소련의 육중한 2단계 로켓과 약간 닮아 있었다. 2천 년 전에 지어졌고 해마다 어김없이 장맛비에 시달렸을 것을 생각하면, 그 탑이 아직까지 서 있다는 것 자체가 기적에 가까웠다. 앞으로 있을 대대적인 보수에 대비해 탑은 대나무 보호대로 완전히 둘러싸여 있었다. 순례자들은 그 대나무 보호대의 낮은 쪽 칸에다 셀 수 없이 많은 흰색 스카프를 묶어 놓았다.

그 탑은 붓다가 보드가야의 보리수나무 밑에서 깨달음을 얻은 직후 첫 설법을 행한 장소에 세워졌다. 많은 불교도들에게 사르나트는 불교의 탄생지와 같은 장소다. 붓다가 세상을 떠난 이후 1,500년 동안 불교는 인도 땅에서 꽃을 피웠다가 이슬람에 의해 자취를 감추었다. 그러나 지난 30년 전부터 사르나트는 다시 한 번 불교 사상의 중심지가 되기 시작했다. 불교의 모든 종파들을 대표하는 10여 곳이 넘는 새로운 절과 사원들이 세워졌으며, 해마다 순례 시즌이 되면 수많은 불교도들이 모여들었다.

달라이 라마는 사르나트가 그에게 깊은 감흥을 불러일으킨다고 전에 내게 말한 적이 있었다. 1959년 티베트를 탈출한 직후에 그는 이곳을 순례했다. 그보다 몇 주 앞서 히말라야를 넘어 망명한 2천 명의 헐벗은 티베트 인들이 이 거대한 불탑 앞에서 그를 기다리고 있었다. 그들의 상태는 말이 아니었다. 설산을 넘어오는 길에 대부분 가족을 잃었고, 심한 동상에 걸린 이들도 적지 않았다. 등에 지고 있는 옷가지 몇 벌과 황급히 챙긴 귀중품 몇 가지만을 들고 북인도 사르나트의 뜨거운 평원에 도착한 그들은 생계를 꾸려 나가기 위해 그곳에다 임시 천막을 쳤다.

그 당시 24세였던 달라이 라마는 그들의 모습을 보고 그 자리에 주저앉아 대성통곡을 했다. 라싸에서 날이 갈수록 가혹해지던 중국인들의 탄압, 히말라야를 넘어 탈출할 때의 비참함, 그리고 마침내 난민 신세가 되었다는 자각 등 폭풍과도 같은 지난 몇 달 동안 겪었던 모든 일들이 그 순간 모두 구체화되어 나타났다. 그때까지 가둬 두었던 온갖 감정들이 한꺼번에 터져 나왔다. 그가 그토록 슬프게 흐느껴 운 것은 그때가 태어나서 처음이었다.

내가 처음으로 달라이 라마를 만난 것은 1972년 3월의 일이었다. 그때 내 자신이 얼마나 걱정을 했는지 아직도 기억이 난다. 나는 그 당시 중국과 티베트의 관계에 대해 잘 알지는 못했지만, 이 한 가지만은 알고 있었다. 중국인들이 티베트를 점령하면서 너무도 많은 티베트 인들을 죽였다는 것이었다. 나는 그 티베트 지도자가 내게 어떤 반응을 보일지 몹시 불안했다. 어쨌든 나는 그가 10여 년 전 자신의 나라를 탈출한 이후 그와 마주 앉게 된 최초의 중국인이었다.

최근 다람살라에서 가진 한 대화에서 내가 달라이 라마에게 말했다.

"기억하실지 모르지만, 1972년 내가 처음으로 당신을 만났을 때 내 마음속에 가장 먼저 떠오른 질문은 당신이 중국인을 미워하는가 하는 것이었습니다. 하지만 당신은 그들을 미워하지 않는다고 말했습니다. 그들을 진심으로 용서한다고 했습니다. 그때는 당신의 나라를 잃은 지 겨우 13년밖에 안 된 시점이었습니다. 나는 당신의 관대함에 너무도 놀랐습니다."

달라이 라마가 대답했다.

"그것이 불교도의 수행입니다. 나만 특별한 것이 아니라, 대다수의 티베트 수행자들이 비슷한 태도를 가지고 있습니다. 용서와 자비는 수행의 중요한 부분입니다."

"지금은 중국인들에 대해 어떻게 생각하십니까?"

"이곳 인도와 대만에서 내가 한 강연들을 통해 당신은 중국인에 대한 내 마음을 알아차렸을 것입니다. 대만에 갔을 때 나는 종교인이든 일반 시민이든, 아니면 공무원이든, 심지어 경호원들에게까지도 매우 친근감을 느꼈습니다. 이것은 어쩌면 내가 어린 시절을 티베트 북동쪽에서 보내면서 서툴게나마 중국어를 할 줄 알게 되었기 때문인지도 모릅니다. 그렇습니다. 중국인이 내게 순수한 우정을 보이면 나는 자동적으로 반응을 보입니다. 하지만 어느 나라에 가서 누구를 만나든, 그가 아프리카 흑인이든, 인도인이든, 중국인이든, 유럽인이든 내게는 아무런 차이가 없을 겁니다."

나는 표현을 하진 않았지만, 그의 얘기가 전적으로 옳다고는 생각하지 않았다. 나는 달라이 라마가 중국인들, 특히 중국 본토에 사는 사람들과 접촉하기 위해 얼마나 각별히 노력해 왔는가를 잘 안다. 그는 그 만남들을 위해 많은 시간을 쏟았고, 그때마다 중국인들은 그에게 깊은 감동을 받았다. 나는 그가 워싱턴 D.C.에서 중국의 유명한 작가 웡 리숑을 만난 일을 기억한다. 웡 리숑은 현 티베트 상황에 대해 객관적이고 신뢰할 만한 글을 쓴 최초의 중국인이었다.

그들의 만남은 하나의 사건이었다. 여느 때처럼 호텔 룸에서 웡 리숑을 맞는 대신, 달라이 라마는 경호원들과 측근들을 대동하고 엘리베이터 근처까지 나와서 그 중국 작가를 기다렸다. 그가 그렇게까지 존경심을 보인 사람은 그리 많지 않았다. 적어도 나는 거의 본 적이 없었다. 달라이 라마는 웡 리숑에게 "니 하오." 하고 중국어로 따뜻하게 인사를 건넸다. 그런 다음 그의 손을 잡고 자신의 방으로 안내했다. 밤색 승복을 입은 수도승과 군청색 재킷을 입은 작가는 검은색 소형 그랜드 피아노 옆에 놓인 팔걸이 의자에 마주 앉아서 침묵 속에 서로의 얼굴을 바라보았다. 갑자기 달라이 라마가 팔을 뻗어 웡 리숑을 자기 쪽으로 끌어당기더니 자신의 이마를 웡 리숑의 이마에 갖다 댔다. 그렇게 20초 가량이 지났다. 두 사람이 다시 떨어졌을 때, 웡 리숑은 그 티베트 인의 눈에 눈물이 고여 있는 것을 볼 수 있었다.

훗날 웡 리숑은 그들의 대화를 회고한 책에 이렇게 썼다.

"그는 나를 수세대 동안 티베트 옆나라에서 살아온 중국인들을 대표하는 사람으로 여기는 것 같았다. 과거에 그가 몇 명의 중국인을 만나긴 했지만, 그들 대부분은 더 이상 중국에 뿌리를 두고 있지 않은 이민자들이었다."

달라이 라마가 자신의 생각을 이어나가며 내게 말했다.

"당신은 중국인에 대해 내가 따뜻한 감정을 갖는 이유에 대해 물었습니다. 나의 모든 감정과 생각은 상호 의존의 관점에서 나오기 때문입니다. 예를 들어, 나는 대만에 갔을 때 그곳의 여당인 민주진보당 지도자들을 만났습니다. 나는 그들에게 티베트의 독립을 추구하지 않는다고 말했습니다. 그리고 나는 그들에게 대만 역시 중국과의 협력 관계를 신중하게 생각해야 할 것이라고 말해 주었습니다. 대만은 군사적인 면뿐 아니라 경제적인 이유에서도 중국과 특별하고 긴밀한 관계를 유지할 필요가 있습니다. 상황이 그렇습니다. 지구 전체가 깊은 상호 의존 관계에 있습니다. 티베트는 경제적으로나 환경적으로나 중국과 깊이 상호 의존하고 있습니다. 중국이 번영할수록 티베트가 받는 혜택도 커집니다. 만일 우리가 서로 분리된다면, 장기적으로 티베트는 더 큰 어려움에 부딪치게 될 것입니다.

내가 제시하는 절충안은 티베트를 중국에서 완전히 분리시키지 말자는 것입니다. 자국의 정부를 가지고 정치적으로는 완전 자치를 이루되, 경제적으로는 서로 묶여 있자는 것입니다. 문화, 교육, 환경, 영적인 분야 등은 우리 티베트 인들이 더 잘 해나갈 수 있습니다. 나는 우리 티베트 인들의 전통과 영성이 수억의 중국인들에게 큰 도움이 될 것이라고 확신합니다. 벌써 몇몇 중국 예술가들과 사상가들은 티베트와 티베트 사상에 관심을 나타내고 있습니다. 그러므로 중국과 티베트는 분리되어서는 안 됩니다. 서로 돕고 의지해야 합니다."

그가 깊이 성찰하고 있는 많은 주제들과 마찬가지로, 중국과 티베트의 관계에 대한 그의 정치 철학은 세상 만물이 상호 의존하고 있다는 시각에서 나온 것이다. 이 통찰력은 마치 옷에 기름이 배어들 듯 그가 20대 후반이었을 때부터 자기 것으로 만든 것이다. 달라이 라마에게 있어 생명의 실체는 고대 신화에 등장하는 유명한 '인드라의 그물'과 같다. 고대 인도인들은 우주를 헤아릴 수 없이 많은 가닥의 실로 짜여진 거대한 그물로 생각했다. 그리고 각각의 그물눈에는 다이아몬드가 매달려 있다. 그 다이아몬드의 수많은 면들은 마치 무한한 숫자의 거울들처럼 나머지 모든 다이아몬드를 완벽하게 비춘다. 그리고 각각의 다이아몬드는 다른 모든 다이아몬드들과 말로 설명할 수 없는 깊은 관계를 맺고 있다. 그물의 어느 한쪽에서 일어난 파동은 아무리 미미한 것일지라도 나머지 그물 전체에 물결 효과를 일으킨다. 그것은 '나비 효과'와 같다. 베이징의 나비가 날갯짓을 할 때 발생한 아주 작은 기류의 변화는 점점 퍼져가 캐나다 밴쿠버의 기후 변화에 영향을 미칠 수 있다.

이것을 인간 차원으로 바꾸면 이렇다. 카불이나 바그다드의 아이들이 안전하게 잠자리에 들 수 없다면 나의 딸들도 그럴 수 없게 될 것이다. 달라이 라마에게 있어, 생명 현상은 어느 것 하나 뗄 수 없이 서로 연결된 유기적인 통합체이다. 모든 것은 상호 연관되어 있으며, 홀로 떨어져 독립적으로 존재하는 것은 아무것도 없다. 잘 알려진 티베트의 속담 중에 이런 말이 있다.

'모든 존재는 한때 우리의 어머니였으며, 우리도 한때는 그들의 어머니였다.'

이런 통찰력은 인내심을 갖고 다른 존재의 행복을 위해 힘쓰도록 우리를 격려해 준다.

달라이 라마의 말이 계속 이어졌다.

"나에게 있어 티베트는 파괴와 죽음, 그 모든 일이 일어난 땅입니다. 그것은 말할 수 없이 고통스런 경험이었습니다. 하지만 복수는 더 큰 불행을 낳습니다. 따라서 더 넓은 시각에서 생각해야 합니다. 복수는 결코 좋은 것이 아니므로 용서를 선택해야 합니다. 용서는 당신에게 과거를 잊어버리라는 뜻이 아닙니다. 오히려 당신은 과거를 기억해야 합니다. 과거의 고통이 양쪽 모두의 편협한 마음 때문에 일어났음을 자각해야 합니다. 그러나 이제는 시간이 지났습니다. 우리는 더 지혜로워지고 더 성장했음을 느낍니다. 나는 용서가 유일한 길이라고 생각합니다."

내가 물었다.

"당신은 어떻게 용서하는 마음을 키우게 되었나요?"

"첫째로, 나는 소위 적이라 불리는 사람들을 포함해 다른 사람들을 내 자신의 경험에 비추어 생각합니다. 그들 역시 똑같은 인간 존재입니다. 따라서 그들 또한 행복을 추구하고 고통을 피할 동등한 권리를 갖고 있습니다. 밝은 웃음과 미소는 모두가 좋아하며, 범죄와 피흘림은 누구도 좋아하지 않습니다. 그리고 두번째로, 나의 미래는 그들과 연결되어 있습니다. 나의 이해 관계 역시 그들의 이해와 밀접하게 연결되어 있습니다. 예를 들어, 나의 나라 티베트와 티베트 국민은 중국인과 밀접한 관계에 있습니다. 우리 미래의 많은 부분이 그들에게 달려 있습니다. 따라서 그들을 돌보는 것은 궁극적으로 우리 자신을 돌보는 일과 같습니다."

내가 달라이 라마에게 물었다.

"하지만 중국인들이 당신에게 개인적으로 영향을 미친 일은 없나요? 중국의 침략 때문에 당신이 직접적으로 개인적인 비극을 겪은 일은 없습니까?"

"개인적으론 많지 않습니다. 하지만 중국 감옥에 갇혔던 한 티베트 인으로부터 들은 이야기를 해드리죠. 그는 아직 살아 있고, 지금은 네팔에서 살고 있습니다. 그는 감옥에 있었을 때, 한 티베트 소년과 함께 갇혀 있었다고 했습니다."

달라이 라마는 편안한 팔걸이 의자에 깊숙이 기대어 앉아 있던 자세를 바꿔 이제는 의자 끄트머리에 걸터앉았고, 손으로는 팔걸이를 움켜잡았다.

"그 소년은 당시 열여섯 살이었습니다. 중국 헌법상으로는 아직 처벌받을 나이가 아니었지요. 하지만 그는 감옥에 갇혔고, 처형될 날을 기다리고 있었습니다. 그의 아버지가 중국인들에 대항해 싸웠기 때문입니다. 어느 날 중국 군인들이 총을 들고 들어왔습니다. 그중 한 장교가 주위를 둘러보더니 쇠막대기를 하나 찾아갖고 와서 자신의 부하들을 죽인 티베트 인의 아들인 그 소년을 마구 때리기 시작했습니다. 복수심에서 자기 만족을 위해 그 장교는 어차피 죽을 운명인 어린 소년을 쇠몽둥이로 때린 겁니다. 그 이야기를 들었을 때……"

달라이 라마는 손을 들어 자신의 눈을 가리켰다.

"눈물이 내 눈에서 흘러내렸습니다."

나는 건장한 어른들이 아무 죄 없는 어린 소년을 상대로 저지른 그 끔찍하고 비극적인 이야기에 큰 충격을 받았다. 하지만 그 당시 나를 더 크게 지배한 감정은 부끄러움이었다. 그들이 나의 동족이라는 것에 나는 심한 혐오감과 죄책감을 느꼈다. 내가 아는 몇몇 중국인들과 마찬가지로, 나는 중국 민족이 한 행동을 나 자신과 동일시하는 버릇이 있었다. 그들이 어디에 살고 있든 그들의 행동이 곧 내가 한 행동처럼 느껴질 때가 있었다. 캐나다 밴쿠버에 있을 때, 나는 상하이의 한 중국 식당이 손님들에게 개고기를 내놓았다는 말을 듣고 내 자신이 중국 혈통을 갖고 있다는 사실이 너무도 혐오스러웠었다.

잠시 동안의 침묵이 흐른 뒤, 내가 물었다.

"그 티베트 소년의 이야기가 중국인에 대한 당신의 시각에 어떤 영향을 미쳤나요? 상호 의존의 개념이 이 사건에 무슨 의미가 있을까요?"

달라이 라마가 대답했다.

"처음에 나는 화가 났지만, 곧 그 장교에 대해 연민을 느꼈습니다. 그 장교의 행동은 그 자신의 동기에 의해 결정된 것입니다. 그리고 그의 동기는 그의 사상에 의해 결정된 것입니다. 사상이라는 평가 기준에서 보면 반혁명분자는 악과 같은 것이고, 그런 악을 몰아내는 것은 선입니다. 그런 종류의 믿음 자체가 잘못된 것입니다. 하지만 그 사람을 비난할 수는 없습니다. 그런 환경에서는 심지어 나 자신조차도 그렇게 행동할지 모릅니다. 따라서 이런 식으로 생각해 나가면 분노 대신, 용서와 자비의 마음이 생겨납니다. 모든 것이 서로 연관되어 있다는 시각은 전체를 볼 수 있게 해줍니다. 이것은 저것 때문에 일어나고, 저것은 이것 때문에 일어나는 것입니다. 이해가 갑니까?"

달라이 라마는 자신을 상대방의 입장에 놓고 생각하는 초인적인 능력을 지니고 있었다. 그 사람이 자신의 적일 때는 특히 그러했다. 전에 내게 말한 적이 있듯이, 그는 적을 가장 소중한 스승으로 여겼다. 그는 친구들을 사랑하고 소중히 생각하지만, 우리를 자극해 용서와 자비심 같은 좋은 특성을 키울 수 있는 기회를 제공해 주는 것은 적이라고 믿었다. 용서와 자비심은 그에게 있어서 마음의 평화를 얻는 데 필수적인 요소들이었다.

달라이 라마가 계속해서 말했다.

"불교의 핵심은 두 가지입니다. 하나는 자비이고, 다른 하나는 상호 연관의 시각에서 세상을 바라보는 일입니다. 그리고 나는 늘 사람들에게 말합니다. 사람과 행동을 구분하는 일이 매우 중요하다고. 우리는 나쁜 행동에는 반대해야 합니다. 하지만 그렇다고 해서 그 행동을 한 사람까지 적으로 몰아서는 안 됩니다. 그는 그 행동 뒤에 다르게 행동할 수도 있고, 그러면 우리의 친구가 될 수도 있습니다. 오늘 중국은 우리의 적이지만, 내일은 친구가 될 가능성이 언제나 열려 있는 이유가 거기에 있습니다. 그렇기 때문에 나는 중국인들이 내 나라와 국민들에게 행한 일들에도 불구하고 별 어려움 없이 그들을 용서할 수 있는 것입니다."

달라이 라마는 다시 의자에 등을 기대고 편안히 앉았다. 그리고 나서 천천히 말을 이었다.

"하지만 만일 내가 그 장소에 있어서 그 소년을 때린 중국 장교를 만났다면……, 만일 내가 그 자리에 있었고, 또 내게 총이 있었다면…… 그건 모르는 일입니다."

그는 앉은 자세에서 배 위에 올려져 있던 오른손을 들어 마치 상상 속의 총을 쥐고 있는 듯한 자세를 취했다. 장난기 어린 미소가 그의 입술에 번졌다.

"그런 순간이 온다면, 어쩌면 그 중국인을 쏠지도 모르죠."

달라이 라마는 어깨를 으쓱하며 말했다. 그리고는 두 팔을 넓게 벌리고 웃음을 터뜨렸다.

나는 그 웃음에 동참할 수 없었다. 그런 각본을 상상하는 것만으로도 긴장이 되었다. 내가 달라이 라마에게 물었다.

"불교 수행을 했는데도 그럴까요?"

달라이 라마가 대답했다.

"가능하죠. 그런 긴장된 상황에서라면 있을 수 있는 일입니다. 때로는 행동이 먼저 앞서고 생각은 나중에 따라오지요."

만물이 서로 의존하고 있음을 깨닫는 순간, 우리는 더 넓은 마음을 갖고, 분노와 미움 같은 파괴적인 감정에 덜 집착하게 된다. 타인에게 좋은 일이 일어나면 나 자신에게도 당장은 아니더라도 결과적으로는 이익이 돌아온다. 그것이 상호 의존의 원리다.

9
자비와 상호 의존의 가르침

 고대 나란다 대학의 유적지 안에 오후의 햇살이 따뜻하고 기분 좋게 내리비치고 있었다. 달라이 라마와 백여 명의 수도승들로 이루어진 수행원들이 27미터의 불탑 유적 바로 맞은편 잔디밭에 앉아 기원문을 낭송하고 있었다. 그들은 지금, 고대 나란다 대학에서 공부하고 가르쳤던 탁월한 인도 불교도들에게 경의를 표시하기 위해 이곳으로 흔치 않은 순례 여행을 온 것이었다. 이 티베트 지도자는 지난 20년이 넘도록 이곳에 온 적이 없었다.

어디선가 흰 개 한 마리가 나타나 수도승들이 모여 있는 곳으로 느릿느릿 걸어왔다. 개는 그들 가까운 곳에 자리를 정하고 앉아, 달라이 라마를 향해 귀를 쫑긋 세웠다. 잠시 동안 그곳에 앉아 낮은 목소리의 기도문 낭송에 몰입하는 듯 싶더니, 개는 이내 벌렁 드러누워 잠이 들었다.

나는 잔디밭을 가로질러 붉은 벽돌로 지어진 불탑을 향해 걸어갔다. 홀로 서 있는 거대한 계단처럼 보이는, 천년이나 된 놀라운 유물이었다. 반만 남은 벽 위로 기어오르자 이내 지붕 없는 작은 기도실이 나타났다. 한쪽 벽의 벽감에는 얕은 부조로 된 신상이 조각되어 있었다. 섬세하게 새겨진 신상은 우아하고 부드러웠으며, 원래의 모습 그대로를 간직하고 있었다. 엉덩이와 어깨가 서로 반대 방향을 향하고 있어서 운동감을 암시했다. 얼굴은 하트 모양이고, 부드러운 미소가 입술에 감돌고 있었다. 신상 주위에는 손으로 만져질 듯 내적 평화의 느낌이 어려 있었다. 나는 그곳에 가만히 서서 마음을 위로해 주는 티베트 기도문에 귀를 기울였다.

인도 사상의 황금기에 해당하는 서기 2세기에서 9세기까지 나란다에 살면서 가르침을 베푼 인도 불교의 스승들에게 티베트 불교가 얼마나 큰 신세를 지고 있는지 달라이 라마는 충분히 자각하고 있었다. 나란다는 고대 인도에서 가장 크고, 가장 명성을 떨친 대학이었다. 굽타와 팔라 왕조의 불교도 왕들이 헌신적인 후원자들이었다. 당대의 하버드라고 할 수 있는 나란다 대학은 무려 천년 가까이 아시아 전역에서 가장 뛰어나고 총명한 학생들을 끌어모았다. 전성기에는 1만 명의 학생과 1천5백 명의 교수진이 있었다. 12세기 후반, 이슬람 군대가 나란다를 휩쓸었다. 승려들은 참혹하게 학살당했고, 어마어마한 양의 필사본을 소장하고 있던 도서관들은 모두 불타 버렸다. 불교는 그 근원지에서부터 뿌리째 뽑히고 말았다.

달라이 라마에 따르면, 나란다 대학의 학자들과 수행자들이 없었다면 오늘날 우리가 알고 있는 티베트 불교는 존재하지 않았을 것이다.

달라이 라마는 내게 설명했다.

"우리가 지금 열심히 배우고 있는 중요한 경전들은 모두 나란다의 스승들에 의해 씌어진 것입니다. 그래서 그 스승들의 이름,

특히 나가르주나와 같은 사람들의 이름이 우리의 마음속에 깊이 자리잡은 것입니다. 그는 2세기에 살았던 불교의 스승입니다. 그들은 진정한 인간들이었습니다. 우리는 그들이 남긴 경전에 따라 수행을 하고 있습니다."

나가르주나는 모든 사물이 상호 의존하고 있다는 사상을 바탕으로 진리에 대한 이론을 전개했다. 달라이 라마는 수십 년에 걸쳐 이 사상의 핵심을 완전히 자신의 것으로 만들었다. 그리하여 만물의 상호 의존 사상은 그의 행동과 삶을 바라보는 방식을 결정짓게 되었다.

상호 의존은 말처럼 이해하기 쉬운 개념이 아니다. 달라이 라마는 그것을 내게 설명하기 위해 중국인들과의 평화로운 공존이라는 자신의 이상을 예로 들었다. 마침 그와 동행해 나가르주나에게 경의를 표하기 위해 나란다에 왔기 때문에, 나는 이 기회에 그 개념에 대해 좀더 설명을 듣고 싶었다.

"상호 의존의 원리와 그것이 당신의 삶에서 갖는 중요성에 대해 좀더 알고 싶습니다."

보드가야의 티베트 사원 꼭대기 층에 있는 방에서 내가 달라이 라마에게 물었다. 평소처럼 그의 통역 승려인 락도르가 우리와 자리를 함께 했다.

달라이 라마는 고개를 끄덕였다. 그는 몸을 숙여 신발끈을 풀고는, 갈색 옥스포드 구두를 조심스럽게 벗어 옆으로 놓은 뒤, 두 다리를 들어올려 의자 위에 가부좌를 하고 앉았다. 그는 두 시간에 걸친 나와의 대화 시간 내내 그런 자세로 앉아 있곤 했다. 상호 의존은 그가 가장 좋아하는 주제 중 하나였으며, 내게 그것에 대해 설명한다는 생각에 그는 벌써부터 기뻐하고 있었다.

"상호 의존의 원리는 우리로 하여금 더 넓은 시각을 가질 수 있게 해줍니다."

달라이 라마는 이렇게 운을 떼었다.

"더 넓은 마음을 갖고, 분노나 미움 같은 파괴적인 감정에 덜 집착하게 해줍니다. 따라서 더 많이 용서하게 합니다. 오늘날의 세상에서는 모든 나라들이 뗄래야 뗄 수 없이 서로 의존하고 있고, 상호 연결되어 있습니다. 이런 상황에서 당신의 적, 다름 아닌 당신의 이웃을 파괴하는 것은 결국에는 당신 자신을 파괴하는 것을 의미합니다. 당신에게는 이웃이 필요합니다. 당신의 이웃이 더 잘 살수록, 당신도 이익을 얻게 됩니다.

여기서 우리는 분노, 집착, 자존심 같은 감정들을 완전히 없애버리자는 이야기를 하고 있는 것이 아닙니다. 다만 줄이자는 것입니다. 상호 의존이 중요한 의미를 갖는 것은, 그것이 단순히 개념에 불과한 것이 아니기 때문입니다. 그것은 이런 파괴적인 감정들이 가져다주는 고통을 줄일 수 있도록 실제적인 도움을 줄 수 있습니다."

잠시 멈췄다가 달라이 라마는 말을 이었다.

"상호 의존의 원리는 본질에 대한 이해라고 할 수 있습니다. 우리는 우리 자신의 미래가 전 지구의 안녕에 달려 있음을 이해합니다. 이런 관점을 가지면 편협한 마음이 줄어듭니다. 편협한 마음을 갖고 있으면 집착과 미움을 키우기가 더 쉬워집니다. 나는 상호 의존 원리의 가장 뛰어난 점은 자연 법칙에 대한 설명이라고 생각합니다. 예를 들어, 그것은 환경에 깊은 영향을 미칩니다."

상호 의존의 개념은 불교와 생태학 둘 다의 근본을 이루는 원리다. 그 핵심적인 믿음은 모든 사물이 불가해하지만 뚜렷하게 눈에 보이는 방식으로 서로 연결되어 있다는 것이다. 궁극적으로 세상 만물은 서로에게 의존하고 있다. 우리는 모두 인드라의 그물망에 걸려 있다.

나는 순간, 언젠가 찰스 다윈의 책에서 읽은 내용이 떠올랐다. 책 중간의 좀 별난 부분에서 다윈은, 고양이를 좋아하는 독신녀들이 런던을 세상에서 가장 살기 좋은 장소 중 하나로 만들었다는 이론을 내세웠다. 그 주장의 근거는 이러했다. 이 여성들이 키우는 많은 수의 고양이들이 쥐떼의 증식에 나쁜 영향을 미쳤다. 이것은 뒝벌들에게는 좋은 소식이었다. 그들의 땅속 벌집이 쥐떼의 습격에 의해 파괴될 가능성이 훨씬 줄어들었기 때문이다. 뒝벌들의 숫자가 많아지자 이번에는 더 많은 꽃들의 수분이 가능해졌다. 그러므로 다윈은 고양이를 좋아하는 영국 독신녀들이 많아진 것이 결국 런던에 더 많은 꽃들이 피어나게 만들었다는 결론을 내리기에 이르렀다.

베트남의 불교 스승 틱낫한도 비슷한 통찰력을 보여 주는 다음과 같은 글을 쓴 적이 있다.

"만일 당신이 시인이라면, 당신은 이 종이 한 장 속에 구름이 있음을 볼 수 있을 것이다. 구름이 없으면 비가 내리지 않을 것이고, 비가 내리지 않으면 나무가 자랄 수 없다. 나무가 없으면 우리는 종이를 만들 수 없다."

지난 여러 해 동안, 나는 달라이 라마의 티베트 난민 정부 사무실이 종이 사용에 매우 인색하다는 사실을 알아차렸다. 내가 받은 문서들은 어느 한 장 예외없이 이면지에 인쇄되어 있었다. 티베트 지도자의 개인 비서들은 자신들이 모시는 분의 생태 환경에 대한 민감성을 거스르지 않기 위해 빈틈이 없었으며, 종이 재활용에 있어서는 거의 광적이었다.

나는 달라이 라마가 상호 의존성의 맥락에서 나무를 보호하기 위해 이런 작은 노력을 기울인다는 것을 짐작할 수 있었다. 티베트 난민 정부는 지난 수십 년간 재활용 노력을 통해 많은 나무를 보호할 수 있었다. 나무가 많아지면 다른 식물과 꽃들을 위한 더 나은 환경이 만들어진다. 더 많은 나무, 식물, 꽃들은 시인들이 더 많은 영감을 얻을 수 있는 환경을 만들어 주고, 영감이 넘치는 환경 속에서 사는 시인들은 더 많은 심오한 시들을 탄생시킬 수 있다. 시 창작이 활발해지면 시집을 전문으로 판매하는 서점들이 활성화될 것이다. 결국 종이를 아끼려는 달라이 라마의 노력이 모든 곳에 사는 시를 사랑하는 사람들에게 혜택을 가져다주는 것이다.

나는 다윈, 시인, 꽃들에 대한 공상을 중단하고 달라이 라마에게 물었다.

"당신은 지금까지 어떤 방식으로 상호 의존에 대한 이해를 키워 왔습니까?"

그가 대답했다.

"시간을 들여서, 천천히 했습니다. 영적 성장은 시간이 걸립니다. 전등을 켜듯이 찰칵하는 순간에 이루어지는 것이 아닙니다. 오히려 불을 피우는 것에 더 가깝습니다. 처음에는 작은 불꽃으로 시작해서, 그것이 차츰 커지고, 불길이 점점 더 세지는 것과 같습니다. 모든 정신적 변화가 다 그와 같습니다. 어떤 특정한 단계, 어떤 특정한 날짜까지는 깜깜한 상태로 있다가 갑자기 불이 들어오는 그런 일은 없습니다. 단계적으로, 서서히 나아가는 것입니다. 처음엔 거의 눈에 띄지 않지요. 나는 사람들에게 종종 말하곤 합니다. 영적인 성장이란 몇 주나 몇 달만에 결과를 알 수 있는 것이 아니라고. 심지어는 몇 해가 흘러도 불가능합니다. 하지만 만일 우리가 오늘의 경험을 10년, 혹은 20년 전과 비교한다면, 어떤 변화를 느낄 수 있을 겁니다. 난 항상 그것을 사람들에게 말하곤 합니다. 나 자신의 경우도 마찬가지입니다."

내가 물었다.

"당신의 현재 상황은 어떤가요?"

달라이 라마가 말했다.

"나는 지난 수십 년 동안 만물의 상호 의존성에 대해 명상하고 분석해 왔기 때문에 이제는 그것에 대해 익숙합니다. 그러므로 내가 어떤 사물을 바라볼 때, 상호 의존의 진리를 기억하자마자 내가 보는 것이 완전히 달라집니다. 그리고 그런 감각은 많은 노력을 기울이지 않고도 찾아옵니다. 이제는 거의 자동적으로 이루어집니다. 한 가지 예를 들지요. 전에 몽골에서 큰 모임이 있었는데……."

이때부터 달라이 라마는 티베트 어로 말하기 시작했다. 락도르가 옆에서 통역을 했다.

"나는 몽골의 수도 울란바토르에 있었습니다. 강연 도중에 상호 의존에 대해 생각이 미치는 순간, 나는 내 앞에 있는 모든 사람들과 나 자신에게서 구체성이 사라지는 걸 느꼈습니다. 어떤 것도 견고하게 굳어져 있지 않았고, 모든 것이 서로 얽혀 있었습니다. 나는 내가 어떤 식으로든 이 청중들과 직접적으로 연결되어 있다는 강한 느낌을 받았습니다. 마치 나 자신의 개인적인 경계선이 사라져 버린 듯했습니다."

달라이 라마의 경험은 앤드류 뉴버그와 유진 다퀼리의 실험을 생각나게 했다. 이 두 명의 미국 과학자는 여러 해에 걸쳐 종교적인 체험과 뇌 기능 사이의 관계를 연구했다. 그들의 가장 유명한 실험에서 그들은 미국인 불교 신자이며 숙련된 명상 수행자인 로버트라는 이름의 젊은이로부터 도움을 받았다. 로버트는 어두운 실험실 안에서 새끼손가락에 긴 줄을 묶은 채 명상을 시작했다. 과학자들은 다른 방에서 줄의 다른쪽 끝을 잡고 기다렸다.

한 시간 뒤, 로버트는 줄을 잡아당겨 뉴버그와 다퀼리에게 자신이 깊은 명상 상태에 들어갔음을 알렸다. 그러자 링거 주사를 통해 그의 혈관 속에 방사능 트레이서(물질의 행방, 변화를 추적하는 데 쓰이는 방사능 동위 원소)가 주입되었다. 그 착색 물질이 그의 혈액을 타고 뇌세포들 속으로 섞여 들었고, 최첨단 카메라가 로버트의 뇌 활동을 정지 화면으로 보내 주었다. 그때 과학자들은 무엇인가 이상한 것을 발견했다. 로버트의 후측 정수리 부위, 즉 '정보를 인식하는 부분' 또는 OAA라고 불리는 부위가 가장 깊은 명상 상태에서 활동이 현저하게 저하된 것을 볼 수 있었다.

우리 뇌에 있어서 OAA는 일종의 자동 조종 장치, 레이더, 위성 추적 장치가 하나로 통합된 것 같은 역할을 한다. 우리가 일상 생활 속에서 활동할 때 OAA는 슈퍼컴퓨터처럼 기능하면서 주변의 모든 것에 관련해서 끊임없이 변하는 우리 몸의 좌표를 쉼없이 계산해 낸다. 우리가 붐비는 레스토랑에서 안전하게 길을 헤쳐 나가고, 혼잡을 뚫고 자전거를 탈 수 있는 것은 바로 이것 덕분이다.

뉴버그와 다퀼리는 과거의 연구를 통해 OAA가 결코 작동을 멈추는 법이 없다는 것을 알고 있었다. 그렇다면 로버트의 OAA의 활동이 현저히 줄어든 것은 무엇을 말하는가? 납득이 갈 만한 설명은 한 가지뿐이었다. 로버트의 OAA로 들어가는 감각들의 정보가, 그가 명상 중 초월 상태에 이르렀을 때 차단되었다는 것이었다. 들어오는 정보가 없자 슈퍼컴퓨터는 로버트의 신체적인 경계선을 긋는 데 어려움을 느끼게 되었다. 그것은 그 순간 로버트가 자신의 경계선을 갖고 있지 않았다고, 다시 말해 그가 주변의 모든 것들, 사람, 사물, 전체와 하나가 되었다는 결론을 내릴 수밖에 없었다.

실험이 끝난 뒤, 가장 깊은 명상의 순간에 무엇을 느꼈냐고 묻자, 로버트는 대답했다.

"내가 존재하는 모든 인간, 모든 사물의 일부인 것처럼 느껴졌습니다. 나는 모든 것들과 연결되어 있었습니다."

영적인 스승들과 요가 수행자들이 수세기에 걸쳐 해온 말이 정확히 그것이었다. 그리고 그것은 달라이 라마가 방금 나에게 한 말과 놀랍도록 비슷했다. 상호 의존성에 초점을 맞추는 순간 그는 세상이 다르게 보였다. 사물들과 사람들이 견고함을 잃고 가장자리가 부드러워진 것처럼 느껴졌다. 영적인 평정의 순간에 그와 다른 사람들 사이에 있는 육체적인 경계선이 흐릿해졌다.

내가 달라이 라마에게 말했다.

"당신은 그저 생각만으로도 상호 의존의 경험 속으로 들어갈 수 있다고 전에 나에게 말한 적이 있습니다. 그럼 당신과 나를 예로 들어봅시다. 당신이 만물의 상호 의존성에 대해서 생각하면, 내가 당신의 눈앞에서 미묘한 방식으로 변화를 하나요?"

"여전히 인간 존재이지만, 한편으론 보이는 그대로가 아니고, 견고한 개인이 아니지요. 부드러운 무엇인가가 됩니다. 우리 둘 사이의 연결이 더 강해지고, 자비의 마음이 더 커지지요."

달라이 라마는 잠시 생각하다가, 다시 락도르에게 티베트 어로 말했다. 락도르가 통역했다.

"존재들의 상호 연결을 이해함으로써 당신은 다른 사람들에게 좋은 일이 일어나면 당신 역시 당장은 아니더라도 결과적으로는 이익이라는 사실을 깨닫게 됩니다. 만일 그들이 고통받는다면, 당신 역시 결국에는 고통받을 것입니다. 그러므로 당신은 전혀 다른 배경을 가진 사람들과도 더 잘 마음을 나눌 수 있습니다. 그들에 대한 자비심도 더 쉬워집니다."

달라이 라마가 말을 이었다.

"사담 후세인을 예로 들어봅시다. 나는 부시 대통령의 눈에서 후세인이 100퍼센트 부정적인 존재, 완전히 부정적인 존재라는 인상을 받습니다. 그에게 세상이 평화로워지는 유일한 길은 후세인을 제거하는 일뿐이죠. 하지만 실체는 그렇지 않습니다."

내가 물었다.

"실체는 무엇이죠?"

"두 가지 차원이 있습니다. 일반적인 차원에서, 사담 후세인은 태어날 때부터 100퍼센트 악한 것이 아닙니다. 결코 변하지 않는 채, 본래부터 나쁜 것은 존재하지 않지요."

달라이 라마는 두 손을 둥글게 해서 보이지 않는 구 모양을 만들었다.

"그 악함은 그 자신만이 아니라 다른 많은 요인들 때문에 생겨난 것입니다. 따라서 독립적인 현상이 아닙니다. 그것은 다른 많은 요인들에서 비롯된 것이고, 그 요인들 속에는 미국도 포함되어 있습니다. 걸프전 동안에 모두가 사담 후세인을 비난했습니다. 나는 그것이 공정하지 않다고 느꼈고, 그를 동정하게 되었습니다."

달라이 라마가 사담 후세인을 동정하게 되었다고? 수백만 명의 사람들에게 고통을 안겨 준 인물을? 나는 달라이 라마의 독특한 진실을 발견하기 시작하고 있었다. 그의 세계관, 그의 마음이 움직이는 방식은 비록 그것이 대단히 이성적이고 영감을 불러일으키는 것이긴 해도 나 자신의 것과는 매우 달랐다.

달라이 라마가 설명했다.

"사담 후세인의 독재는 혼자 하늘에서 뚝 떨어진 것이 아닙니다. 사담 후세인은 독재자이고, 침략자이며, 나쁜 사람이지요."

그는 진지한 표정으로 손가락 끝을 탁탁 쳤다.

"하지만 나쁜 일들은 그의 군대 때문에 일어났습니다. 그의 군대가 없다면, 무기가 없다면, 그는 그런 종류의 침략자가 될 수 없었을 겁니다. 그 무기들은 이라크 인들의 손으로 만든 것이 아니라 서양에서 온 것입니다. 서양의 무기 회사들이 이 침략자를 만드는 데 기여한 것입니다. 그들이 그렇게 해놓고는, 나중에 가서 그 사람을 비난하는 것이죠. 그건 공정하지 않습니다."

달라이 라마는 의자 앞으로 길게 몸을 내밀었다. 그의 목소리가 한 톤 올라갔다. 그는 약간 흥분해 있었다.

"그것이 일반적인 차원입니다. 사담 후세인은 100퍼센트 나쁜 것이 아닙니다. 하지만 좀더 미묘한 차원이 있습니다. 부시 같은 사람이 사담 후세인에 대해 부정적인 감정을 가질 때, 그의 눈에는 후세인이 견고하고 독립적이고 절대적인, 완전히 악한 존재로 보이겠지요."

그는 눈앞에다 주먹을 불끈 쥐어 보였다.

"마찬가지로 사담 후세인의 눈에는……."

달라이 라마는 낄낄거리며 웃기 시작해, 하고자 했던 문장을 마무리하는 데 애를 먹고 있었다.

"부시가 굉장히 부정적인 존재일 것입니다. 절대적이고 독립적인, 악의 화신이지요."

그의 말투 속에는 이제 커다란 야유가 담겨 있었고, 킥킥거리는 웃음 때문에 어깨가 마구 오르락내리락했다. 달라이 라마는 세계에서 가장 권력이 센 사람을 놀리는 것을 재미있어 하고 있었다.

웃음이 가라앉자, 그는 이렇게 결론을 내렸다.

"따라서 두 경우 다, 실체에 대해 강력한 오해를 하고 있는 것입니다. 그들이 바라보고 있는 실체는 단지 자신들의 마음을 투영한 것에 불과합니다."

내가 물었다.

"당신은 사담 후세인이 100퍼센트 굳어진 악한 존재가 아니라는 것인가요? 이를테면 그가 자신의 아내에게는 여전히 좋은 사람일 수 있기 때문에?"

"오, 그렇지요, 그렇지요."

달라이 라마는 열정적으로 동의했다. 그는 내가 그의 사상의 요점을 파악했다는 사실에 기뻐했다. 그는 말했다.

"만일 상황이 변화한다면, 그 사람은 매우 좋은 인간이 될 수도 있습니다. 또 다른 예를 들지요. 오사마 빈 라덴의 눈에는 미국은 100퍼센트 악합니다. 이런 무지는 재앙을 가져옵니다. 빈 라덴에게는 서구 세계 전체가 반이슬람 세력입니다. 특히 미국은 전세계의 침략자입니다. 그래서 그는 독립적이고 절대적으로 굳어진 적이 있다고 결론을 내리는 겁니다. 이것은 잘못된 실체관입니다."

내가 다시 물었다.

"그렇다면 그는 어떤 실체관을 가져야 합니까?"

달라이 라마는 망설임 없이 대답했다.

"미국은 아랍의 일부이고, 미국인들은 빈 라덴 그 자신의 일부라는 것입니다."

내가 말했다.

"상호 의존적이군요."

"그렇습니다. 상호 의존적입니다. 미국뿐만이 아닙니다. 서유럽에도 이슬람을 비난하고 반대하는 사람들이 있습니다. 하지만 미국과 유럽은 100퍼센트 반이슬람 세력이 아닙니다. 전혀 그렇지 않습니다. 여기에 또다시 마음의 투영이 작용하고 있는 것이지요. 이것은 편협하게 초점을 맞추고 있는 것입니다. 잘못된 것이지요. 따라서 상호 의존적인 관점은 더 넓고, 부드럽습니다. 붙들고 매달려 굳어진 것이 아닙니다. 이 관점은 강한 집착이나 독단적인 주장을 줄어들게 합니다. 사람과 사물에 대한 우리의 갈망, 간절한 욕망도 줄어듭니다."

수십 년에 걸쳐 계속된 명상 수행을 통해, 상호 의존이라는 시간을 초월한 진리가 달라이 라마의 의식 속에 깊이 새겨졌다. 그것이 그의 사상, 믿음, 행동을 결정지었다. 상호 의존 원리의 틀 안에서 그는 일을 계획하고, 세상의 사건들에 반응했다. 그는 널리 유행하는 대중의 의견에 반대하는 것을 두려워하지 않았다. 그의 결정들은 여론 조사나 조언자들의 의견 수렴을 통해 이루어지는 것이 아니었다. 사담 후세인에 대한 그의 동정심, 아니면 최소한 악의 없는 시선은 상호 의존 원리라는 프리즘을 통해 사물을 바라보는 그의 독특한 방식의 결과물이었다.

여기에는 또 다른 어떤 것도 작용하고 있었다. 달라이 라마는 미국과 그 동맹국들이 한패가 되어 이라크 독재자와 사막에서 근근이 목숨을 부지하고 있는 가난한 국민들을 습격하고 있다는 인상을 받았다. 이 티베트 지도자는 선천적으로 약자에게 동정적이었다. 어쩌면 그것은 상호 의존 원리의 영향을 받은 자비심의 발로인지도 모른다.

나는 지난번 새벽녘 그의 사택에서 그와 함께 시간을 보냈을 때 그것을 어렴풋이 알아차렸다. 그날 아침 명상을 끝낸 달라이 라마는 의자에서 일어나 내게 자신의 사택을 안내해 주고자 했다. 그는 고요한 안쪽 성소에서 나와 크고 통풍이 잘 되는 거실로 나아갔다. 그는 내 손을 잡고 가구가 거의 없는 작은 문간방으로 인도했다. 그 방에는 단출한 일인용 침대가 나무판자로 벽을 두른 공간의 대부분을 차지하고 있었고, 연꽃 모양의 갓이 달린 램프와 휴대용 라디오가 침대 옆 작은 탁자에 놓여 있었다.

달라이 라마가 내게 말했다.

"이곳은 전에 내가 쓰던 침실입니다. 하지만 지난해의 몇 차례

지진 경고 때문에 지하에 있는 다른 방으로 옮겼지요."

그는 한쪽 벽에 걸린 대여섯 장의 빛바랜 사진들을 가리켰다. 거의 다 그가 일생 동안 모셨던 티베트 고승들과 개인 교사들의 사진이었다. 지금은 고인이 되었지만 그의 수석 교사였던 링 린포체는 엄격한 스승으로 유명했는데, 그곳에 걸린 사진에서는 얼굴에 가벼운 미소를 띠고 있었다. 달라이 라마가 소중히 여기는 귀한 사진이었다. 방 한쪽 구석에는 달라이 라마의 가족 사진이 걸려 있었다. 형제들과 누이들, 그 자신, 그리고 부모님이 함께 모여 찍은 사진이었다.

그때 나는 한쪽 벽에서 무엇인가 그 장소에 어울리지 않는, 심지어 거슬리기까지 하는 물건을 발견했다. 달라이 라마의 침대 바로 위에 총이 한 정 걸려 있었다. 나는 카메라를 갖고 있었고, 곧 이 부조화스런 물건을 촬영하려고 했다.

달라이 라마가 황급히 나를 제지했다.

"아니, 아니. 사진을 찍지 마세요. 사람들이 달라이 라마가 총을 좋아하는 폭력적인 사람이라고 잘못 생각할 수가 있습니다."

나는 순순히 카메라를 내려놓았다. 하지만 왠지 불편한 생각이 가시지 않았다. 언제부터 달라이 라마가 다른 사람들이 어떻게 생각하는가에 신경을 썼단 말인가? 이런 행동은 뜻밖이기도 하거니와, 그동안 내가 알아왔던 달라이 라마와는 너무 다른 모습이었다. 달라이 라마가 모순된 사람이었단 말인가?

달라이 라마는 그 공기 권총을 지난 수십 년간 가지고 있었다고 했다. 그는 말했다.

"나는 종종 작은 새들에게 먹이를 주는데, 새들이 오면 매들도 따라옵니다. 나는 그것이 마음에 들지 않아요. 덩치 큰 매들이 작은 새들을 먹어치우는 것 말입니다. 그래서 작은 생명체들을 보호하기 위해 이 공기 권총을 가지고 있는 겁니다. 해치려는 것이 아니라, 단지 겁을 주어 쫓아 버리려고요."

우리는 먼저 세상을 있는 그대로 바라봄으로써 지혜를 얻어야 한다. 지혜는 투명한 시선을 의미한다. 지혜로운 자는 편견 없이 맑은 시선으로 자신을 둘러싼 모든 현상과 사물을 바라볼 수 있다.

10
지혜로운 자의 눈

티베트 달력에서 전통적으로 재생의 달로 여겨지는 달 보름날이었다. 달라이 라마는 불교도들이 가장 성스럽게 여기는 장소를 참배하기 위해 북인도의 작은 도시 보드가야에 머물고 있었다. 이곳에서 며칠 휴식을 가진 뒤, 그는 칼라차크라 입문 행사(티베트 불교 최고의 종교 행사. '시간의 수레바퀴'를 뜻하며, 공과 지혜, 자비심을 바탕으로 한 명상 의식이다)가 열리기 전에 잠시 독수리봉(영취산. 붓다가 이곳에 머물면서 〈법화경〉을 설했다)을 순례할 계획을 갖고 있었다. 달라이 라마는 마하보디 사원 안의 오래된 보리수나무 그늘 아래 마련된 자신의 자리로 올라갔다. 그 나무는 2,500년 전 붓다가 그 아래에서 깨달음을 얻은 보리수나무의 직계 후손이었다. 수많은 티베트 승려들이 너른 마당에 가부좌를 하고서 그를 향해 앉아 있었다. 그들은 지금 두 달에 한 번씩 거행하는 소르중 의식을 달라이 라마와 함께 하기 위해 그곳에 모여 있었다. 소르중은 일종의 고백 의식이다.

승려들이 기원문을 외기 시작하자, 달라이 라마는 몸이 Z자 모양이 되도록 단정하게 엎드렸다. 그는 무릎을 꿇은 자세에서, 다리를 잔뜩 구부려 엉덩이가 발꿈치 위에 닿게 만들었다. 그런 다음 상체를 앞으로 굽혀 이마가 무릎 바로 앞 바닥에 닿도록 해 순수한 겸양의 자세를 나타냈다. 수십 년에 걸친 가부좌 자세로 인해 몸이 매우 유연해졌기 때문에, 그는 가능한 한 작은 부피가 되게 몸을 접을 수 있었다. 조각천을 누벼서 만든 노란색 승복이 그의 등을 가로지르며 팽팽하게 당겨져 있어서, 그는 마치 거북이들의 바다 한가운데 있는 커다란 황금 거북이 같았다.

나로서는 가장 비공개적인 의식에 속하는 그 법회를 참관할 특권을 가진 것은 그때가 처음이었다. 나는 말할 수 없이 깊은 인상을 받았다. 특히 그것이 성스런 보리수나무 그늘 아래서 열렸기 때문에 더욱 특별했다. 나아가 티베트 불교의 네 종파의 승려들이 모두 참가했다. 매우 경사스런 순간이었다. 얼마 지났을 때, 한 승려가 머뭇거리며 고개를 들었는데, 마치 황금색 거북이들 사이에서 한 빡빡 머리가 고개를 빼꼼히 쳐든 것과 같았다. 그는 재빨리 주위를 살핀 뒤, 얼른 고개를 도로 집어넣었다.

나중에 기회가 되었을 때, 나는 달라이 라마에게 그 의식을 거행하는 동안 그의 마음속에 무슨 생각이 오갔는지 물었다. 그는 내게 말했다.

"나는 붓다를 떠올렸습니다. 그리고 보드가야를 방문했던 나가르주나와 같은 위대한 스승들을 생각했습니다."

내가 다시 물었다.

"고백도 하셨나요?"

"물론입니다. 소르중은 고백을 의미하지요."

"무슨 고백을 하셨나요?"

달라이 라마가 말했다.

"저녁에 비스킷을 먹은 일이요. 나는 불교 수도승이기 때문에 점심식사 후에는 어떤 것도 먹어선 안 되거든요."

소르중 의식이 막을 내린 뒤, 달라이 라마는 일어나서 두꺼운 석재 담장으로 둘러싸인, 신성한 구역인 보리수나무 울타리 안으로 걸어들어갔다. 놀랍도록 무거운 대 여섯 개의 가지들이 그 장엄한 나무에서 수평으로 뻗어 나와 있었다. 그 가지들이 더 수그러져서 정교하게 조각된 값비싼 대리석 담장을 손상시키는 것을 막기 위해, 땅에 시멘트로 고정된 짙은 녹색으로 칠해진 공업용 쇠기둥들이 그 가지들을 떠받치고 있었다. 보리수나무 가지마다 순례자들이 바친 비단 스카프들과 긴 줄에 꿰인 다채로운 색상의 티베트 기도 깃발들이 걸려 있었다. 어떻게 올라갔는지 노란색과 검은색 물방울무늬로 된 두 개의 여성용 양산도 나뭇가지와 둥치 사이의 갈라진 부분에 매달려 있었다. 그것 역시 또 다른 상징을 가진 봉헌물이었다.

빽빽하게 걸린 기도 깃발들을 옆으로 치우고 달라이 라마는 석재 담장과 보리수나무의 거대한 둥치 사이의 좁은 통로로 머리를 숙이고 걸어들어갔다. 나무의 아랫부분은 온통 오렌지색과 샛노란 비단 천으로 장식되어 있었다. 신도들이 매달아 놓은 황금 잎사귀들이 위에서 반짝였다. 머리 위에 세워진 청동차양이 금강좌라고 불리는 넓은 석판을 보호하고 있었다. 차양 둘레에는 반짝이는 오색 꼬마전구들이 늘어져 있었다. 달라이 라마는 무릎을 꿇고서 그 오래된 석판에 경의를 표하며 자신의 이마를 갖다 대었다.

그 금강좌는 2,500년 전 붓다가 앉아 만물 속에 깃든 공의 이치에 대해 명상한 자리였다. 그 심오한 진리를 자기 것으로 만드는 순간, 붓다는 깨달음에 이르렀다. 그것은 세상 만물이 본질적으로 텅 비어 있으며, 어떤 것도 자신만의 원인과 조건에 의해 독자적으로 존재할 수 없다는 진리에 대한 깨달음이었다.

많은 강의와 인터뷰에서 달라이 라마는 변함없이 공을 주제로 이야기하곤 했다. 그는 붓다의 모든 가르침은 자비심과 결합된 공의 사상으로 요약할 수 있다고 거듭거듭 말했다. 말하자면 이것이 행복의 공식이다. 공 + 자비 = 행복.

달라이 라마에 따르면, 우리는 먼저 세상을 있는 그대로 바라봄으로써 지혜를 얻어야 한다. 지혜는 투명한 시선을 의미한다. 지혜로운 자는 편견 없이 맑은 시선으로 자신을 둘러싼 모든 현상과 사물을 바라볼 수 있다. 그의 시선은 레이저 광선처럼 안개 속을 통과할 수 있다. 그렇게 되기 위해 우리는 반드시 공에 대한 진정한 통찰을 키워야만 한다.

그렇다면 공이란 무엇인가? 공은 단지, 사물들이 그 자신만의 독립적이고 개인적인 존재를 지니고 있지 않다는 것을 다른 식으로 표현한 것에 지나지 않는다. 끝까지 분석해 보면 어떤 것도, 사람이든 생각이든 자동차든, 그 자체만으로 홀로 외떨어져서 존재할 수 없다고 공은 말한다. 이것이 우리를 에워싸고 있는 세상을 깨어 있는 눈으로 바라보는 일이다. 이것은 매우 미묘하지만 궁극적인 진리다. 그 진리란, 독립성이 아닌 상호 의존의 원리가 우리의 삶과 우리를 둘러싼 모든 현상을 지배하고 있다는 것이다. 우리 중 어느 누구도 외딴 섬이 아니다. 세계는 서로 연결된 사건들, 사람들, 사물들로 짜여진 거대한 그물망이다. 그 연결은 얼핏 알아차리기 힘들지만, 거기 표면 바로 아래 언제나 실제로 존재하고 있다. 이 지혜를 키우는 것과 동시에 우리에게는 수단이 필요하다. 그럼 그 수단은 무엇인가? 자비의 실천이 그것이다.

자비라면 나도 잘 다룰 수 있다. 실제 생활에서 자비를 실천하는 데는 별로 소질이 없지만, 그 개념만큼은 잘 이해하고 있다. 하지만 공은 약간 문제가 다르다. 그것이 근본적이고 매우 중요한 것임은 알고 있지만, 나는 그 기본 개념에 대해 일반인이 가진 약간의 이해밖에 갖고 있지 않다. 더 구체적인 해석 앞에서는 어려움을 느낄 수밖에 없다. 어쨌든 지난 수세기에 걸쳐, 이 파악하기 어려운 고대의 사상에 대해 도서관을 꽉 채우고도 남을 만큼의 해설서가 쓰여졌다. 어쩌면 나도 그들처럼 극도로 단순화시킨 그 단어의 의미에만 매달렸는지도 모른다. 내 머릿속 사전에 의하면, '공'이라는 것은 '아무것도 없는 텅 빈 것'이다. 하지만 달라이 라마에게는 세상에 있는 모든 것, 즉 사물들, 사람들, 동물들, 생각들, 감정들, 물건들, 우리가 이름 붙인 모든 것들이 다 공이다. 모든 것은 서로 복잡하게 연결되어 있기 때문에 독립적으로 존재한다는 것은 없다. 독립적으로 존재하는 것은 없기 때문에 어떤 것도 저 혼자 존재하지 않으며, 저 혼자로 이루어진 것도 없다. 나로서는 그것이 쉽게 이해할 수 있는 개념이 아니었다.

나와의 대화 도중에 달라이 라마는 이렇게 말했다.
"붓다의 가르침에 따르면, 공에 대해 깊이 명상하고 그것을 완전하게 체험하기 전에는, 당신이 가진 파괴적인 감정들을 없애기란 매우 힘이 듭니다."

달라이 라마의 막내 동생 가리 린포체가 그 자리에 합석하고 있었다. 우리가 대화를 나누는 동안 그는 주로 듣고만 있었다. 그러다가 달라이 라마가 그렇게 말하는 순간, 그가 갑자기 끼어들어 말했다.

"빅토르 씨는 공을 별로 좋아하지 않아요. 내가 그것에 대해 설명해 준다고 해도 들으려고 하지 않아요."

달라이 라마는 그 말에 금방 웃음을 터뜨렸다.

나는 항의하듯 달라이 라마에게 말했다.

"가리 린포체는 매일 날 갖고 놀려대죠. 나는 공에 대해 관심이 아주 많습니다. 나 같은 일반인들도 이해할 수 있게 당신이 잘 설명해 주시길 바랍니다."

그러자 달라이 라마가 말했다.

"당신은 여러 해 동안 내 가르침을 들어왔소. 다람살라에도 수십 차례 왔고. 그리고 내가 하는 모든 말들을 녹음했어요. 그런데 더 어떤 설명을 바라는 겁니까? 정말 가망 없는 학생이군요."

하지만 나 혼자만 그런 건 아니었다. 유명한 텔레비전 토크쇼 진행자인 미국의 오프라 윈프리도 공을 난해하게 받아들인 사람 중 하나라는 걸 나는 알고 있었다.

2001년 5월, 나는 달라이 라마와 함께 21일 동안 미국 9개 도시를 순회 방문하는 회오리바람 같은 여행에 동행했다. 이 여행의 하이라이트는 달라이 라마와 조지 부시 미국 대통령과의 만남이었다. 두 사람이 나눈 대화 때문에 그 만남이 내 마음속에 각인된 것은 아니었다. 그것은 실질적인 만남이라기보다는 예의상의 방문에 더 가까웠다. 나는 달라이 라마가 신고 있는 신발에 깊은 인상을 받았다. 그는 인도제 고무 샌들을 펄럭이며 아무렇지도 않게

지혜로운 자의 눈 161

백악관으로 들어갔다.
 대통령과의 만남을 끝내고 달라이 라마는 호텔로 돌아왔다. 그곳에 미국의 유명한 토크쇼 진행자 오프라 윈프리가 기다리고 있었다. 그녀는 마치 작은 군대와도 같은 카메라맨들과 분장사들, 그리고 그녀가 발행하는 잡지〈오프라 매거진, O〉의 편집자들을 대동하고 있었다. 그들은 심층 인터뷰를 갖기 위해 달라이 라마의 객실로 안내되어 들어왔다.
 한 시간 동안 이어진 인터뷰의 출발은 그런대로 순조로웠다. 오프라는 달라이 라마에게 이런 질문부터 시작했다.
 "무엇인가 잘못한 일 때문에 자기 자신에게 용서를 빌어야만 했던 적이 있나요?"
 달라이 라마가 곧바로 대답했다.
 "작은 일들, 이를테면 실수로 벌레를 죽이거나 하면 그렇게 하지요."
 오프라가 의아해 하면서 말했다.
 "벌레를 죽인 일이라……. 흠, 벌레라……. 좋습니다."
 달라이 라마가 이어서 말했다.
 "특히 모기에 대한 나의 자세는 별로 바람직하지도, 평화롭지도 않습니다. 빈대에 대해서도 그렇구요."
 오프라는 지금 자신의 귀를 의심하지 않을 수 없었다.
 "그것이 전부인가요? 지금까지 살아오면서 평생 동안 스스로를 용서해야만 했던 적이 고작 그런 일들뿐인가요?"
 달라이 라마가 평온한 어조로 대답했다.
 "그밖에도 어쩌면 날마다 소소한 실수들을 저지르겠지요. 하지만 큰 잘못은 저지르지 않은 것 같군요."

"큰 잘못은 없다······."

오프라는 그의 말을 따라하며 그것에 대해 곰곰이 생각하는 표정이었다. 그녀는 잠시 침묵에 잠겨 창 밖을 바라보았다. 그녀가 마침내 다시 입을 열었을 때 그 목소리에는 처음과는 다른 경외감이 묻어 있었다.

"삶에서 후회할 일이 하나도 없으시군요. 정말이지 멋진 삶······ 훌륭한 삶이에요. 전혀 후회할 일이 없다니."

달라이 라마가 말했다.

"티베트에 헌신하며, 불교에 헌신하며, 인류에 헌신하며, 나는 내가 할 수 있는 만큼 최선을 다했습니다. 내 자신의 영적 수행에 있어서도, 수년 동안 산속에서 수행하며 일념으로 명상에 매진한 수행자들과 경험을 교류할 때도 내가 많이 뒤쳐졌다는 생각은 들지 않습니다."

오프라가 물었다.

"세상 사람들에게 명상을 권하고 싶으신가요?"

"참으로 어리석은 질문이군요."

달라이 라마의 대답은 즉각적이었을 뿐 아니라 전혀 예상치 못한 것이었다.

오프라의 얼굴이 얼어붙었다. 호텔 룸에는 일시적으로 긴장된 침묵이 감돌았다. 한 가지 생각이 모두의 머릿속을 스쳐지나갔다. 오프라 윈프리의 얼굴에다 그런 말을 대놓고 한 사람은 지금까지 아무도 없었다.

달라이 라마가 사려 깊게 말했다.

"사람들이 명상을 하는 것이 좋을까요? 나는 그렇다고 생각합니다."

잠시 멈춘 뒤 그는 말을 이었다. 오프라의 질문이 어리석은 것이긴 해도 여전히 진지한 대답을 해주고 싶은 것 같았다.

"사람들이 자신의 내면을 좀더 들여다본다면 세상을 위해서도 좋은 일이 될 것입니다. 우리는 지금 충분히 그렇게 하고 있지 않습니다. 나는 사람들이 종교를 가져야 한다고 말하는 것이 아니다. 내 말은 그런 뜻이 아니에요. 내가 말하는 건 이것입니다. 우리는 우리 내면에 잠재된 가능성에 좀더 관심을 기울여야 한다는 것입니다."

그 말에 오프라가 확연히 긴장을 풀고 대답했다.

"아, 저도 그것을 믿습니다! 제가 어리석은 질문을 한 이유가 바로 그거예요. 당신으로부터 그 말을 듣고 싶었거든요. 저도 확실히 그것을 믿어요."

방안에 있던 모두가 웃음을 터뜨렸다.

달라이 라마가 말했다.

"물론 그것은 우리가 다른 사람들에게 강요할 수 있는 것이 아닙니다. 스스로 그 일을 선택해야만 합니다."

긴장감이 사라지자 오프라는 주제를 바꾸었다.

"제가 펴내는 잡지에 저는 '내가 확실히 알고 있는 것'이라는 제목의 칼럼을 쓰고 있습니다. 당신이 확실히 알고 있는 것은 무엇인가요? 조금의 의심도 하지 않는 것 한 가지가 있다면 무엇인가요?"

주저 없이 달라이 라마가 대답했다.

"자비가 행복의 가장 큰 원천이라는 것입니다. 행복한 삶과 행복한 세상을 위한……. 그것은 조금의 의심도 없는 사실입니다."

"다른 사람에게 준 만큼 자신에게 되돌아온다는 뜻이죠? 저도 그 말씀에 동의해요."

달라이 라마가 큰 소리로 웃으며 말했다.

"우리는 동의하는 게 많으니 참으로 좋군요! 비록 다른 문화, 다른 사상, 다른 삶의 방식을 갖고 있긴 해도 우리는 언제나 똑같은 인간 존재입니다."

오프라가 물었다.

"똑같은 인간 존재라는 건 우리 모두가 같은 마음을 갖고 있다는 말씀이신가요?"

달라이 라마가 대답했다.

"그건 좀더 복잡한 문제입니다. 사람들은 진지한 성찰 없이 인간은 이렇다, 인간은 저렇다고 이야기합니다. 하지만 우리가 정말 인간에 대해 분석하면, 우리는 아무것도 발견할 수 없습니다."

"아무것도 발견할 수 없다고요?"

"그것이 불교의 공이라는 개념입니다. 공은 아무것도 존재하지 않는다는 뜻이 아닙니다. 실제로 모든 것은 존재하지만, 그것들이 어떤 방식으로 존재하는지 우리는 알아낼 길이 없습니다. 그래서 모두 공인 것이지요."

"아……."

오프라는 그 어려운 진리에 대해 잠시 생각에 잠겼다. 달라이 라마의 말이 이어졌다.

"여기 이 테이블 위에 있는 꽃병을 예로 들어 봅시다. 이 꽃병은 이곳에 존재하지만, 그것의 존재 방식을 우리는 발견할 수 없습니다. 따라서 공입니다. 그 본성 자체가 텅 비어 있지요."

나는 달라이 라마가 오프라 윈프리에게 공에 대해 좀더 충분한 설명을 해주고 싶어한다는 것을 느꼈다. 하지만 오프라는 머뭇거렸다.

"제 독자들이 이해하도록 설명하기에는 어려운 주제인 것 같군요."

그렇게 말하고 나서 그녀는 얼른 화제를 바꿔 달라이 라마에게 티베트에서의 유년 시절에 대해 묻기 시작했다.

2001년 8월 호 〈오프라 매거진, O〉 잡지에서 오프라의 독자들은 달라이 라마와의 심층 인터뷰라는 커버 스토리에 시선이 끌렸다. 하지만 그곳에 공에 대해서는 한 단어도 들어 있지 않았다. 그렇지만 오프라와의 인터뷰가 있고 나서 몇 달 뒤, 나는 인도의 순례 도시 보드가야에서 이 난해한 개념에 대해 좀더 배울 수 있게 되었다.

11
자기를 비운 사람의 아름다움

불행과 고통의 많은 부분은 우리가 지각하는 것과 실체 사이의 불일치에서 온다. 이를테면 나는 나 자신을 타인과 별개의 존재로 여긴다. 내가 그들을 사랑하든 미워하든, 내 자신이 그들과는 독립적으로 존재한다고 나는 믿는다. 인간이 갖고 있는 이기적인 행동은 바로 이런 시각에서 나온다.

 그 명성 높은 한국인 철학자는 높은 깃에 소매가 유난히 길고 품이 큰 검은색 유교식 두루마기를 말끔히 차려입고서, 달라이 라마 앞에 책상다리를 하고 앉아 있었다.

때는 2002년 1월 초였다.

우리는 북인도 보드가야의 티베트 사원 맨 꼭대기층 달라이 라마가 거처하는 방에서 티베트 방석을 깔고 앉아 있었다. 나는 그날 기분이 썩 좋지는 않았다. 달라이 라마의 독수리봉 순례에 동행하기 전에 나는 그와 적어도 두 차례의 대화 시간을 가질 예정이었다. 그런데 하버드 대학에서 공부하고 한국에서 공자에 대해 인기 있는 텔레비전 강의를 진행한다는 도올 김용옥이란 학자가 나타나 무슨 수를 썼는지 그날 아침 일찍 달라이 라마와 접견을 가졌다. 그가 달라이 라마에게 깊은 인상을 심어 준 게 분명했다. 그는 오늘 두번째 인터뷰를 허락 받은 것이다. 나는 이틀 전에 한 번 달라이 라마와 대화를 나누었으며, 당분간은 대화 일정이 잡혀 있지 않았다.

"매우 어리석은 질문인지 모르겠지만……."

그 한국인 학자는 주저하는 질문으로 달라이 라마와의 인터뷰를 시작했다. 그는 머리에 쓰고 있던, 미국 선원들 모자처럼 생긴 테 없는 둥근 검은색 모자를 벗었다. 그러자 빡빡 깎은 머리가 나타났다. 내 눈에는 50대 초반쯤으로 보였다.

조금씩 빨라지는 말투로 그 학자는 질문을 계속했다.

"전생애를 통틀어 당신은 많은 공부를 했고, 수행도 게을리하지 않았습니다. 그리고 당신은 모든 종류의 경험을 맛보았습니다. 당신은 위대한 사상가입니다. 당신의 삶에서 일어난 개인적인 일들을 말씀해 주시겠습니까? 이를테면 깨달음의 경험 같은 것에 대해?"

나는 그 질문에 약간 놀랐다. 그것은 너무 개인적이고, 어찌 보면 무례하기까지 한 질문이었다. 더구나 겨우 두번째 만남이 아닌가. 그러면서도 나 역시 대답이 궁금했다. 과연 달라이 라마가 이 낯선 이방인에게 자신의 개인적인 일들을 이야기하고, 위대한 종교적 스승들이 좀처럼 말하지 않는 것에 대해 대화를 나눌 것인가? 달라이 라마가 정말로 자신의 영적 깨달음의 경험을 들려줄 것인가?

달라이 라마는 쿠션에 약간 몸을 기대며 짐짓 엄숙한 표정으로 말했다.

"이 육신은 이제 예순여섯 해나 묵었습니다. 하지만 영적 차원에선 나는 매우 젊습니다."

그 티베트 수도승은 그렇게 말하고 나서, 자신의 농담이 재미있다는 듯 온몸을 흔들며 큰 소리로 웃었다.

다시 진지함을 되찾으며 달라이 라마가 말했다.

"하지만 물론 존재의 무상함과 공의 진리는 매우 강력하게 깨닫고 있지요. 매우 유용하게 쓰고 있기도 하구요. 특히 공의 개념에 대해서는요."

김용옥은 작은 노트를 꺼내 받아적기 시작했다. 달라이 라마는 그 한국인 쪽으로 몸을 기울이며 말했다.

"나가르주나에 따르면, 공이란 상호 의존 또는 상호 연결되어 있음을 의미합니다."

나가르주나는 2세기경의 인도인 스승으로, 그의 가르침은 티베트 불교의 토대가 되었다.

달라이 라마의 말이 이어졌다.

"공은 아무것도 없음을 의미하는 것이 아닙니다. 공은 텅 빈 것이 아니라 가득 차 있습니다. 공의 진리를 깨닫는 것, 공에 대한 앎을 터득하는 것……. 나는 내 자신이 공에 대해 약간의 지적인 이해를 갖고 있다고 생각합니다. 공은―당신은 그것을 상호 의존으로도 생각할 수 있습니다만―우리의 시각을 넓혀 줍니다. 세상을 바라보는 우리의 시각, 그리고 우리 자신의 삶을 바라보는 시각을. 그것은 실제로 넓어집니다. 전체적인 시각을 갖는 데 그것은 큰 도움이 됩니다."

달라이 라마는 잠시 한국인으로부터 시선을 돌려 통역 담당 승려인 락도르에게 티베트 어로 뭐라고 말했다. 그러자 달라이 라마 옆의 바닥에 앉아 있던 락도르가 그 학자에게 물었다.

"커피? 아니면 차를 드시겠습니까?"

그 학자가 말했다.

"아무거나. 어…… 차로 주십시오."

달라이 라마가 즉석에서 고민을 덜어 주었다.

"커피를 드려야 할 것 같은데."

그러자 김용옥은 얼른 생각을 바꾸었다.

"아, 그럼 커피로 하죠."

달라이 라마가 짓궂게 웃으며 말했다.

"하버드가 한국인 한 사람을 미국인으로 만들어 버렸군요."

달라이 라마의 농담에 그 한국인은 다시 차를 달라고 정정했다. 그러면서 말했다.

"맞습니다. 난 너무 미국식으로 변하긴 했지요. 하지만 비록 내가 외국의 대학에서 교육을 받긴 했지만, 한국에선 나를 누구보다도 전통적인 사람으로 여깁니다."

달라이 라마가 고개를 끄덕이며 말했다.

"그건 아주 좋습니다. 아주 좋은 일이에요."

김용옥이 자신의 윤기 나는 검은색 두루마기를 두드려 보이며 말했다.

"이 옷만 해도 내 손으로 직접 디자인한 것입니다. 평소에도 나는 전통적인 복장만 입습니다. 서양 스타일 옷은 절대로 입지 않습니다."

김용옥은 두 명의 사진사와 한 명의 비서를 인터뷰에 대동하고 나타났다. 그중 한 젊은 사진사는 측면에서 부지런히 셔터를 누르고 있었다. 이때 김용옥이 달라이 라마에게서 시선을 떼고 그 사진사에게 뭐라고 간단히 말하자, 그 청년은 얼른 달라이 라마 뒤편으로 이동해 자신의 고용주에게 더 잘 초점을 맞출 수 있도록 위치를 잡았다.

달라이 라마는 어서 인터뷰를 계속하고 싶어했다. 그는 카메라 플래시에는 상관하지 않고 그 한국인에게 말했다.

"자, 공의 원리와 자비에 대해 이야기해 봅시다. 물론 처음에 우리는 지적인 차원에서 이 개념들을 이해합니다. 또한 자비가 가진 긍정적인 면과, 이기심이 가진 파괴성을 알아갑니다. 그렇게 되면 결국 그러한 이해가 우리의 감정에 영향을 미치게 됩니다. 우리의 감정이 서서히 변화하는 것입니다. 이것이 불교에서 전통적으로 사용하는 방식입니다. 이성을 사용하고, 지적인 분석을 활용하는 것이지요.

따라서 자비와 공의 원리에 대해 내가 작은 경험을 갖고 있다고 합시다. 그 경험은 틀림없이 나에게 혜택을 가져다줍니다. 아주 큰 혜택을……. 그렇게 되면 그 작은 경험을 통해 나는 완전한 확신을 갖게 됩니다. 내가 좀더 자비의 수행을 실천하면 훨씬 더 큰 혜택이 내게 돌아오리라는 것을. 그것은 보장된 일입니다. 이런 면을 더 발달시켜 나감으로써, 당신은 마음의 평화와 행복을 얻을 수가 있습니다."

이때 한국인 학자가 물었다.

"공에 대해 좀더 설명해 주실 수 있으시겠습니까?"

나는 그가 오프라 윈프리와 나처럼 그 개념을 어려워하는 것을 보고 내심 반가운 마음이 들었다.

달라이 라마가 한국인 방문객에게 설명을 시작했다.

"실체의 두 가지 차원이 있습니다. 실체의 한 가지 차원은 이것입니다. 당신이 보다시피, 이것은 탁자입니다."

달라이 라마는 두 사람 사이에 놓인 낮은 탁자를 왼손으로 가볍게 쓰다듬었다. 그런 다음 자신이 하루 종일 즐겨 마시는 따뜻한 물이 담긴 머그 잔을 손짓해 보였다.

"그리고 이것은 물입니다."

그 한국인이 말했다.

"일반적인 차원에서는 그렇지요."

그러자 달라이 라마가 머그 잔을 곧바로 자기 앞에 옮겨 놓으며 말했다.

"자, 그럼 이 일반적인 차원의 실체가 존재한다는 것을 어떻게 증명할 수 있을까요? 이 물은 존재합니다. 나는 이것이 물이라는 것을 보고, 느낍니다."

달라이 라마는 탁자로 더 몸을 기울여 머그 잔을 들여다보며, 강조하기 위해 집게손가락으로 두세 차례 그 안을 가리켜 보였다. 그러더니 아예 안경을 벗고 허리까지 몸을 굽혀 머그 잔 바로 위로 얼굴을 갖다 대었다.

그리고는 말했다.

"두번째로 바라보아도, 여전히 물입니다."

달라이 라마는 몸을 똑바로 하고서 안경을 도로 쓴 뒤, 오른쪽 양탄자 위에 앉아 있는 통역관 락도르를 손짓했다.

"다른 사람에게 물어봐도, 역시 물이라고 할 겁니다. 그때 우리는 그것을 사실이라고 받아들이게 됩니다."

김용옥이 지적했다.

"당신은 지금 일반적인 차원의 진리를 설명하시고 계신 것입니다."

달라이 라마가 말했다.

"그렇습니다. 이것이 일반적인 진리입니다. 그런데 갑자기 내가 과일 주스를 보았다고 합시다. 물 대신, 이 머그 잔에 과일 주스가 가득 차 있는 걸 본 겁니다."

달라이 라마는 다시 안경을 벗었다. 그런 다음 손등으로 눈을 비비고 나서 다시 한 번 그 머그 잔 위로 몸을 구부렸다.

"그런데 좀더 자세히 보았더니, 보이는 건 물뿐입니다. 따라서 이것은 처음에 본 것이 잘못되었음을 증명해 줍니다. 그 노란색 과일 주스는 잘못 본 것이지요. 더 자세히 보았을 때, 과일 주스는 그곳에 없습니다."

달라이 라마는 다시 안경을 쓰고 나서 자신이 하는 말을 충분히 이해하고 있는지 보기 위해 잠시 한국인 학자를 살폈다. 그는 지금 우리가 날마다 감각을 통해 지각하고 있는 것들이 의심스러운 것일 수 있다고 말하고 있었다. 신체적인 결점, 속기 쉬운 빛의 조건 등이 우리로 하여금 사물을 부정확하게 바라보도록 만들 수 있다는 것이었다.

달라이 라마는 손가락으로 머그 잔을 가리키며 다시 그 학자에게 말했다.

"또 다른 예를 들어 봅시다. 만일 내가 색맹이라면, 나는 언제나 이 잔을 검은색으로 바라볼 겁니다. 오늘도 검은색 머그 잔을 보고, 오늘 오후에도 검은색 머그 잔을 보겠지요. 하지만 그래도 확신이 서지 않습니다. 그래서 누군가에게 묻습니다.

'이 머그 잔을 좀 봐요. 이것이 무슨 색이죠?'

만일 그 사람이 이 잔이 검은색이라고 확인해 주면, 그때는 그 것이 일반적으로 확인된 진리가 되는 것입니다. 이 잔은 검은색이

라고 말입니다."

달라이 라마는 락도르뿐만 아니라 그 학자가 대동하고 나타난 두 명의 사진사까지 가리켜 보이며 말했다.

"하지만 만일 두번째 사람, 세번째 사람, 네번째 사람 모두가 '이것은 노란색이다.' 하고 말한다면, 비록 내가 이것을 항상 검은색으로 보고 있다고 해도 내 눈이 뭔가 잘못된 것이 틀림없습니다. 실체는 검은색이 아닌 겁니다. 바로 이런 식으로 나는 언제나 진리를, 일반적인 진리를 발견하려고 노력합니다. 이성적인 탐구를 통해서죠."

달라이 라마는 지금 자신의 가슴이 소중히 여기는 것을 설명하고 있었다. 그것은 과학적이고 합리적으로 세상을 바라보는 일이었다. 달라이 라마는 어설프고 반쯤 익은 사상으로 자신을 무장하는 사람이 아니었다. 어쨌든 그는 젊은 시절 10년 이상 집중적으로 논리학을 공부한 사람이었다. 그가 지금 설명하고자 하는 것은 이것이었다. 우리는 모든 일에 의미와 의의를 부여함으로써 세상을 이해하고 해석한다. 하지만 우리의 경험이 우리가 세상을 어떻게 보는가에 영향을 미친다. 왜곡됨 없이 사물을 이해하기 위해서는 과학적으로 엄밀하게 살펴볼 필요가 있다.

달라이 라마가 새끼손가락으로 자신의 머그 잔을 가리키며 말했다.

"이제 우리 궁극적인 차원의 실체를 살펴봅시다. 이 머그 잔은 대체 무엇일까요?"

달라이 라마는 한국인 학자 쪽으로 아주 가까이 몸을 기울이고 강렬한 눈빛으로 그를 응시했다. 그리고는 말했다.

"우리는 색깔과 형태를 봅니다. 하지만 만일 이 형태와 색깔, 재료 등을 제거해 버린다면 머그 잔은 무엇일까요? 머그 잔은 어디에 있습니까? 이 머그 잔은 원자, 전자, 소립자 같은 입자 알갱이들이 모여 만들어진 것입니다. 하지만 각각의 입자들은 머그 잔이 아닙니다. 우리가 사는 세상, 네 개의 원소, 모든 것에 대해서도 같은 식으로 말할 수 있습니다. 붓다도 마찬가지입니다. 우리는 붓다를 발견할 수 없습니다. 따라서 그것이 궁극적인 실체입니다. 만일 우리가 일반적인 실체관에 만족하고서 더 깊이 파고들어가 진정한 실체를 발견하려고 노력하지 않는다면, 결국 그것을 찾지 못할 것입니다."

이런 식으로 달라이 라마는 그 머그 잔이 공이라고 말하고 있었다. '머그 잔'이라는 단어는 단지 우리가 날마다 사용하는 그 실체를 묘사하기 위해 붙인 하나의 이름표에 불과하다. 각각의 머그 잔은 원인과 조건의 복잡한 그물망에 의해 존재를 갖게 된 것이다. 그것은 독립적으로 존재하지 못하며, 혼자의 의지만으로는 스스로 존재를 가질 수 없다.

예를 들어, 내가 검은색 머그 잔을 만들기로 마음먹었다고 해보자. 그러기 위해서는 검은색 진흙과 물을 개어 맘에 드는 형태로 빚은 뒤 가마에 넣고 구워야 한다. 이런 나의 행동 덕분에 진흙과 물을 합한 것이 머그 잔이 되었다. 하지만 그것은 또한 원자들과 분자들이 무수히 다른 방식으로 작용한 결과 존재를 갖게 된 것이다. 그렇다면 그 검은색 머그 잔의 창조자인 나는 어떠한가? 만일 나의 부모님이 서로 만나지 못했다면, 그 검은색 머그 잔은 결코 존재하지 않게 되었을 것이다.

그러므로 그 머그 잔은 독립적으로 존재하는 것이 아니다. 그것은 복잡한 관계들의 그물망을 통해서만 존재를 갖게 된다. 달라이 라마 자신의 표현을 빌리면, 그리고 이것이 그가 가진 세계관의 핵심이기도 한데, 그 머그 잔은 '발생에 있어서 다른 것에 의존하고' 있다. 그것은 자력에 의해서가 아니라 무수히 많은 요인들 때문에 머그 잔이 되었다. 그것은 본래 비어 있다. '비어 있다'는 것은 '본래의 존재가 본질적으로 비어 있다'는 것의 줄임말이다. 또는 그것을 다른 방식으로 표현하면, 비어 있다는 것은 서로 의존하고 있다는 말과 동의어다.

달라이 라마의 눈은 결코 그 한국인의 얼굴을 떠나지 않았다. 그 시선이 너무도 강렬해 숨이 막힐 정도였다. 사진사들의 부자연스런 움직임이나 셔터를 눌러대는 요란한 소리도 그의 집중력을 방해하진 못했다.

그렇다면 왜 우리는 공의 진리에 대해 신경을 써야만 하는가? 그것이 우리의 실제 삶과 대체 무슨 관계가 있는가? 달라이 라마에게는 세상과 사물을 어떻게 지각하는가가 가장 중요하다. 우리의 불행과 고통의 많은 부분은 우리가 지각하는 것과 실체 사이의 불일치에서 온다. 이를테면 나는 나 자신을 별개의 존재로 여긴다. 나는 내 딸, 내 아내, 내 적과 다르다. 내가 그들을 사랑하든 또는 미워하든, 내 자신이 그들과는 독립적으로 존재한다고 나는 믿는다. 전생애에 걸쳐 그런 식으로 믿도록 조건지워지기 때문에, 나와 타인들 사이에 분명한 구분이 있다는 생각에는 조금의 의심도 없다. 모든 인간이 갖고 있는 이기적인 행동은 바로 이런 시각에서 나온다.

하지만 만일 달라이 라마의 시각을 받아들인다면, 나의 존재는 수많은 사건들과 사람들, 원인과 조건들의 무한히 복잡한 결합에 전적으로 의존하고 있음을 알 수 있다. 그것들 중 하나만 달라졌어도 나는 전혀 다른 방식으로 존재하게 되었을 것이다. 만일 나의 부모가 라싸에서 태어났다면, 나는 아마도 중국인보다는 티베트인으로 태어났을 것이다. 내가 1972년 아프가니스탄에서 납치되는 일을 겪지 않았다면, 나는 아마 달라이 라마를 만나지도 못했을 것이다.

이런 시각에서 보면, '나'와 '타인'이라는 개념은 관계에 있어서만 의미를 가질 뿐이다. 달라이 라마에게 있어서 실체의 본질, 실체의 핵심은 사람과 사람 사이, 그리고 사람과 사물 사이의 근본적인 상호 연결이다. 이것이 그가 주위 세상을 바라보는 방식이다. 반세기가 넘도록 그는 자기 존재의 심장부에서, '너의 이익'과 '나의 이익'이 도저히 분리될 수 없게 연결되어 있음을 굳게 믿어 왔다. 그것들은 명백하게 서로 교차한다. 그가 평생 동안 다른 사람들의 행복을 위해 헌신한 이유가 거기에 있다. 그는 이것을 한 차원 높은 자기 이익이라고 부른다. 그는 타인을 도우면 자기 자신이 누구보다 먼저 그 혜택을 받게 될 것임을 의심하지 않는다.

인터뷰가 막을 내릴 시간이 되었다. 한 시간 넘게 달라이 라마는 김용옥에게 자신이 지난 세월 동안 어떻게 이성적이고 논리적인 접근으로 아기가 걸음마를 떼어놓듯 한 걸음씩 영적인 수행에 접근했는가를 참을성 있게 설명했다. 그는 이성적인 분석의 중요성을 강조했다. 그리고 불교의 근본 철학인 자비와 공에 관심을 갖고 수행하면 누구나 진정한 행복에 이를 수 있다고 역설했다. 하지만 달라이 라마는 끝내 한국인 철학자가 질문한 자신의 깨달음의 경험에 대해서는 말하지 않았다.

우리가 자신만 생각하고 타인을 잊어버린다면, 우리의 마음은 매우 좁은 공간만을 차지한다. 그 작은 공간 안에서는 작은 문제조차 크게 보인다. 하지만 타인을 염려하는 마음을 키우는 순간, 우리의 마음은 자동적으로 넓어진다. 이때는 자신의 문제가 설령 아무리 큰 것이라 해도 별로 크게 느껴지지 않는다.

12
지혜와 자비는 새의 두 날개

 달라이 라마는 보드가야의 티베트 사원 꼭대기에 있는 자신의 소박한 거처를 나서, 외부로 나 있는 2개 층의 계단을 걸어내려와 비좁은 사원 마당에 이르렀다. 흰색 앰배서더 자동차 한 대가 그곳에 주차되어 있었다. 인도의 여느 도시들에서 흔히 볼 수 있는 남루한 택시들과 다를 바 없어 보이는 차였다. 하지만 이 차는 색이 입혀진 두꺼운 유리창이 총알을 튕겨낼 정도로 철저히 방탄 장치가 되어 있는 특수차였다. 최근 몇 달 동안 보드가야 근처에서 과격한 모택동주의자들이 소요를 일으켜 왔다. 뿐만 아니라 인도에서 가장 빈곤한 주인 비하르의 이 지역은 무장 강도가 빈번히 출몰하는 것으로도 유명했다. 이 방탄용 차는 달라이 라마가 보드가야를 비롯해 근처 다른 불교 성지를 순례하는 동안 사용하라고 델리의 인도 정부가 가까운 도시인 럭나우에서 공수해 온 것이었다.

달라이 라마는 그 차를 그냥 지나쳐 사원 밖으로 걸어나갔다. 50명이 넘는 일행이 즉각적으로 그를 따랐다. 그 속에는 몇 명의 고승들도 있었고, 그의 측근들과 수행원들, 그리고 인도인과 티베트 인으로 구색을 갖춘 경호 요원들도 있었다. 사원 밖의 보드가

야 중심 지역은 이미 통제된 상태였다. 존경받는 티베트 지도자를 먼 발치에서라도 보려고 참을성 있게 기다리고 있는 수많은 순례자들과 지지자들이 차도로 밀려나오지 못하도록 경찰이 지켜서 있었다. 경찰은 자동차든 자전거 릭샤든 통행을 일체 허용하지 않았다.

달라이 라마는 붓다가 깨달음을 얻은 자리에 세워진 성스런 마하보디 사원까지의 이 짧은 산책을 즐겼다. 이것은 일반 사람들과 접촉할 수 있는 기회였다. 이따금씩 그는 경호원들로부터 벗어나 군중 속 사람들과 인사를 나누곤 했다.

대부분 여인들로 구성된 한 무리의 걸인들이 사원 문 밖에 웅크리고 앉아 있었다. 여인들은 색색의 사리를 입고 있었고, 나이가 불분명했다. 그들은 인도의 불가촉 천민들이었으며, 달라이 라마가 거대한 군중 앞에서 수행하게 될 11일간의 티베트 불교 최대 의식인 2002년 칼라차크라 입문 행사에 맞춰 먼 거리를 여행해 보드가야까지 온 것이었다.

한 가지만은 확실했다. 걸인들은 달라이 라마가 이곳에 있는 동안은 굶주리지 않으리라는 걸 잘 알고 있었다. 또한 2주간의 대규모 행사가 성황리에 끝나면 각자가 두둑한 루피(인도의 화폐 단위. 1루피는 30원 정도) 다발을 들고 고향으로 돌아가게 되리라는 것도 알고 있었다.

걸인들은 달라이 라마가 다가오는 것에는 거의 시선을 주지 않았다. 대신 그들의 관심은 샛노란 색으로 착색한 쌀이 가득 든 커다란 알루미늄 양동이를 들고 그들을 향해 걸어오고 있는 대여섯 명의 티베트 인들에게 온통 집중되어 있었다. 빠르고 숙달된 동작으로 두 명의 젊은이가 걸인들이 내미는 양은 그릇에 듬뿍듬뿍 쌀을 퍼주었다. 이 의식은 하루에 두 번씩 치러졌다. 빠르게 움직이는 이 티베트 인들 옆에서는 불구자가 된 대여섯 명의 소년들이 손과 무릎을 부지런히 놀리며 땅바닥을 기어서 따라왔다. 성냥개비 같은 다리들이 아이들의 빼빼 마른 몸통 뒤에서 꼬리처럼 리드미컬하게 흔들렸다. 이 소년들 역시 배를 굶지 않을 것이었다. 달라이 라마가 이 도시에 있는 동안에는.

사원 법당 입구에서 달라이 라마는 고무 샌들을 벗고, 수행원이 바닥에 깔아 놓은 진황색 비단 담요 위에서 삼배를 올렸다. 그런 다음 좁은 복도를 지나 한쪽 끝에 커다란 불상이 모셔져 있는 작은 법당 안으로 들어갔다.

달라이 라마는 불단 위에서 자기를 굽어보고 있는 불상 앞으로 다가갔다. 그리고 다시 삼배를 올렸다. 눈이 부시도록 밝은 샛노란 승복을 입은 한 무리의 스리랑카 승려들이 주위를 맴돌고 있었다. 그들은 이 마하보디 사원의 공식 관리인들이었다. 작은 법당 안에는 밤색 승복을 입은 열 명 가량의 티베트 고위 라마승들과 몇 명의 티베트 경호원들이 전부였다. 외부 공기가 차단된 상태에서, 강렬하고 짙은 향냄새와 그동안 방문한 헤아릴 수 없이 많은 신도들이 남기고 간 쉰내 나는 체취가 뒤섞여 숨이 막혀 올 지경이었다.

나는 달라이 라마의 경호실장인 셍게 랍텐 옆에 서 있었다. 키가 작달막하고 상고머리를 한 그 가라테 유단자는 발끝으로 서서 벽에 걸린 환풍기를 조정하려고 애쓰고 있었다. 몇 번을 만지작거린 끝에, 마침내 그는 달라이 라마 쪽으로 공기를 보내는 데 성공했다. 그 공기 역시 퀴퀴하긴 마찬가지였다. 바깥에서 나는 거대한 군중의 소리가 그곳까지 들려왔다. 무장한 군인들이 그 군중을 막아서고 있었다.

스리랑카 승려 한 명이 달라이 라마에게 불이 붙은 작은 막대기를 건넸다. 놋쇠 촛대에 꽂힌, 나선형 모양의 자주색 초 두 개가 불상 앞 받침대 위에 놓여 있었다. 달라이 라마는 조심스럽게 하나씩 불을 붙였다. 그런 다음 불상을 올려다보며 존경의 표시로 오른손을 들어올렸다.

나는 곁눈질로 그 고대 석조 불상을 살펴보았다. 그 불상은 19세기 영국 고고학자들에 의해 발굴되었을 때 머리가 몸체에서 잘려진 상태였다. 그들은 시멘트로 머리를 다시 붙여 사원 법당 안에 모셔 놓았다. 처음 그 중요한 불상을 보았을 때, 달라이 라마는 확연히 눈에 띄는 그 접합 부위가 마음에 걸렸다. 그래서 그는 불상을 황금색으로 칠하라고 상당한 액수를 기부했다. 인도 고고학 협회가 이의를 제기했지만, 결국 종교적 예민함이 승리를 거두었다. 불상 뒤쪽 벽은 푸른색으로 칠해져 있었고, 부드러운 조명 덕분에 마치 완벽하게 푸른 하늘을 담고 있는 커다란 창 같은 효과를 내고 있었다. 나는 불상의 목 주위에서 그 금간 부분을 찾으려고 했지만 아무것도 발견할 수 없었다.

다시 법당 밖으로 나온 달라이 라마는 오른쪽으로 방향을 돌려 시계 방향으로 사원의 중앙탑을 돌았다.

사원 정문에 이르기 직전 그는 돌연 오른쪽으로 방향을 틀어 안전 요원들과 몸싸움을 벌이고 있는 큰 무리의 티베트 인들 쪽으로 다가갔다. 경호원을 옆에 대동하고서 그는 땅바닥에 앉아 있는 한 젊은이에게로 향했다. 젊은이 옆에는 몽골인의 얼굴을 하고 머리를 양쪽으로 길게 땋은 늙은 여인이 서 있었다.

20대 초반으로 보이는 그 젊은이는 손에 흰색 지팡이를 들고 있었다. 비록 두 눈을 뜨고는 있었지만 달라이 라마는 그가 장님이라는 사실을 짐작할 수 있었다. 달라이 라마는 몸을 굽혀 젊은이의 손을 잡고서 저음의 굵은 목소리로 말을 건넸다. 그는 이 앞 못 보는 젊은이가 어디서 왔는지 그동안 치료를 받아 보기는 했는지 알고 싶어했다. 나는 수많은 군중들 틈에서 권리를 빼앗긴 사람들, 장애를 지닌 사람들을 발견하는 달라이 라마의 놀라운 능력에 경탄했다.

나중에 나는 롭상 틴리라는 이름의 그 젊은이가 자신의 어머니와 함께 티베트 북동부에 있는 암도 지방의 마헨에서 왔다는 사실을 알았다. 그는 열다섯 살에 넘어져서 심한 뇌진탕을 겪은 뒤 시력을 잃었다. 한차례 수술을 해서 부분적으로 시력을 되찾긴 했지만 얼마 가지 않아 다시 장님이 되었다. 수년 동안 그의 어머니는 아들을 치료하기 위해 백방으로 노력했다. 쳉두와 베이징의 큰 병원으로 데려가 재수술을 받게 하고, 침과 뜸 요법으로도 치료했다. 하지만 아무런 소용이 없었다. 시신경이 심한 손상을 입어 다시는 앞을 못 보게 되리라는 말만 들었을 뿐이었다.

2002년 초 보드가야에서 달라이 라마가 15년 만에 처음으로 칼라차크라 입문 행사를 이끌 것이라는 말을 듣고 아들은 꼭 그곳에 가기로 마음먹었다. 그는 달라이 라마 가까이에 있고 싶었고, 그의 법문을 듣고 싶었다. 가족과 친구들은 그를 말리려고 애를 썼다. 티베트 북동부에서 히말라야를 넘어 네팔을 거쳐 인도까지 간다는 것은 힘들고 위험한 여행이었다. 하지만 그는 들으려 하지 않았다. 젊은이의 어머니는 자신이 가진 보석과 가축을 전부 팔고 친척들로부터 돈을 빌려 여행에 쓸 비용을 긁어모았다. 그녀는 아직도 아들이 언젠가는 시력을 되찾게 되리라는 희망을 간직하고 있었다. 어쩌면 불교의 탄생지인 인도에서 행운을 얻게 될지도 모를 일이었다.

　달라이 라마는 어머니와 아들과 잠깐 얘기를 나눈 뒤, 떠나려고 몸을 돌렸다. 젊은이는 달라이 라마의 손을 차마 놓지 못하고 한 순간이라도 더 붙잡고 있었다. 달라이 라마는 수행원 중 한 사람에게 말을 했다. 그는 자신의 개인 주치의 중 한 사람이며 다람살라의 델렉 병원 원장인 체텐 도르제 사두샹이 이 젊은이를 진찰해 무슨 도움을 줄 수 있나 알아보기를 원했다.

　그리고 나서 달라이 라마는 마하보디 사원을 떠나 티베트 사원으로 걸어서 돌아갔다.

　달라이 라마가 보드가야에서 그 눈먼 젊은이를 만나고 난 이틀 뒤, 나는 평소처럼 티베트 사원 2층의 작은 식당에서 저녁을 먹고 있었다. 달라이 라마의 비서실 직원에서부터 경호 요원들에 이르기까지 모든 수행원들이 그곳에 모여 다 함께 식사를 했다. 저녁 메뉴는 대개 소박한 만두와 야채를 넣은 국수로 이루어진 전통적인 티베트 음식이었다.

　내가 국수를 먹기 시작했을 때, 체텐 도르제 사두샹이 내 옆으로 미끄러지듯 다가와 앉았다. 우리는 두 해 전 다람살라 북부의 고대 티베트 왕국인 스피티에서 처음 만났다. 잘 알려진 대로 체텐 박사는 강렬하고 대꼬챙이처럼 마른 사람이었다. 그에게선 언제나 학자풍의 사색하는 분위기가 떠나지 않았으며, 늘 사려 깊고 신중한 어조로 말했다. 그는 대체로 혼자 지내는 편이었지만, 때로는 놀라울 정도로 사교적이었다.

나는 그에게 티베트에서 온 그 앞못보는 젊은이 롭상 틴리에 대해 물었다.

체텐 박사가 말했다.

"달라이 라마로부터 지시를 받았습니다. 하지만 그 눈먼 젊은이를 진찰하러 가기도 전에 누군가 내게 와서 한 가지 소식을 전했습니다. 남인도의 드레풍 사원에서 온 한 젊은 티베트 수도승이 그 청년에게 안구를 기증하길 원한다는 것이었습니다."

나는 너무 놀라 소리를 내며 국수 그릇을 내려놓았다. 다른 사람들이 들었나 싶어 주위를 둘러보았지만 아무도 눈치채지 못한 듯했다. 하버드 대학에서 공부한 그 의사가 말했다.

"네, 놀라운 일이지요. 지금까지 그런 이야기는 한 번도 들어본 적이 없습니다. 안구 기증이야 충분히 있을 수 있는 일이죠. 이미 사망한 사람으로부터라면 말입니다. 하지만 살아 있는 사람이 자신의 안구를 기증한 경우는 거의 없습니다."

한참 동안 침묵을 지킨 뒤, 내가 물었다.

"그 두 사람이 서로 아는 관계인가요?"

"두 사람은 순례 중에 사르나트에서 만나 곧바로 함께 기차를 타고 보드가야로 왔답니다. 며칠 동안 알고 지낸 사이일 뿐이죠."

내가 물었다.

"당신은 그 눈먼 젊은이를 만나 보았나요?"

"그럼요. 티베트에서 온 순례자들이 머물고 있는 야영 막사로 찾아갔었습니다. 마하보디 사원 바로 뒤편에 천막들을 치고 2,3백 명의 사람들이 모여 있더군요. 그들은 모두 가까스로 히말라야를 넘어 네팔로 와서는 국경 수비대에게 뇌물을 주고 인도로 넘어온 사람들이지요. 그 눈먼 젊은이는 그중 한 천막에서 열 명 남짓한 사람들과 함께 생활하고 있었습니다. 젊은이의 어머니는 내가 그곳에 있는 동안 내내 눈물을 흘리더군요."

"그의 시력 상태를 살펴보았나요?"

"아니오. 그건 불가능했습니다. 불빛도 어둡고, 진찰 기구도 가져가지 않았거든요."

"그 젊은이에게 수도승의 제안에 대해 말해 주었나요?"

"그도 이미 알고 있더군요. 나는 그에게 먼저 그의 눈에 무엇이 잘못되었는지 알아내기 위해 철저히 검사를 해봐야 한다고 말했습니다. 그리고 안구가 맞는지, 이식이 가능한지 알기 위해 두 사람 다 검사를 받아야 한다고 말했습니다."

나는 다시 국수 그릇을 집어 들었다. 체텐 박사는 자신의 국수 그릇을 가만히 들여다보고 있었다. 그는 아직 몇 젓가락 뜨지도 않은 상태였다. 그가 말을 이었다.

"그 눈먼 젊은이는 자신이 그 안구 기증에 대해 오랫동안 깊이 생각해 보았다고 했습니다. 물론 그는 형언할 수 없이 깊은 감동을 받았습니다. 하지만 그는 결국 그 제의를 거절할 수밖에 없다고 말했습니다. 자신은 장님이 된 뒤에 여러 해 동안 말할 수 없는 고통을 받았는데, 또 다른 사람이 자신과 똑같은 고통을 겪어야만 한다는 사실을 도저히 받아들일 수가 없다고 하더군요."

체텐 박사는 그 다음날 드레풍 사원에서 온 수도승들이 머물고 있는 천막을 찾아갔었다고 했다. 자신의 눈을 기증하겠다고 제의한 체링 돈둡을 만나고자 했으나, 그 수도승은 외출하고 없었다.

체텐 박사가 말했다.

"어제 나는 달라이 라마를 뵈러 가서 그 수도승의 제안에 대해 말씀드렸습니다."

"그가 어떤 반응을 보이시던가요?"

체텐 박사가 나지막히 말했다.

"그건 내 삶에서 가장 소중한 순간 중 하나였습니다. 그 수도승에 대한 이야기를 미처 끝내기도 전에 나는 그의 내면 깊은 곳으로부터 무한히 큰 감정이 일고 자비의 물결이 흘러나오는 걸 느꼈습니다. 그것은 마치 물질적인 실체를 갖고 있는 것처럼 너무도 생생하게 느껴졌습니다. 하지만 그는 한 마디의 말도 하지 않았습니다. 내 눈에서 눈물이 흘러내리기 시작했습니다. 전에는 그런 것을 느껴 본 적이 한 번도 없었습니다. 너무도 강렬한 자비의 마음이 나를 감싸 내 안으로 스며들었습니다."

자비는 달라이 라마가 다시 또다시 되돌아오곤 하는 주제다. 내가 지금까지 들은 그의 강연이나 설법 중에서 자비에 대해 길게 설명하지 않은 경우는 단 한 번도 없었다. 나는 또 그가 지난 반세기 동안 하루도 빠짐없이 매일 새벽 자비에 대해 명상해 왔음을 알고 있다.

락도르를 옆에 합석시키고 다람살라에서 가진 대화에서 나는 달라이 라마에게 자비에 대한 그의 개념을 다시 한 번 설명해 달라고 부탁했다.

달라이 라마가 말했다.

"자비는 다른 사람의 어려움과 고통을 염려하고 걱정하는 마음입니다. 가족과 친구만이 아니라 다른 모든 사람에 대해서 말입니다. 적들도 예외가 될 수 없습니다. 우리의 감정을 잘 분석해 보면 한 가지 사실이 분명해집니다. 만일 우리가 자신만 생각하고 다른 사람들을 잊어버린다면, 우리의 마음은 매우 좁은 공간만을 차지합니다. 그 작은 공간 안에서는 작은 문제조차도 매우 크게 보입니다. 하지만 당신이 다른 사람들을 염려하는 마음을 키우는 순간, 당신은 그들 역시 당신 자신과 마찬가지로 행복을 원한다는 사실을 깨닫게 됩니다. 당신이 이런 염려하는 마음을 가질 때, 당신의 마음은 자동적으로 넓어집니다. 이 시점에서는 당신 자신의 문제가 설령 아무리 큰 것이라 해도 별로 중요하게 느껴지지 않습니다. 그 결과는 무엇일까요? 마음의 평화가 훨씬 커지는 것이지요. 따라서 만일 당신이 자기 자신만을, 자신의 행복만을 생각한다면 실제로는 덜 행복해지는 결과가 찾아옵니다. 당신은 더 많은 불안, 더 많은 두려움을 갖게 됩니다.

따라서 이것이 내가 자비의 효과로 여기는 것입니다. 만일 당신이 진정한 행복을 원한다면, 그것을 얻기 위해 당신이 어떤 방법을 사용해도 나름대로 가치가 있을 것입니다. 그러나 가장 좋은 방법은 이것입니다. 당신이 타인에 대해 생각할 때 당신은 최대의 이익을 얻는 첫번째 사람이 될 것입니다."

나는 달라이 라마에게 어떻게 그런 자비에 대한 이해에 이르게 되었는지 물었다.

지혜와 자비는 새의 두 날개

그가 말했다.

"내가 강렬한 자비의 경험을 했을 때는 서른두 살이었습니다. 1967년 나는 한 고승으로부터 산티데바(티베트 이름은 쉬발라, 7세기 인도의 불교 시인)의 〈보살의 삶의 길〉(《입보리행론》. 티베트에서 보살의 이상을 공부하고 수행할 때 반드시 읽어야 하는 표준 경전)에 대한 가르침을 받았습니다. 그때 이후로 나는 자비에 대해 읽고 명상했습니다. 내 마음은 점점 그것에 가까워졌고, 그것에 대한 내 느낌도 매우 강해졌습니다. 이타적인 마음의 의미와 이익에 대해 생각할 때면 종종 눈물이 났습니다."

그는 락도르에게 몸을 돌려 티베트 어로 말하기 시작했다. 락도르가 통역했다.

"나 자신의 이해를 바탕으로 그 시기부터 내 안에 자비의 마음이 커져 갔습니다. 자비에 대해 명상할 때, 나는 때로 기쁨과 감사의 마음으로 가득 차곤 했습니다. 그리고 다른 사람들에 대한 강한 염려의 마음과 함께 연민의 감정이 뒤따랐습니다."

내가 달라이 라마에게 물었다.

"1967년 이후 자비의 마음이 커지게 된 또 다른 분수령이 있었나요?"

"계속 있었지요."

그는 영어로 대답하고 나서 다시 락도르를 통해 티베트 어로 말하기 시작했다.

"1980년대 후반에, 나의 자비에 대한 체험은 점점 더 강렬해졌습니다."

나는 달라이 라마가 자신의 영적인 성취에 대해 나에게 직접 말하기를 주저한다는 것을 알아차렸다. 어쩌면 자신이 자랑하는 듯한 인상을 줄까봐 염려했는지도 모른다. 그는 락도르를 통해 말하는 것을 훨씬 더 편안해 하고 있었다.

내가 물었다.

"그 무렵부터 자비의 느낌이 더 쉽게 찾아왔나요?"

"그랬습니다."

달라이 라마는 그렇게 대답하고 나서 티베트 어로 덧붙였다. 락도르가 통역을 시작했다.

"한 가지, 자비의 실제 체험이 커짐에 따라 이런 일이 자주 일어나게……."

이때 달라이 라마가 끼어들었다.

"확신이 더 정확한 말입니다. '실제 체험'이라고 말할 순 없습니다. 강한 확신이지요."

락도르의 통역이 계속되었다.

"그 강한 확신의 표시로 나는 자비에 대해 명상하거나 생각할 때마다 강렬한 감정이 일어나고, 대중 강연을 할 때나 혼자 공부할 때나 눈물이 흐르곤 했습니다. 그리고 공에 대한 어떤 심오한 해석에 대해 명상할 때도, 그것 역시 강렬한 감정을 불러일으키곤 했습니다."

달라이 라마가 다시 설명했다.

"나는 그러한 강한 확신이나 강렬한 감정이 실제로 내면을 더 강하게 한다고 생각합니다. 따라서 내가 어떤 문제나 비판에 부딪칠 때, 이를테면 이따금 중국의 근거 없는 비난에 직면할 때, 물론 가끔은 약간 화가 날 때도 있지만……."

다시 락도르의 통역이 이어졌다.

"하지만 그때도 나는 그들에 대한 자비의 감정을 갖습니다. 그리고 그들이 나와 긍정적인 관계를 갖지 못하는 것을 안타깝게 여깁니다. 하지만 나의 정서는 비록 거기 부정적인 것이 있다 할지라도, 그것 역시 긍정적인 결과를 가져오리라는 것입니다. 한 가지 또 있습니다. 자비를 키우는 것은 오랜 수행을 통해 얻어진다는 것을 나는 강조하고 싶습니다."

내가 말했다.

"힘든 일이군요."

달라이 라마가 말했다.

"아주 힘든 일도 아닙니다. 나는 이른 아침마다 몇 분씩 자비에 대해 생각합니다. 이를테면 명상, 분석적인 명상이지요. 물론 나는 매일 아침 이타주의로 살아갈 것을 맹세합니다. 그때 나는 강한 감정을 얻을 때까지 자비에 대해 명상하고, 경전을 암송합니다."

달라이 라마는 오른손 집게손가락으로 몇 차례 허공을 찌르며 말했다.

"공을 이해하면 자비심을 키우는 데 많은 도움이 됩니다. 그것이 강한 자비심을 갖게 해준다는 데는 의심할 여지가 없습니다."

락도르가 정성들여 마무리했다.

"공의 개념은 우리로 하여금 궁극적인 실체를 이해하게 해줍니다. 그것은 자연계의 기본 법칙인 상호 의존의 지혜를 깨닫도록 도와줍니다. 공을 이해할 때, 우리는 우리 모두가 근본적으로 연결되어 있음을 깨달을 수 있습니다. 다른 사람의 고통을 자신의 고통으로 여길 수 있는 것은 이 상호 연결 때문입니다. 이런 감정 이입과 더불어 자비심이 자연스럽게 흘러나옵니다. 그럼으로써 우리는 다른 사람들의 고통을 진정으로 동정하고 그들의 아픔을 덜어 주려는 의지를 갖게 됩니다. 이와 같이 공에 대한 이해는 자비와 같은 긍정적인 감정을 키워 줍니다."

공과 자비, 지혜와 방법, 이것은 달라이 라마의 수행에 있어서 중심이 되는 두 기둥이다. 영적 수행에 대해 우리가 알아야 할 모든 것이 그 안에 담겨 있다. 그는 그것들의 중요성을 설명하기 위해 종종 하나의 은유를 사용하곤 했다. 새가 날기 위해서는 두 개의 날개가 필요하듯이, 지혜만 있고 자비심이 없는 사람은 산속에서 풀이나 뜯어먹고 사는 외로운 은자나 다를 바 없다. 그리고 지혜가 없이 자비심만 있는 사람은 호감 가는 바보일 뿐이다. 지혜와 자비는 둘 다 필요하며, 서로를 키워 준다. 일단 우리 모두가 서로 연결되어 있다는 사실을 깨닫기만 하면 우리의 동료 인간들에 대해 자비의 감정을 느끼지 않기란 어려운 일이다. 그리고 일단 자비의 감정을 갖게 되면, 그 순간 우리는 시간을 초월한 상호 의존의 진리, 공의 진리를 흘낏 바라보기 시작한다.

달라이 라마는 생각에 잠긴 듯했다. 잠시 후, 그는 내게로 몸을 돌려 내 눈을 응시했다.

그가 말했다.

"나는 이 한 가지에 대해 확신을 갖고 있습니다. 내가 당신에게 말할 수 있는 것은, 공과 자비의 두 가지 수행은……."

그런 다음 그는 또다시 티베트 어로 넘어갔다. 락도르가 말을 받아 통역했다.

"나는 확신을 갖고 말할 수 있습니다. 당신이 만일 공과 자비에 대해 명상한다면, 당신이 오래 노력을 기울일수록 당신은 매일매일 눈에 보이는 이익을 얻게 될 것입니다. 삶을 살아가는 당신의 자세 전체가 변화할 것입니다."

달라이 라마가 다시 말했다.

"나는 이 두 가지 수행이 대단히 영리한 것이라고 생각합니다……."

그는 '영리하다'는 표현이 만족스럽지 않은지 잠시 말을 멈추었다. 그는 허공을 응시하면서 합장하듯 얼굴 앞으로 두 손을 모았다.

"나는 그것이 매우 '효과적'이라고 생각합니다. 공을 이해하는 것은 사물의 경계선을 부드럽게 만들며, 그런 다음에는 자비가 사물에 새로운 형태를 부여합니다."

마지막 문장에서 그는 심벌즈처럼 양 손바닥을 맞부딪쳤다. 락도르가 자발적으로 나서서 설명했다.

"마치 진흙을 빚어 형태를 만드는 것처럼 말입니다."

달라이 라마가 말을 이었다.

"내 자신의 경험에 따르면 자비에 대한 이런 느낌들은 살아 있는 어떤 것입니다. 나는 내 경험들을 다른 사람들에게 말하고 내 감정을 나눕니다. 그러면 다른 사람들도 그것을 이해합니다. 거기 현실적인 어떤 것, 살아 있는 어떤 것이 있다는 것을. 그렇지 않으면 많은 사람들은 이런 인상을 받게 되지요. 이런 것들은 불교에서 말하는 '극락' 같은 것이라고. 하지만 그것은 살아 있는 어떤 것이 아니라 단지 추상적인 관념에 불과한 것이지요."

달라이 라마가 의자에 앉아 앞뒤로 몸을 흔들며 큰 소리로 웃는 동안, 락도르가 마지막 문장을 통역했다.
"마치 동화 속 이야기처럼 말입니다."

우리는 사물을 단단하고, 손으로 만져지는 대상으로만 바라보는 습관이 있다. 그래서 그 대상들을 움켜쥐려고 하고, 그것들에 집착한다. 우리는 자기 자신과 사물들이 분리되어 있고 독립되어 있다는 생각을 버리지 않는다. 그러나 실제로는 자신뿐 아니라 만물은 텅 비어 있고, 신기루처럼 존재하지 않는 것이다.
만일 실체가 그렇다는 것을 이해한다면, 고통의 원인도 욕망도 집착도 그만큼 줄어들 것이다.

13
공중을 나는 요가 수행자

불교도들의 가장 중요한 순례지인 독수리봉으로 이어지는 가파른 오솔길을 힘겹게 오르는 동안, 다섯 명의 인도 출신 닌자들이 달라이 라마 주위에 인간 방패를 만들었다. 인도 군대의 엘리트 부대 소속인 이 노련한 특공대원들은 검은색 일색의 옷으로 무장하고 있었다. 소매가 긴 무명 셔츠에, 머리에는 검은색 스카프를 두르고, 바지는 주름 하나 없이 완벽하게 다림질된 상태였다. 또 다른 스카프로 은행 강도처럼 얼굴 아랫부분을 가리고 있었다. 각자 자동 화기를 소지하고 있었고, 특별히 훈련된 두 명의 사격수는 정밀 조준기가 달린 총을 어깨에 둘러메고 있었다. 무기가 아니라더도, 어깨가 떡 벌어지고 키가 180센티미터가 넘는 데다 눈에 띄게 단단한 체격을 갖춘 남자들의 모습은 충분히 인상적이었다.

카키색 군복에 파란색 베레모를 쓴 더 많은 병사들이 그 뒤를 이었다. 달라이 라마가 인도에서 이토록 삼엄한 보호를 받는 것을 본 것은 나로서는 이번이 처음이었다. 티베트 지도자가 이 나라에서 가장 가난하고 가장 무정부 상태인 비하르의 외딴 순례지를 방문하는 일은 확실히 매우 드문 사건이었다. 담당자들은 어떤 불미

스런 일도 일어나지 않도록 만전을 기하고 있었다.

가느다란 나무 지팡이에 신중하게 몸을 의지한 채 달라이 라마는 천천히, 하지만 꾸준히 산을 올랐다. 이따금 인도인 경호원들과 이야기를 나누기도 했지만, 대부분의 시간은 말없이 혼자 걸었다. 정상까지 4분의 1 지점에 다다랐을 때, 그는 겉에 두른 밤색 장삼을 벗어 수행원인 포충에게 건네주었고, 포충은 그 법의를 조심스레 사각으로 접었다. 한 지점에 이르러 달라이 라마는 길에서 몇 걸음 벗어나 산기슭으로 파고든 작은 명상 동굴 하나를 찾아냈다. 2,500년 전 붓다의 제자 중 한 명이 그곳에 은둔하면서 명상 수행을 했다고 했다.

독수리봉 정상에 도착했을 무렵, 달라이 라마는 땀으로 흠뻑 젖어 있었다. 그는 승복 안쪽으로 손을 넣어 얇은 화장지 한 장을 꺼내서는 이마와 얼굴의 땀을 닦았다. 여느 때처럼 텐진 타클라가 약간 머리를 숙이고 다가와 그 더러워진 화장지를 건네 받으러 한 손을 내밀었지만, 달라이 라마는 화장지를 접어 다시 품안에 집어넣었다.

독수리봉 정상은 세 방향에서 거칠게 돌출한 바위들이 에워싸고 있어서 겨우 손수건 한 장 넓이만한 공간뿐이었다. 네번째 방향으로는 칼날처럼 깎아지른 비탈이 골짜기 아래로 가파르게 떨어져 내리고 있었다. 허리 높이까지 오는 U자 모양의 벽돌담이 그 손수건 넓이의 공간을 지배하고 있었고, 담 위에는 불교도들이 바친 수많은 양초들이 놓여 있었다.

삼배를 마친 뒤, 달라이 라마는 봉우리 가장자리로 걸어가 보드가야에서 자동차로 세 시간 거리인 라즈기리의 평평한 골짜기를 내려다보았다. 한 줄기 붉은색 신작로가 외롭게 푸른색 논밭을 양분하며 가로질러서는 골짜기를 에워싸고 있는 높은 산까지 똑바로 이어져 있었다. 아름다운 풍경이었다. 하지만 달라이 라마는 그 아름다움에 오래 머물러 있지 않았다. 그의 마음은 이내 기도에 잠겼고, 입술은 공의 개념을 설명하는 지혜의 경전 구절을 낭송하기 시작했다. 바로 그 장소에서 2,500년 전 붓다는 불교 사상의 핵심을 이루는 공의 이론을 설파했었다.

앞서 나눈 대화들에서 달라이 라마는 상호 의존과 공의 개념이 서로 연결되어 있음을 길게 설명했다. 그 둘은 동전의 양면과 같고, 똑같은 개념을 이해하기 위한 두 개의 서로 다른 방식일 뿐임을. 그가 내게 말한 것은 이것이다. 어떤 것이든, 머그 잔이든 질투의 감정이든, 모든 존재는 복잡한 관계의 그물망에 완전히 의존하고 있다. 그렇기 때문에 만일 우리가 그것에 대해 충분히 오래 생각하기만 한다면, 그것들이 독립적으로 존재할 논리적인 방법은 없다. 그러므로 달라이 라마의 용어를 빌리면 그것들 자체의 삶은 존재하지 않는다. 그것들은 본래의 존재를 갖고 있지 않다. 다른 말로 하면 그것들은 텅 비어 있다. 달라이 라마는 또 내게, 이 중심 개념들을 충분히 이해하고 단순한 지적인 이해를 뛰어넘기 위해서는 오랜 기간의 명상을 포함해 엄격한 영적 수행이 절대적으로 뒤따라야 한다고 말했다.

보드가야의 티베트 사원에서 나눈 달라이 라마와의 대화에서, 나는 그가 처음에 어떻게 공의 개념을 접하게 되었으며, 그후 그것이 어떻게 그의 삶에서 그토록 중심적인 의미를 차지하게 되었는지 알고 싶었다.

달라이 라마는 내게 말했다.

"공은 이해하기 쉬운 것이 아닙니다. 하지만 일단 그것에 대해 어느 정도의 이해, 어느 정도의 직접적인 통찰력을 갖게 되자, 나는 그것을 거의 모든 경험과 모든 상황에 적용시킬 수 있음을 깨달았습니다."

그는 락도르에게 시선을 돌려 티베트 어로 말했다. 락도르가 통역했다.

"나이가 들면서 더 많은 지식을 얻게 되자, 내 삶에 공의 진리가 미치는 영향이 더 깊어졌습니다."

의자 끝에 앉아 앞뒤로 부드럽게 몸을 흔들며 달라이 라마가 말을 이었다.

"나는 스무 살쯤에 이미 공에 대한 진실한 관심을 갖고 있긴 했지만, 한 가지 일이 기억납니다. 1954년에 나는 베이징에서 열린 중국 인민 대표회의에 참석했습니다. 중국에 있는 동안, 일정이 한가한 날이 며칠 있었습니다. 그래서 나는 나의 수석 교사인 링 린포체에게 공에 대해 공부하자고 부탁했습니다. 그것이 내가 공에 대해 얼마나 깊은 관심을 갖고 있었는가를 말해 주는 일화입니다."

달라이 라마는 침묵에 잠겼다. 몸을 흔들던 것도 멈추었다. 그는 대나무처럼 꼿꼿이 앉아 먼 허공을 응시했다. 얼마 후, 그는 턱을 긁더니 오른손으로 원을 그리며 부드럽게 가슴 주위를 문질렀다. 그리고는 다시 티베트 어로 말하기 시작했다. 락도르는 상체를 앞으로 많이 기울인 채, 시선을 티베트 지도자에게 고정시키고 통역을 진행했다.

"내가 이십대 후반이던 1963년의 일이었습니다. 어느 날 나는 불교 경전을 읽고 있었습니다. 어느 지점에서 나는 '나'라는 것이 단순히 물리적인 혼합물(정신적인 것과 물질적인 것의 집합체)을 가리키는 말이라는 구절을 읽었습니다. 그것을 읽자마자 나는 특별한 감각, 하나의 이상한 체험을 하게 되었습니다."

락도르가 쉰 목소리로 속삭이듯 말했기 때문에, 그가 하는 말을 알아듣기 위해 나는 긴장해야만 했다.

내가 물었다.

"그 이상한 경험이 얼마나 오래 지속되었나요?"

"내 생각에 그 느낌은 아마도 3, 4주 동안은 계속 이어진 것 같습니다."

그렇게 대답하고 나서 달라이 라마는 락도르에게 좀더 말했다. 말하는 동안 그의 이마에 난 깊은 주름이 빛을 발했다. 그는 자기 앞의 바닥을 내려다보면서 손으로 양탄자를 쓰는 듯한 동작을 취했다. 그의 얼굴에는 경이감에 찬 표정이 떠올라 있었다.

락도르가 통역했다.

"이 시기 동안 나는 사람이든 사물이든, 예를 들어 이 양탄자든, 그것들을 바라볼 때마다 그것들을 양탄자와 사람으로 바라보긴 했지만, 동시에 그것들이 아무런 본질도 갖고 있지 않음을 알아차렸습니다. 거기 '나'라는 것이 없다는 뚜렷한 느낌을 받았습니다. 내가 존재하지 않는다는 것이 아니라, 우리가 지금까지 이해한 대로의 '나'라는 것은 사실상 존재하지 않는다는 어떤 느낌이었습니다."

이때 달라이 라마가 강조하듯 말했다. 그는 두 손을 가슴께까지 들어올려 주먹을 꽉 쥐어 보았다.

"단단한 실체가 없는 것이지요."

"그때 어떤 환영을 보았나요?"

나는 이런 질문을 계속해 나가는 것이 과연 현명한 일인가 확신을 갖지 못한 채 주저하며 물었다. 우리의 대화가 예기치 않은 방향으로 흘러가고 있음을 나는 방금 전 느꼈다. 달라이 라마는 내게 아마도 소수의 사람들만 들었을 법한 매우 개인적인 경험을 이야기하고 있었다.

그가 대답했다.

"아니오."

내가 말했다.

"하지만 '나'가 사라진 경험을 하셨지 않습니까?"

"그렇습니다."

달라이 라마는 다시금 락도르를 통해 말하기 시작했다.

"육체적으로 말하면 번개와도 같은 것이 내 심장을 통해 전신으로 물결쳐 갔습니다. 마치 전기 충격을 받은 것과도 같은 경험이었습니다."

나는 내 자신이 지금 이상한 이야기를 엿듣고 있는 듯한 거북한 느낌이 들었다. 불교도에게 있어서 영적인 깨달음은 개인적이고 내밀한 경험이다. 진지한 수행자가 그 경험에 대해 이야기하는 것을 듣는 것은 나로서는 처음 있는 일이었다. 하지만 방금 들은 말은 다시 확인할 필요가 있었다.

나는 달라이 라마에게 물었다.

"전기 충격 같은 것이 온몸으로 퍼져 나갔다구요?"

그가 대답했다.

"그렇습니다."

그는 주의 깊게 나를 바라보았다. 그의 손은 이제 무릎을 감싸고 있었다. 그때 멀리서 나는 듯한 '찰칵' 하는 부드러운 소리가 들렸다. 그제서야 나는 테이프가 다 돌아가 녹음기가 멈췄음을 깨달았다. 나는 소형 배낭에서 새 테이프를 꺼낼 엄두를 내지 못하고 달라이 라마에게만 시선을 고정시키고 있었다. 나중에 락도르에게서 대화 녹취록 사본을 받을 생각이었다.

내가 물었다.

"그 3,4주 동안 줄곧 당신은 대상을 볼 때마다 본질도 없고 실체도 없다는 느낌이 들었나요?"

달라이 라마는 한없이 무념무상한 얼굴로 몸을 세우고 의자에 앉아 있었다. 그 순간 나는 그가 붓다와 매우 닮았다는 느낌이 들었다. 그의 모습에 경외감을 갖지 않을 수 없었다.

그는 설명했다.

"그렇습니다. 내가 무아無我에 대해, '나'없음에 대해 생각하는 순간, 내 눈앞에 펼쳐지고 있는 일들이 마치 영화처럼 보였습니다. 나는 그것이 텔레비전이나 영화를 보고 있는 것과 비슷하다고 생각합니다. 특히 영화를 보는 것과 같지요. 영화를 볼 때 우리는 한편으론 어떤 일들이 실제로 그곳에서 일어나고 있다고 느낍니다. 하지만 다른 한편으론 시선을 영화 화면에 두고 있으면서도, 우리의 마음은 그것이 단지 영상일 뿐이며 실제가 아닌 연기에 불과하다는 것을 압니다. 따라서 똑같은 영화를 보고 있으면서도,

한 사람은 그것이 연기라는 것을 이해하지 못하고 있고, 또 다른 사람은 그것을 보고는 있지만 그것이 연기임을 느낍니다."

달라이 라마는 지금 내게, 1963년의 그 이상한 체험이 있고 난 뒤부터 그의 사물을 바라보는 방식이 그 자신의 눈으로 보고 있는 대상들을 변화시켰다고 말하고 있었다. 그 대상들이 두 가지 측면을 갖고 있음을 그는 알았다. 하나는 우리가 나날이 마주치는 단단하고 사실적이고 손으로 만질 수 있는 냉장고, 분노, 이웃 사람 같은 것들이다. 또 다른 하나는 사물들의 근본에 내재하고 있는 실재하지 않는 본질이다. 마치 영화 화면 속에 있는 것들처럼 그것들의 본질은 대형 화면에서 깜박거리는 총천연색 신기루에 불과하다. 끊임없는 변화와 무상함이 특징인 그것들의 존재는 관계의 그물망에 의존하고 있다. 냉장고든, 분노든, 이웃사람이든, 모든 것을 이 두 가지 관점으로 바라볼 수 있다.

1963년의 체험은 자신에게 오랫동안 영향을 미쳤다고 달라이 라마는 내게 말했다. 나날이 수행과 명상을 계속함에 따라 그의 영적인 통찰력도 더 자주 찾아왔다. '자아'라든가 '나'라는 생각이 그의 마음속에 스쳐지나갈 때마다 '나'가 없는 공의 느낌이 쉽게 뒤따랐다.

달라이 라마가 말했다.

"전에는 적어도 몇 분 동안 진지하고 지속적으로 생각하지 않는 한 그런 종류의 느낌을 갖기가 어려웠습니다. 오늘날에는 공을 떠올리자마자 눈앞의 영상이 분명하게 바뀝니다."

내가 물었다.

"그것은 공에 대한 더 강렬한 깨달음인가요?"

"그렇습니다."

그렇게 대답한 뒤, 달라이 라마는 얼른 자기가 한 말을 거둬 들였다.

"공이라……. 잘 모르겠습니다."

나는 그가 이것에 대해 매우 조심하고 있다는 느낌을 받았다. 내가 물었다.

"사물 속에 있는 눈에 보이지 않는 실체를 봐야만 하는 의미가 무엇인가요? 그것이 우리의 삶과 어떤 관계가 있을까요?"

달라이 라마가 대답했다.

"대개 우리는 사물들을 단단하고, 손으로 만져지는 대상으로만 바라보는 습관이 있습니다. 따라서 그 대상들을 움켜쥐려고 하고 그것들에 집착합니다. 우리는 자아와 사물들이 분리되어 있고 독립되어 있다는 생각을 버리지 않습니다. 그리고 새로운 경험을 원하고 새로운 것을 손에 넣고자 노력합니다. 하지만 그것들을 소유하는 순간, 흥분감은 사라지고 우리는 또 다른 새로운 것을 갈구합니다. 이러한 그칠 줄 모르는 갈망이 고통을 불러옵니다.

나의 경우는 그런 소유의 욕망이 일어나지 않습니다. 왜냐하면 나에게는 궁극적으로 '나'라든가, 욕망, 바람, 롤렉스 시계 같은 것들이 영원하지 않고 변화하며 사라지기 쉬운 것들로 보이기 때문입니다. 그것들은 텅 비어 있지요. 신기루처럼 전혀 존재하지 않는 것들입니다. 따라서 그것들을 애타게 원할 필요가 없습니다. 만일 우리가 공에 대해 이해한다면, 고통의 원인인 욕망도 줄어들 것입니다."

달라이 라마는 티베트 어로 건너뛰었다. 무엇인가 그의 유머 감각을 자극한 모양이었다. 그는 말을 하고 나서 온몸으로 웃어대기 시작했다. 웃음으로 얼굴에 잔뜩 주름이 잡혀 눈이 보이지 않을 정도였다. 락도르가 미소 지으며 말했다.

"달라이 라마께서는 자신이 지금 자랑하듯 말하고 있다고 말씀하십니다. 그리고 이런 것이 소위 바보가 다른 사람들을 바보로 만들려는 시도 같은 것이라고 하십니다."

우리는 잠시 아무 말도 하지 않았다. 나는 달라이 라마로부터 시선을 떼고서 주위를 둘러보았다. 보드가야 티베트 사원의 맨 꼭대기 층에 마련된 티베트 지도자의 방은 밝고, 바람이 잘 통하고, 전통적인 티베트 스타일로 장식되어 있었다. 한쪽 벽 전면은 잘 꾸민 불단이 차지하고 있었다. 그때 진열장 안에서 나는 전에는 보지 못했던 흥미 있는 사진 한 장을 발견했다. 화려하게 장식된 의자에 앉아 있는 십대 시절의 달라이 라마의 모습을 담은 빛 바랜 사진이었다. 사진 속에서 그는 청동으로 된 피라미드 모양의 그릇을 들고 있었다.

넓은 전망창을 통해 바깥에서 티베트 어 안내 방송이 계속해서 들려왔다. 달라이 라마가 주관하는 성대한 칼라차크라 입문행사가 며칠 있으면 곧 시작될 것이었다. 이미 히말라야 전 지역과 인도 전역에서 순례자들이 물결처럼 밀려오고 있었다. 유명한 할리우드 스타들을 포함해 1천 명이 넘는 서양인들도 참석하기로 되어 있었다.

나는 받아적은 노트를 훑어 보았다. 우리의 대화는 내가 예상하지 못한 방향으로 전개되었다. 한 가지 새로운 생각이 떠오른 나는 달라이 라마에게 물었다.

"당신의 영적인 성취에 대해 누군가에게 말한 적이 있습니까?"

그가 대답했다.

"1970년대 초에 링 린포체에게 내가 공을 어떻게 이해하고 있는가에 대해 일종의 보고 형식으로 말씀드렸습니다. 그러자 그분은······."

말은 다시 티베트 어로 바뀌어 락도르를 통해 이어졌다.

"링 린포체는 내가 머지않아 공중 요가 수행자가 될 것이라고 말했습니다. 공중 요가 수행자란 공간과도 같은 공을 깨달은 사람, 본질적으로 깨달음을 성취한 사람을 의미합니다."

나는 마치 공간과도 같은 공이 무엇을 의미하는지 알고나 있는 것처럼 대담하게 물었다.

"당신은 그런 경지에 이르렀나요?"

달라이 라마는 말했다.

"잘 모르겠습니다."

나는 그가 두 엄지손가락을 만지작거리고 있는 줄 알았는데, 다시 보니 그의 손은 무릎 위에 편안히 놓인 채 상상 속의 염주를 규칙적으로 돌리고 있었다.

그가 말했다.

"지금까지 수행을 계속해 오면서 나는 한 가지 사실을 확신하게 되었습니다. 링 린포체가 오늘까지 살아 계셨다면 나는 그분에게 내가 이른 영적인 성취에 대해 말씀드렸을 것입니다. 링 린포체는 틀림없이 기뻐하셨을 것입니다."

락도르가 스스로 나서서 말했다.

"달라이 라마께서 당신에게 이 모든 것을 설명하는 이유가 바로 거기에 있습니다. 대개는 이런 일들에 대해 말하는 것은 매우 부적절한 일이거든요."

"그렇습니다. 그 말이 맞습니다. 따라서 나는 자비에 대한 나의 경험이나 공에 대한 나의 이해에 대해 설명할 때면 언제나 이것을 분명히 합니다……."

달라이 라마는 이렇게 말하고 나서 다시 티베트 어로 바꾸었다.

"나는 때로 사람들에게 영감을 불어넣기 위해 나의 영적인 성장에 대해 이야기합니다. 하지만 언제나 이렇게 결론을 맺습니다. '나는 내 자신이 보살(깨달음에 이른 사람)이 되었다고 말하는 것이 아닙니다. 내가 공을 깨달았다고 말하는 것이 아닙니다.' 또한 나는 이 점을 분명히 합니다. 내 자신의 경험으로 미루어 나는 누구나 영적으로 성장할 수 있음을 압니다. 따라서 사람들에게 말하곤 합니다. 내 경우에도 비록 내가 보살이 아니고 아직 보디치타(영원한 이타주의)를 키우지는 못했지만, 난 이제 산 정상을 바라볼 수 있는 사람이 되었다고."

락도르가 통역하고 있을 때 달라이 라마가 불쑥 끼어들었다.

"산 정상에 올랐다는 것이 아니라, 이제쯤은 나도 그곳에 이를 수 있겠구나 하는 느낌이지요."

그렇게 말하면서 그는 자신의 콧등을 꼬집었다.

내가 말했다.

"냄새를 맡을 수 있단 말씀이시군요."

접견실 바깥의 아름다운 베란다에서 그림자가 길어져 가고 있었다. 달라이 라마가 시계를 들여다보더니 내게 말했다.

"이제 5분 남았군요."

나는 거의 두 시간 가까이 그와 함께 있었다. 하지만 나는 약간 당황했다. 아직 질문할 내용이 반이나 남아 있었던 것이다. 그 다음 질문을 생각하고 있을 때 락도르가 나를 돌아보며 말했다.

"영적인 성취에 대해 말할 때는 언제나 약간의 위험이 뒤따르지요."

"위험이요?"

나는 당황했다. 또한 락도르가 달라이 라마 앞에서 스스로 그런 주의를 준 것에도 놀라지 않을 수 없었다. 통역을 요청 받지 않는 한 늘 침묵을 지키고 있는 것이 그의 습관이었다. 락도르가 설명했다.

"당신이 실제로 그 상태에 이르지 않았는데도 공을 깨달았다고 말한다면……."

이때 달라이 라마가 더 자세히 설명했다.

"그것의 위험성은 이것입니다. 비록 내가 그런 의도가 아니었다고 할지라도 내가 한 말을 바탕으로 누군가는 내가 어떤 높은 경지에 이르렀다고 믿습니다. 만일 그가 신뢰하는 마음에서 그렇게 믿는다면 전혀 문제가 없습니다. 하지만 만일 내가 한 말 때문에 그렇게 믿는다면, 그리고 만일 내 자신이 '그가 그렇게 생각해도 상관없어.' 하고 느낀다면 거기에는 위험이 따른다는 것입니다. 이제 거기에는 약간의 이기적인 동기가 있게 됩니다."

다른 때와 마찬가지로 나는 자신의 모든 행동에 대해 철저히 동기를 점검하는 달라이 라마의 자세에 감동했다. 그것은 거의 조건 반사와 같았으며, 그는 무슨 말을 하든 또는 어떤 결정을 내리든 그렇게 했다.

한층 강조하는 어조로 달라이 라마가 말했다.

"물론 일반인이든 수행자든 모두에게 거짓말은 죄이고 부정적인 것입니다. 하지만 나는 출가한 수도승입니다. 만일 내가 사람들에게 스스로 그렇지 않다는 것을 알면서도 내 자신이 높은 영적인 깨달음을 경험했다고 말한다면, 그 거짓말은 가장 큰 거짓이 됩니다. 그것은 옷을 벗을 수도 있는 원인이 됩니다. 더 이상 수도승이 아닌 것이지요."

락도르가 덧붙였다.

"그것은 사소한 거짓말을 하는 것과는 다릅니다. 매우 크고 특별한 거짓말입니다."

달라이 라마가 말했다.

"성적인 방종, 살인, 도둑질, 그리고 이 거짓."

내가 말했다.

"네 가지 큰 죄이군요."

달라이 라마가 결론지었다.

"그러면 더 이상 수도승이 아니지요. 그래서 그것은 위험한 일입니다."

우리의 대화가 끝이 났다. 달라이 라마는 내게로 걸어와 나를 한 번 껴안았다. 그가 방을 나간 뒤 나는 탁자 위에 어질러 놓은 물건들을 챙기기 시작했다. 노트, 질문지 묶음, 신문기사 복사한 것들, 녹음기. 락도르가 옆에서 그것들을 소형 배낭에 넣는 것을 도와주었다. 달라이 라마와의 대화가 끝나면 대개 그러했듯이 우리는 간단한 말조차 나누지 않았다. 나는 기진맥진해 있었고, 락도르도 그렇게 보였다.

내가 접견실을 걸어나갈 때 락도르가 부드럽게 내 팔꿈치를 만졌다. 나는 몸을 돌려 그를 바라보았다. 그의 얼굴이 부드러워져 있고, 감동에 차 있었다.

그가 조용한 어조로 내게 말했다.

"나는 전에도 달라이 라마께서 이 주제를 간단히 건드리는 것을 들었습니다. 하지만 오늘처럼 이렇게 자세히, 이렇게 깊이 들어가는 것은 한 번도 듣지 못했습니다. 절에서 수행하는 수도승들과 라마승들이 오늘 이 대화를 들었다 해도 자신들의 귀를 의심했을 것입니다."

락도르의 눈이 내 눈을 응시하며 말했다.

"그들은 큰 영감을 얻고 깊이 감동 받았을 것입니다. 큰 환희에 젖었을 것입니다."

14
나를 아파하는 대신 남을 아파하라

나는 신체적인 고통을 겪고 있지만 마음속으론 끊임없이
아무 보살핌도 받지 못하는 다른 사람들을 생각했다. 그리하여
내 자신의 고통에 대해서는 그다지 걱정하지 않게 되었다.
다른 사람들에 대한 염려가 나의 고통을 덜어 준 것이다.

그 호텔 방이 나는 마음에 들었다. 넓고 천장이 높았다. 독수리봉(영취산) 근처 작은 마을 라즈기리에 있는, 정부 업무를 보는 인도 공무원들을 위해 식민지 시절에 지은 대저택 써큐트 하우스의 몇 안 되는 객실 중 하나였다. 욕실은 상관하지 않았다. 뜨거운 물은 나오지도 않았고, 변기는 동양식으로 바닥에 구멍을 뚫어 놓은 것에 불과했다. 나는 그 이상한 변기에 쪼그리고 앉는 데 필요한 다리 근육이나 유연성을 키운 적이 없었다. 하지만 방은 넓은 베란다로 이어져 있고, 베란다에는 등나무 의자와 낮은 테이블도 놓여 있었다. 황혼녘이면 그곳에 앉아 흰색 리넨 옷을 입고 가장자리를 라임 오렌지로 장식한 차가운 진토닉 한 잔을 마시는 내 모습을 쉽게 상상할 수 있었다. 달라이 라마 비서실의 호의로 나는 써큐트 하우스에 묵을 수가 있었다. 방값은 하룻밤에 10루피(300원)였고, 인도 정부가 정식으로 다람살라에 청구서를 보낼 것이었다.

나는 이곳에서 밤을 지내리라고는 기대하지 않았었다. 그런데 일정에 약간의 변화가 생겼다. 지난 보름 동안 나는 달라이 라마와 동행해 인도의 가장 중요한 불교 성지들을 순례했다. 나란다 대학 유적지를 방문하고 독수리봉을 힘들게 오른 뒤, 달라이 라마는 곧바로 자동차로 세 시간 거리에 있는 파트나(북인도 비하르 주의 중심 도시)의 호텔로 가기로 결정했다. 그렇게 하는 것이 형편없기로 소문난 비하르 지방의 도로를 통과해 보드가야까지 돌아가는 길고 불편한 여정을 피하는 길이었다. 그리고 보드가야에 도착해 며칠 쉴 수도 있고, 20만 명의 순례자들 앞에서 거행될 성대한 칼라차크라 행사를 더 잘 준비할 수도 있었다. 나는 달라이 라마와 함께 파트나로 가지 않기로 결정했다. 그토록 늦은 밤시간까지 장거리 여행을 할 자신이 없었다.

나는 달라이 라마의 개인 주치의 중 한 사람인 체텐 도르제 사두샹과 호텔방을 함께 썼다. 그는 내가 잠자리에 들려고 할 무렵 내 방에 나타났다. 천성적으로 조용하고 말수가 적은 사람이었지만, 그는 언제나 내게 다정하게 대해 주었다. 우리에게는 공통점이 몇 가지 있었다. 그의 가족 가운데 일부가 나처럼 캐나다 밴쿠버에 살고 있었고, 우리 둘 다 사춘기 직전의 자녀를 두고 있었다. 그리고 우리는 달라이 라마에 대해 오랫동안 깊이 있는 대화를 나누곤 했었다.

전등을 끄기 전에 체텐 박사는 자신이 왜 라즈기리에 왔는지, 왜 자청해서 달라이 라마를 따라 독수리봉과 나란다 유적지로 순례를 떠나왔는지 이야기했다. 이 외딴 지역의 도로들은 상태가 나빴고, 의료 시설들은 형편없거나 아예 없었다. 그래서 체텐 박사는 만일의 경우에 대비해 따라나선 것이었다. 달라이 라마의 주치의로 일하는 것은 쉽지 않은 일이라고 체텐 박사는 털어놓았다. 그 티베트 지도자는 수행원들이 유난을 떠는 것에 반대했다. 의사는 그의 팔꿈치 주위를 맴도는 대신 대중들에게 봉사해야 한다는 것이 그의 철저한 믿음이었다. 지난 몇 해 동안 체텐 박사는 그것을 감수하고 자신의 환자를 그림자처럼 은밀히 따라다니는 법을 터득했다.

아침에 내가 눈을 떴을 때 체텐 박사는 이미 방 밖으로 나가고 없었다. 나는 차가운 물로 상쾌하게 샤워를 하고 나서, 가방을 꾸려놓고 테라스로 나갔다. 그리고 등나무 의자에 앉아 시원한 아침 공기를 즐겼다. 옅은 안개가 붉은 대지를 부드럽게 적시고 있었다. 두 마리의 떠돌이 개가 모험에 찬 밤을 보낸 뒤, 단단한 공처럼 몸을 구부리고서 나무 아래 죽은 듯이 잠들어 있었다.

갑자기 체텐 박사가 한 번에 두 계단씩 뛰어 올라왔다. 아침 인사도 제대로 하지 않은 채 그는 황급히 내게 말했다.

"자, 차편이 준비되었으니 지금 곧바로 떠나야 합니다. 아침 먹을 시간도 없겠군요."

그는 객실에서 자신의 물건을 챙겨들고 계단을 달려 내려왔다. 내가 그 뒤를 바짝 따랐다.

차에 올라타고 써큐트 하우스 구내를 빠져나갈 때쯤, 체텐 박사가 자세한 설명을 했다. 그는 이른 아침 달라이 라마의 비서실 직원인 텐진 타클라에게서 전화를 받았다. 파트나로 가던 도중에 달라이 라마가 심한 복부 통증으로 고통받았으며, 그곳의 마우리아 호텔에서 하룻밤을 보냈다는 것이었다. 그는 현재 보드가야로 계속 여행할 상태가 전혀 아니라고 했다. 전화를 끊은 뒤 체텐 박사는 자신의 동료인 남걀 박사와 다와 박사에게 급히 전화를 걸었다. 그들은 보드가야에서 순례자들을 위해 무료 진료실을 열고 있는 티베트 의학 전문가들이었다. 그들도 즉시 파트나로 향할 것이었다.

허름한 아파트 건물들 사이에 끼어 있는 마우리아 호텔은 그나마 파트나에서 가장 좋은 호텔에 속했다. 호텔의 작은 로비는 인도 신문기자들로 만원이었다. 그곳은 달라이 라마의 건강 상태에 대한 새로운 소식을 기다리는 보도 본부 같은 장소로 변해 있었다. 경호원이 체텐 박사를 즉시 위층으로 데려갔다. 나는 식당에 가서 아침을 먹은 뒤 3층으로 올라갔다. 티베트 보안 요원들이 곳곳에 배치되어 복도를 오가고 있을 뿐, 체텐 박사와 텐진 타클라의 모습은 어디에도 보이지 않았다.

상황은 매우 심각해 보였다. 달라이 라마의 경호원들이 걱정하는 모습을 볼 수 있었다. 평소처럼 농담을 하는 사람은 아무도 없었다. 달라이 라마의 담당 주치의 세 명 모두가 그의 상태를 체크하기 위해 와 있었다. 1972년 내가 처음 그를 만난 이후로 지난 세월 동안 티베트 지도자는 이따금 감기에 걸리거나 속이 불편한 것을 제외하고는 한 번도 아픈 적이 없었다. 유일하게 심하게 아팠던 때는 1967년 B형 간염에 걸렸을 때였다. 그 당시 그는 한 달 동안 누워 있었고, 티베트 난민공동체는 심한 충격에 빠졌었다.

그날 아침 늦게 나는 체텐 박사 없이 혼자 보드가야로 돌아갔다. 운전사가 파트나의 혼잡한 교통을 뚫고 앞으로 나아갈 때, 몹시 불안한 느낌이 나를 사로잡았다.

파트나에서 3일 동안 휴식을 취한 뒤에도 달라이 라마의 건강 상태는 전혀 나아지지 않았다. 그는 정부 헬리콥터를 타고 가야의 작은 공항으로 날아갔다. 그곳에서 그는 가까운 거리에 있는 보드가야 중심지의 시첸 사원으로 차를 타고 이동했다. 그가 불안정하게 차에서 내렸을 때, 그 사원의 전설적인 설립자인 고 딜고 켄체 린포체의 키가 크고 골격이 장대한 딸 치멜라가 그를 맞이했다. 달라이 라마는 그녀의 왼팔을 잡고 온몸의 무게를 그녀에게 의지한 채 다리를 끌며 천천히 입구로 들어갔다. 사원의 현주지인 랍잠 린포체는 눈길을 돌렸다. 눈물이 그의 뺨을 타고 흘러내렸다. 달라이 라마의 너무도 초췌한 모습에 그는 그만 망연자실했다.

여덟 살의 환생 라마가 복잡한 무늬의 천으로 주름을 잡아 늘어뜨린 낮은 탁자 뒤쪽에 앉아 있었다. 천의 색채가 어찌나 생생한지 탁자 위에 풍성하게 놓인 꽃들과 사람들의 관심을 끌기 위해 경쟁하는 듯했다. 물이 채워진 얕은 구리 접시들 위에는 샛노란 금잔화들이 띄워져 있고, 청동 화병에는 분홍색 글라디올러스와 연보라색 라일락이 섞여 있었다. 금으로 된 표면에 용문양이 활달하게 수놓아진 매우 큰 의자 등받이 때문에 그 어린 소년이 더욱 작아 보였다. 노란색과 밤색의 승복을 눈부시게 차려 입은 양시 린포체는 마치 왕좌에 앉은 왕자처럼 행동했다. 양 옆으로 랍잠 린포체와 다른 고위 라마승들이 그를 에워싸고 있고, 앞쪽에는 수많은 티베트 수도승들이 도열해 앉아 있었다. 이들은 지금 달라이 라마의 빠른 회복을 기도하기 위해 보드가야의 마하보디 사원 앞마당에 모여 있었다. 병든 티베트 지도자는 보드가야에서 며칠을 머물렀지만, 상태가 나아질 기미가 전혀 보이지 않았다.

흰색 수술 가면을 착용한 한 티베트 수도승이 그 통통한 얼굴의 소년에게 다가갔다. 그는 손에 철사로 된 새장을 들고 있었다. 새장 안에는 작은 앵무새 크기의 녹색 잉꼬새 한 마리가 들어 있었다. 낮게 몸을 구부리고서 수도승이 새장을 건네주자, 어린 양시 린포체는 앞으로 몸을 기울여 그 새에게 입김을 불었다. 그것은 생명 가진 동료 존재에 대한 축복의 의식이었다. 겁 많은 새가 갑자기 격렬하게 날개를 퍼덕이자, 놀란 소년은 황급히 손을 뒤로 뺐다. 수도승이 새장 문을 열었다. 새는 어색하게 문을 빠져나왔다. 녹색이 번쩍이더니 새는 사라졌다. 소년 라마는 스스로 기뻐하며 랍잠 린포체를 흘낏 쳐다보았다. 그 고참 라마는 얼굴 가득 미소를 지었다. 그의 보호하에 있는 어린 린포체가 약간의 도움을 받아 달라이 라마의 건강에 영향을 미칠 수 있는 자비의 의식을 이제 막 성공리에 끝마친 것이다.

일단의 늙은 티베트 순례자들이 나에게서 조금 떨어진 곳에 앉아 있었다. 한 남자는 집에서 만든 기도 바퀴를 열심히 돌리고 있었다. 두꺼운 나무 막대 꼭대기에 기도문이 찍힌 노란색 천이 둘러쳐져 있었다. 그는 막대기 한쪽 끝을 땅바닥에 꽂은 채 그것을 시계 방향으로 빙빙 돌렸다. 노란색 천이 뿌옇게 흐려졌다. 그 옆에 앉은 남자는 목을 길게 빼고서 새장을 벗어난 새가 날아가는 모습을 보이지 않을 때까지 쳐다보았다.

파트나에서 돌아온 뒤로 달라이 라마는 시첸 사원 꼭대기에 있는 침실에서 나간 적이 없었다. 주치의들과 여러 해 동안 그의 시봉을 들어온 승려 팔조르만이 그를 만날 수 있는 유일한 사람들이었다. 텐진 타클라는 서류가 가득 든 서류철을 들고 멍하니 사원 마당 주위를 돌아다녔다. 그 서류철 속에는 일상적인 보고, 티베트 내각과 비서실에서 온 전문들, 달라이 라마의 긴급 결재가 필요한 결정 사항들이 담겨 있었다. 하지만 달라이 라마와의 어떤 만남, 어떤 접견, 어떤 강연도 다 뒤로 미루어졌다.

달라이 라마가 방안에 은둔해 있는 동안, 20만 명의 순례자들이 붓다가 깨달음을 얻은 그 작은 도시로 몰려들었다. 그들 모두는 달라이 라마를 먼발치에서라도 보고 싶어했으며, 칼라차크라 입문 행사가 시작되기를 고대하고 있었다.

자동 화기를 든 네 명의 인도인 닌자 경호원들이 입구를 통과해 칼라차크라 입문 행사가 열리는 구역 안으로 성큼성큼 걸어 들어갔다. 그들이 머리에 두른 검은색 스카프가 뒤로 흩날렸다. 흰색 앰배서더 자동차가 달라이 라마를 태우고 천천히 그 뒤를 따랐다. 차가 멈추고 티베트 지도자가 밖으로 걸어나왔다. 나는 열흘 동안 그를 보지 못했으며, 그의 모습을 보고 큰 충격을 받았다. 50대 중반으로 여겨지던 건장한 남자 대신, 그는 이제 어느 모로 보나 67세의 노인으로 변해 있었다.

어깨를 평소보다 더 굽히고서 달라이 라마는 자신을 위해 깔아놓은 노란색 양탄자―노란색 무명천으로 둘레를 장식한 붉은색 양탄자―위를 힘들게 걸어갔다. 수도승들과 티베트 관리들이 향 묶음을 피워 들고 서 있는 영접장에 다다른 그는 창백한 오른쪽 뺨을 집게손가락으로 긁더니 가장 가까이 서 있는 승려에게 무슨 말인가를 했다. 내 추측에 그는 자신이 말라 보이는가를 묻고 있는 것 같았다. 그의 체중이 많이 줄었다는 데는 의심의 여지가 없었다. 양쪽 뺨의 오목한 부분이 훨씬 더 들어가 보이고, 눈은 움푹 들어가 있었다. 그가 내 앞을 지나갈 때, 그의 얼굴은 일시적인 미소로 약간 주름이 졌다. 하지만 나는 그가 평소 때처럼 손을 들고 인사를 할 기력조차 남아 있지 않음을 절실히 느낄 수 있었다.

달라이 라마는 모래로 그린 만다라(붓다와 보살들을 배치한 그림으로 우주의 진리를 표현한 것)가 모셔져 있는 작은 칼라차크라 법당을 지나 넓은 무대 위로 걸어나갔다. 티베트 불교의 네 학파 모두에서 온 최고위 승려들로 구성된 4백 명의 수도승들이 참을성 있게 그의 도착을 기다리고 있었다. 무대에 앉은 유일한 서양인인 은발의 배우 리처드 기어도 마찬가지였다. 이틀 전, 달라이 라마가 칼라차크라 행사장에 잠깐 모습을 나타내리라는 발표가 있자, 보드가야 너머까지 흥분의 물결이 일었다. 무대 아래에서는 수많은 신문기자들과 텔레비전 관계자들이 병든 티베트 지도자의 모습을 포착하기 위해 몸싸움을 벌이고 있었다.

여남은 명의 환생 라마승들과 함께 어린 양시 린포체도 앞줄에 앉아 있었다. 달라이 라마는 그 소년에게로 걸어가 머리를 쓰다듬었다. 달라이 라마가 자신의 자리로 가기 위해 목조 계단을 오르기 시작하자, 여러 개의 손이 달려들어 균형을 잃지 않도록 그의 팔을 부축했다. 땅딸막한 승려 한 명이 얼른 계단 맨 위로 올라가 쇠약해진 달라이 라마를 말 그대로 위로 끌어올리다시피 했다.

티베트 지도자는 몹시 불안정한 자세로 두꺼운 방석 위에 올라섰다. 그는 두 손을 합장하고서 앞에 모인 어마어마한 군중을 향해 엄숙하게 절을 했다. 히말라야 전역과 아대륙 인도에서 온 수십만 명의 순례자들이 50개국에서 온 2천 명의 서양인들과 함께 임시로 꾸민 행사장에 빽빽이 들어차 있었다.

자리에 앉은 달라이 라마는 승복 안쪽에서 주섬주섬 종이 한 장을 꺼냈다. 전에는 볼 수 없었던 일이었다. 그는 언제나 원고 없이 즉석에서 연설을 했었다. 나는 무대 아래에 있는 군중들을 보기 위해 시선을 돌렸다.

그 순간 나는 내 시선 한 구석에서 가늘고 긴 흰 새 같은 어떤 것이 무대 앞쪽에 앉아 있는 수도승들의 머리 위 하늘을 날아가는 것을 보았다. 한 수도승이 가부좌를 하고 앉은 채로 자신의 바랑에서 의식에 쓰는 흰색 스카프 카따를 꺼냈다. 그는 그것을 공처럼 뭉쳐 군중들의 머리 위로 던졌다. 그것은 바람을 타고 우아하게 공중을 날아갔다. 긴 염소 수염을 한 수도승이 그것을 중간에 잡아서 더 앞쪽으로 던졌다. 그러자 순식간에, 마치 보이지 않는 시작 사인을 받은 것처럼, 수백 개의 부드러운 흰색 스카프들이 무수히 많은 연들이 날듯 붉은색 바다 위에 너울거리는 흰색 그물망을 만들며 날아다녔다. 무대 앞으로 나아가 병든 티베트 지도자에게 직접 스카프를 건넬 수 없었기 때문에 수도승들과 순례자들은 차선책을 택한 것이다.

달라이 라마는 등을 구부리고 의자에 앉아 이 장면을 바라보았다. 그는 깊은 숨을 들이쉬고는 목을 가다듬었다. 그는 두세 차례 애써 숨을 들이쉬었다. 이것이 그에게는 더할 나위 없이 감동적인 순간이며, 수많은 사람들이 그토록 자신을 염려해 주는 것에 그가 깊이 감명 받았음을 느낄 수 있었다. 나는 이 순간을 언제까지나 기억할 것이다. 그곳에는 수십만 군중이 가득 찼지만, 기침 소리

하나 침묵을 깨뜨리지 않았다. 다만 흰 스카프 연들만이 펄럭이며 공중을 날아다닐 뿐이었다.

달라이 라마는 티베트 어로 말하기 시작했다. 굵은 저음의 목소리는 여전했지만, 어떤 웅장함 같은 것이 결여되어 있었다. 병이 그에게서 생명력을 너무 많이 빼앗아간 것이다. 통역을 맡은 락도르는 무대 한쪽 구석에 가부좌를 하고서 작은 마이크를 앞에 놓고 앉아 있었다. 달라이 라마가 군중들에게 말하기 시작하자 락도르는 마이크에 대고 부드럽게 영어로 말했다. 서양인들은 귀에 꽂은 FM 라디오 수신기를 통해 그의 통역을 들을 수가 있었다.

"지난 며칠 동안 나는 많이 아팠습니다. 그전에 건강했을 때도 많은 사람들이 내게 좀더 휴식을 취하고 너무 과로하지 말라고 충고했습니다. 나는 그들의 말에 별로 주의를 기울이지 않았지요. 나는 너무 건강에 소홀하고, 고집을 부렸던 것입니다."

달라이 라마는 청중에게 독수리봉 순례와 산정상까지 올라갔던 힘든 여정을 설명했다. 그리고 파트나까지 차를 타고 가던 도중에 겪은 심한 복통에 대해서도 말했다.

"나는 이제 다 나았다고 생각하지만 아직도 몹시 피로합니다. 아무래도 나는 칼라차크라 예비 강론을 할 수 없을 것 같습니다."

내가 귀에 꽂고 있는 수신기 속으로 약간의 훌쩍거림이 들려왔다. 나는 락도르를 쳐다보았다. 고개를 숙이고 있었지만, 그의 얼굴이 붉게 상기되어 있음을 알 수 있었다.

"칼라차크라 입문 의식도 시간을 어느 정도 단축할 수는 있겠지만, 그것을 준비하려면 날마다 적어도 대여섯 시간이 걸립니다. 현재의 내 건강 상태로는 그것이 가능하지 않을 듯합니다."

더 많은 훌쩍임이 이어졌다. 락도르는 잠시 동안 완전히 통역을 멈추고서 목을 가다듬었다. 다시 통역이 이어졌다.

"내가 이 준비 절차를 강행한다면 괜한 고집을 부리는 일이 될 것입니다. 따라서 내 건강을 유지하고 더 오랫동안 다른 사람들을 위해 일할 수 있기 위해 나는 칼라차크라 입문식을 내년까지 연기하기로 결정했습니다."

무대 위에서는 많은 고위 라마승들과 승원장들이 드러내놓고 눈물을 흘리고 있었다.

"먼 곳에서 이곳까지 온 여러분들은 칼라차크라 입문식에 참가하지 못하게 되었다고 해서 슬퍼하지 마시기 바랍니다. 여러분은 마음의 결심을 하고서 올바른 동기를 갖고 이 성스런 장소에 왔습니다. 여러분이 내딛는 모든 발걸음, 여러분이 하는 모든 행위마다 공덕이 쌓이게 될 것입니다. 축복은 나로부터 오는 것이 아닙니다. 달라이 라마에게서 나오는 것이 아닙니다. 붓다의 신성한 이미지, 그리고 무수히 많은 위대한 영적 스승들이 방문했던 이 성스런 땅에서 나오는 것입니다. 따라서 여러분들이 이곳에 헛걸음을 했다고는 생각하지 마십시오. 대개 입문식 마지막에 모래 만다라를 볼 수 있으나, 이번에는 내가 그것을 전달할 수 없기 때문에 약간의 문제가 있습니다. 하지만 여러분은 깊이 헌신하는 마음을 갖고 이 신성한 장소에 왔기 때문에 나는 그것만으로도 만다라를 볼 자격이 있다 생각합니다."

칼라차크라 행사에서는 색색의 모래로 만다라를 그린 뒤, 나중에 그것을 쓸어담아 강에 흘려보낸다. 만물의 덧없음을 상징하기 위해서다.

달라이 라마는 잠시 생각을 정리한 뒤 말을 이었다.

"신기하게도 여러분에게 말하는 동안 내 몸이 더 나아지는 것 같습니다. 만일 건강이 더 나빠지지 않는다면 이틀 정도 강론을 해보도록 하겠습니다. 티베트 달의 보름째 되는 날, 칼라차크라 입문식의 마지막 행사를 위해 이곳에 돌아오겠습니다."

날이 갈수록 더 많은 티베트 인들이 계속해서 보드가야에 도착했다. 그날 밤, 마하보디 사원은 마치 불타고 있는 것처럼 보였다. 공들여 조각된 수많은 축원 사리탑과 불탑들에 50만 개의 촛불이 밝혀졌다. 각각의 촛불은 달라이 라마의 빠른 쾌유를 기원하는 것이었다. 순례자 수천 명이 의식에 따라 시계 방향으로 원을 그리며 탑들과 특별한 장소들을 돌았다. 멀리서 보면 그 원은 외계의 불빛으로 반짝이는 거대한 우주 정거장 같았다.

이튿날 나는 칼라차크라 소법당으로 다시 갔다. 달라이 라마가 머물고 있는 사원에서 온 수도승들이 기도문을 외고 있었다. 그들의 동료 중 몇몇은 다양한 색깔을 가진 복잡한 모래 만다라 위에서 작업을 계속하고 있었다. 그들은 한 번에 한 알씩 공들여 모래를 추가하고 있었다. 어느 순간 나는 그들이 약간의 동요를 일으키고 서로에게 귓속말로 속삭이는 것을 보았다. 그들은 작은 실수를 저질렀다. 작은 신이 잘못된 위치에 새겨진 것이다. 아무도 보고 있지 않음을 확인한 수도승은 잘못된 모래 알갱이들을 금속 튜브를 통해 은밀하게 빨아들였다.

나는 모래 만다라 제작을 여러 차례 본 적이 있지만, 실수가 저질러지는 걸 본 적은 이번이 처음이었다. 달라이 라마가 없기 때문에 대기 중에서 무력감이 확연히 느껴졌다.

그때 나는 창문 위쪽의 나무틀 부분에 작은 마이크가 부착되어 있고, 외부로 통하는 틈새로 전선이 한 가닥 이어져 있는 것을 발견했다. 한 수도승이 내게 그 전선이 달라이 라마의 침실에 설치된 FM 수신기 스피커로 연결되어 있다고 말해 주었다. 그럼으로써 수도승들의 기도 소리를 달라이 라마의 방에서도 들을 수 있다는 것이었다.

몸이 허약한 상태에서도 달라이 라마는 도움을 주고 싶어했다. 그는 직접 참여하지는 못하지만, 정신적으로 그곳에 함께 있기를 원했다. 이 집단적인 에너지, 세계 평화를 위한 기도 소리는 만다라가 의식에 따라 파괴되어 강물 속으로 떠내려갈 때 세상에 함께 전해질 것이다. 그때까지 달라이 라마는 병상에 누워서도 계속 이 의식에 참가할 것이다. 깨어 있는 의식으로 모두의 기도에 동참하려고 노력하는 달라이 라마의 모습을 상상하면서 나는 다시 한 번 그의 인간애에 깊은 감동을 받았다.

중심에 서 있는 그 한국인 무용수는 무아지경에 빠져 있었다. 두 눈은 감겨져 있고, 얼굴에는 광기 어린 미소가 떠올라 있었다. 그녀는 동료 무용수들이 치는 단절음의 북소리에 맞춰 격렬하게 몸을 떨며 미친듯이 앞뒤로 머리를 흔들었다. 무용수는 모두 여섯 명으로, 분홍색 저고리와 흰색 통 넓은 바지를 입고 있었다. 몇 명은 분홍색과 노란색 방울술이 달린 과장된 모자를 쓰고 있었다. 그들은 보드가야의 칼라차크라 입문 행사에 참가하러 온 꽤 많은 한국인 불교 신자들 중 일부였다. 한 티베트 라마승의 아침 강론이 끝난 뒤 그들은 수도승들의 관심을 달라이 라마의 불안한 건강 상태로부터 다른 데로 돌리기 위해 약간의 여흥을 제공하기로 마음먹었다.

그때 어디선가 늙은 티베트 여인이 나타났다. 그녀는 돌연 춤을 추고 있는 한국인 무용수들 한복판으로 끼어들었다. 그녀는 느릿느릿 미끄러지듯 앞뒤로 스텝을 밟기 시작했다. 일단 리듬을 타자 그녀는 흥에 겨워 자기식대로 팔을 내뻗으며 열정적으로 몸을 꼬고 발끝으로 돌기도 했다. 그녀는 목에 두르고 있던 긴 파란색 스카프를 풀어 머리 위에서 돌리고 또 돌렸다. 그것은 그녀의 통 넓은 티베트 의상과 완벽한 조화를 이루었다.

수도승들은 그녀의 춤에 매혹되었다. 흰 머리를 쪽을 진 그 연약한 티베트 노파는 자신보다 훨씬 어린 한국인 무용수들과 춤 솜씨를 겨루고 있었다. 관중들은 함성과 휘파람으로 그녀를 부추겼다. 여섯 살 가량 된 어린 동자승은 더 잘 보기 위해 나이 먹은 수도승의 어깨에 올라 앉아 있었다. 무뚝뚝한 인도 경찰관 한 명도 군중을 통제해야 하는 자신의 본분을 잊고서 멍하니 서서 바라보았다. 노파는 얼굴에 평온한 미소를 지은 채 주위 사람들의 시선에는 아랑곳하지 않았다.

한 나이든 서양 여자가 얼굴 가득 미소를 지으며 믿을 수 없다는 듯 고개를 젓더니 가까이 있는 수도승 한 명에게로 다가갔다. 승려가 쳐다보자 그녀는 엄지손가락을 들어 보이며 티베트 노파의 춤을 흉내내듯 팔과 어깨를 빙빙 돌렸다. 승려는 마음씨 좋게 웃으며, 그녀의 어깨를 한 번 두들겨 주고 나서 역시 엄지손가락을 들어 보였다.

공연이 끝난 뒤, 호텔로 돌아온 나는 로비에 앉아 〈인디아 타임스〉를 읽었다. 그 호텔에는 이틀 전부터 칼마파가 투숙해 있기 때문에 로비는 카규파(티베트 불교의 한 종파)의 최고 지도자인 17세의 그 라마승의 모습을 한 번이라도 보려는 사람들로 북적거렸다. 두 해 전, 이 십대 소년은 중국인 감시병들을 따돌리고 티베트 사원을 탈출해, 달라이 라마 곁으로 오기 위해 밤새 말을 달려 히말라야를 넘었다.

지난 10년 동안 7차례의 칼라차크라 입문 행사를 촬영해 온 캐나다 인 앨런 킹이 미끄러지듯 내 옆에 와서 앉았다. 그는 내게로 몸을 기대며 나지막한 목소리로 말했다.

"난 이런 북적거림이 싫어요. 그런데 오늘 아침 텐진 타클라가 드디어 내 사진 2장을 달라이 라마에게 가져갔었어요. 그리고 반시간 전 그가 내게 사진을 돌려주었어요. 가져갈 때와 똑같이 사인이 되어 있지 않은 채로……."

앨런은 오스트리아 그라즈에서 칼라차크라 사진전을 열 계획이었는데, 그러기 위해서는 달라이 라마의 자필 서명이 필요했다. 텐진은 그 사진들을 며칠 동안이나 서류 가방 속에 넣어 갖고 다녔었다.

내가 물었다.

"텐진이 달라이 라마를 만나지 못한 건가요?"

"아니에요. 텐진이 달라이 라마를 만나 사진을 보여 드렸는데, 서명을 할 수 없을 만큼 허약해져 있답니다."

나는 지난 이틀 동안 달라이 라마가 무척 걱정되었다. 지난번 칼랴차크라 행사장에 모습을 나타냈을 때 그는 만일 체력이 회복

된다면 이틀 동안 강론을 하겠다고 분명히 말했었다. 하지만 그런 일은 일어나지 않았다. 몇 명의 고위 라마승들이 그를 대신해 강론을 했다. 거대한 군중이 모여 달라이 라마에게 장수를 기원하는 기도를 바칠 칼라차크라 마지막 날이 코앞으로 다가와 있었다. 달라이 라마는 그 행사에 참석하겠다고 약속했었지만 현재까지 아무런 공식적인 확인도 없었다.

내가 달라이 라마를 처음 만난 이후 30년이 흘렀다. 최근 몇 해 동안 우리는 함께 비행기를 탔고, 함께 빵조각을 나눠 먹었으며, 이른 아침 몇 시간을 그의 사택에서 함께 보내기도 했다. 함께 책을 집필하게 되면서부터는 그는 용서와 자비, 공에 대한 자신의 통찰력을 나와 나누었다. 나는 그를 점점 더 좋아하게 되었다. 지금의 그는 나에게 아버지와 같은 존재였다.

무엇보다도 나는 그가 나를 배려하고 있다는 사실을 마음으로부터 알고 있었다. 그는 강론을 하다가 잠시 멈추고 내가 앉을 의자를 보내 준 적도 있었다. 내 다리가 가부좌를 하고 바닥에 앉기에는 적합하지 않음을 느꼈기 때문이다. 나는 그가 비서실장인 텐진 게셰에게 내가 외톨이라고 느끼지 않도록 이따금 밖에서 저녁 식사를 함께 하고 나에 대해 신경을 써주라고 부탁했음을 알고 있었다. 그 사실을 알고 나는 마음 깊이 감동했다. 달라이 라마가 주변에 많은 사람들, 심지어 처음 만나는 많은 사람들과도 친밀한 관계를 맺는다는 사실을 알고 있었음에도 그 감동은 줄어들지 않았다. 나는 그들의 행운을 시샘하지 않았다. 어쩌다 한 번씩 그의 따뜻한 마음을 경험하는 것만으로도 내게는 충분했다.

칼라차크라 행사장에서 너무도 허약해진 그의 모습을 보고 나는 큰 충격을 받았다. 불과 열흘이 지났을 뿐인데도 그는 열 살은 더 늙어 보였다. 그리고 이제 앨런 킹은 달라이 라마가 펜을 잡을 수 없을 정도로 쇠약해져 있다고 말하고 있었다.

나는 마하야나 호텔을 나서 마하보디 사원까지 짧은 거리를 걸어갔다. 그리고 수많은 순례자들의 무리에 등을 떠밀리면서 사원 중앙탑 주위를 시계 방향으로 돌기 시작했다. 그런 다음 사원 남쪽의 작은 공터로 가서 발길을 멈추었다. 그곳에는 돌로 만들어진 제단 위나 가능한 모든 장소마다 수천 수만 개의 초와 버터 기름 등잔이 타오르고 있었다. 나는 관리인에게서 초 한 상자를 샀다. 그중 하나에 불을 붙여 바닥에 촛농을 떨어뜨린 뒤 그것을 돌난간 위에 세웠다. 그렇게 하면서 나는 달라이 라마를 위해 침묵의 기도를 올렸다. 그런 다음 나머지 초에도 불을 밝혔다.

순례자들이 하는 사원 돌기를 마친 뒤 나는 다시 호텔로 향했다. 그곳에 도착하기 직전, 맞은편에서 바쁘게 걸어오고 있는 텐진 타클라와 우연히 마주쳤다. 나는 그를 만나게 되어 무척 기뻤다. 달라이 라마의 상태에 대한 최근 소식이 궁금했다.

텐진은 나를 보자 걷는 속도를 늦추긴 했지만 완전히 멈추지는 않았다. 그는 간략하게 말했다.

"지금은 아무 말도 할 수가 없어요. 방금 전에 인도 수상과 전화 통화를 했습니다. 우리는 내일 아침 맨 먼저 달라이 라마를 다른 곳으로 옮길 거예요."

나는 멍한 상태로 호텔 안으로 들어갔다. 로비에는 여전히 칼마파가 나타나기를 기다리는 사람들로 가득했다. 몇 명의 서양인들이 뒤쪽 소파에 앉아 있었다. 키 큰 미국인이 다른 사람들에게 노트북 컴퓨터로 티베트 동부의 매혹적인 흑백 사진들을 보여 주고 있었다. 누군가 농담을 하자 모두들 따라 웃었다. 독일의 전설적인 영화 제작자 베르너 헤르조그가 가냘프게 생긴 젊은 아내와 영화 제작진들을 거느리고 지나갔다. 그는 칼라차크라 행사에 관한 다큐멘터리를 만들기 위해 이곳에 와 있었다.

 나는 내 방으로 돌아가서 커튼을 닫고 가만히 누워 있었다. 바깥 거리에서 군중들의 수런거림이 들려왔다. 사원으로 향하는 순례자들, 그리고 사원을 떠나 숙소로 돌아가는 순례자들이었다. 나는 달라이 라마의 경호실장 셍게 랍텐을 기다리고 있었다. 날마다 이 시간쯤이면 그는 내 방으로 와서 샤워를 했다. 시첸 사원에는 뜨거운 물이 나오지 않았기 때문이다. 하지만 그날 랍텐은 모습을 나타내지 않았다.

이른 아침, 보드가야.

 나는 달라이 라마의 예정된 출발 시간보다 훨씬 앞서 시첸 사원에 도착했다. 그가 뭄바이의 개인 병원으로 이송된다는 소식이 퍼져서 사원으로 향하는 길은 인파로 완전히 차단되어 있었다. 공기 중에 불안감이 감돌았다. 달라이 라마의 병세가 어느 정도인지 정확히 아는 사람은 아무도 없었다. 믿을 만한 소식은 없고 뜬소문만이 무성했다. 그가 30년 만에 처음으로 병원에 입원한다는 사실은 티베트 공동체 전체에 큰 충격파를 던졌다.

 수십 명의 경찰과 군인들이 밀려드는 인파를 입구에서 밀어내느라 정신이 없었다. 사원 안으로 걸어들어가다가 나는 소박한 부탄식 줄무늬 의상을 입은 부탄의 왕비가 군중들 틈에 외롭게 서 있는 것을 발견하고 깜짝 놀랐다. 그녀가 누구인지 전혀 알지 못하는 경찰관 두 명이 무례하게 그녀를 뒤로 밀쳤다.

사원의 안마당 역시 인파로 붐비고 있었다. 가야 시장이 고위 경찰 간부 몇 명과 회의를 하고 있고, 한쪽 구석에는 위협적인 검은색 닌자복을 멋지게 빼입은 인도인 특공대원들이 모여 있었다. 카키색 군복에 푸른색 베레모를 쓴, 지위가 좀더 낮은 군인들은 다른쪽 구석에 무리를 지어 모여 있었다. 락도르도 그곳에 있었는데, 밤색 승복을 입고 엉거주춤하게 서 있었다.

통행증을 제시하고 나서 나는 사원의 비좁은 응접실 안으로 들어갔다. 작은 휴게실에는 티베트 불교의 가장 이름 높은 라마승 십여 명이 팔걸이 의자에 앉아 있었다. 마하보디 사원의 관리를 책임지고 있는, 오렌지색 승복을 입은 스리랑카의 승려 세 명도 그들 사이에 앉아 있었다. 달라이 라마의 스승 중 살아 있는 유일한 인물인 툴식 린포체가 계단을 걸어내려왔다. 그 노쇠하고 부드러운 수도승은 달라이 라마에게 작별 인사를 하고 나오는 것이 분명했다.

나는 응접실 한켠에 서서 기다렸다.

얼마 안 있어 달라이 라마가 천천히 계단을 내려오는 것이 보였다. 여러 해 동안 충직하게 그를 시봉해 온 팔조르가 그의 왼쪽 겨드랑이를 부축하고 있었다. 생게 랍텐은 달라이 라마의 오른쪽 팔꿈치를 꽉 움켜잡고 있었다. 달라이 라마는 수척해 보였지만 내가 마지막 보았을 때보다 상태가 더 악화된 것 같지는 않았다. 하지만 체중은 더 빠져 보였다.

응접실로 내려온 티베트 지도자는 자신을 기다리고 있는 라마승들에게로 다가갔다. 평소의 습관대로 그는 그들에게 농담을 걸고 장난을 쳤다. 그는 그중 한 명의 머리를 쓰다듬고 다른 사람의 가슴을 손가락으로 찔렀다. 허약해진 상태에서도 그는 여전히 사람들을 즐겁게 하고 그들의 슬픔을 덜어 주고 싶어했다. 그는 그들이 자신의 건강 상태 때문에 큰 정신적 충격을 받았음을 알고 있었다.

입구를 향해 천천히 걸어가다가 달라이 라마는 경호원들 뒤에 반쯤 몸을 숨기고 서 있는 나를 발견했다. 아주 잠깐 그는 걸음을 멈추고 나를 뚫어져라 바라보았다. 그는 미소를 짓지 않았다. 다만 그의 눈이 내 눈을 응시할 뿐이었다. 나는 나도 모르게 얼굴이 붉어져서 턱을 악물었다. 달라이 라마가 내 곁으로 다가오더니 부드럽게 나를 껴안았다. 내가 그를 붙잡고 있는 동안 눈물이 내 얼굴을 타고 흘러내려 그의 승복 옷깃을 적셨다. 마침내 그는 뒤로 물러나서 다시 한 번 눈물에 젖은 내 눈을 응시하고는 앞마당으로 걸어나갔다.

진정으로 지혜로운 사람들은 삶의 목표에 전적으로 집중한다.
그 목표란 궁극적인 행복을 얻는 일이다. 그들은 자비심을
키우고 이타적인 마음을 가짐으로써 그것을 이뤄 낸다. 그 과정에서
그들 자신이 최대의 행복이라는 큰 이익을 얻는 것이다.
자신의 목표를 이루고 행복한 삶을 이끌어가는 최상의 길은
다른 사람들에게 봉사하는 일임을 그들은 알고 있다.
그것이 진정한 지혜이다.

15
행복한 삶에 이르는 길

락도르가 팔걸이 의자 끝에 꼿꼿한 자세로 앉아 있었다. 그 통역 담당 승려는 전에 없이 조용했다. 새벽 4시 반이었다. 달라이 라마의 독일 셰퍼드견 돌마가 몸을 둥글게 말고 엎드려 있었다. 돌마는 자신의 생활 공간에 침입한 우리의 존재에 대해서는 안중에도 없는 듯했다. 양철 밥그릇과 물그릇이 팔걸이 의자 옆 바닥에 놓여 있었다.

2002년 3월 말이었다. 달라이 라마가 보드가야에서 심하게 아팠던 때로부터 두 달 반이 지나 있었다.

락도르와 나는 다람살라에 있는 달라이 라마의 자택 1층 응접실에 앉아 있었다. 우리는 이제 곧 티베트 지도자를 만나기로 되어 있었다. 병으로 쓰러지고 나서 처음으로 그는 방문객을 맞이해도 좋을 만큼 회복이 되어 있었다. 그리고 3년 만에 두번째로 나는 달라이 라마의 새벽 산책에 동행하는 드문 특권을 누리게 되었다. 이제 그가 정말로 회복이 되었는지 내 두 눈으로 확인할 수 있게 된 것이다.

응접실에 있는 등나무 가구와 군데군데 놓인 양탄자들은 시대에 뒤떨어지고 사용하기엔 너무 낡아 있었다. 얼핏 보기에 그린

지 몇 년은 되어 보이는, 유화로 그린 달라이 라마의 초상화가 한 쪽 벽에 걸려 있었다. 뉴에이지풍의 파란 대기 속에 떠 있는 뫼비우스의 띠를 그린 그림 한 점이 탁자 다리에 기대어져 있었다. 그 방은 거의 사용하지 않는 것이 분명했다. 달라이 라마는 이곳에 내려올 이유가 전혀 없었다. 그에게 필요한 모든 것, 명상하는 방과 서재, 식당 등은 2층에 있었다. 그리고 그는 거의 언제나 방문객들을 언덕보다 아래쪽에 있는 관저의 접견실에서 만나는 것을 더 좋아했다.

그 응접실에서 한 가지 내가 충격을 받은 것은 대피소와도 같은 그곳의 분위기 때문이었다. 그 건물은 지진에 견디도록 설계된 것임에 분명했다. 육중한 콘크리트 기둥들이 이 아래층을 빙 둘러싸며 지탱하고 있었다. 야트막한 천장도 그 방의 밀실 같은 분위기를 더해 주었다.

정확히 4시 40분에 티베트 인 경호원이 들어와 우리에게 달라이 라마가 아래층으로 내려오고 있다고 알려 주었다. 우리는 서둘러 방을 나와 집 밖으로 나갔다. 기분 좋게 상쾌한 밤공기가 이국적인 꽃들의 향기를 잔뜩 머금고 있었다. 입구 쪽 안마당의 거의 모든 여유 공간은 자주색 꽃들과 짙푸른 꽃들이 핀 화분들로 가득했다. 그리고 그 뒤쪽 화분에는 더 키가 큰 붉은 꽃들이 무리지어 피어 있었다. 2층 사택 전체가 마치 높은 바다에 떠 있는 배처럼 주위를 빛으로 적시고 있었다. 대여섯 명의 티베트 인 경호원들이 입구 주위를 서성거렸다. 다람살라의 다른 모든 사람들이 잠들어 있는 동안, 이 외딴 영토는 차분하고 의미 있는 활동들로 살아 있었다.

달라이 라마가 외부로 난 육중한 철제 계단을 천천히 걸어내려왔다. 그는 승복을 입고 있었지만 위에 걸치는 장삼은 벗은 상태였다. 어깨와 팔의 맨살이 드러나 있었다.

락도르에게 고개를 끄덕여 보인 뒤, 그는 내게로 몸을 기울여 나를 자세히 들여다보고는 다시 몸을 세우며 따뜻하고 우렁찬 목소리로 늘 하듯이 "니 하오?" 하고 중국어로 인사를 했다. 그런 다음 빠른 걸음으로 앞장서서 걸어갔다.

내가 그를 마지막으로 본 것은 두 달 전이었다. 그 당시 그는 보드가야의 시첸 사원을 힘들게 걸어나가 가야의 작은 공항으로 향했었다. 그곳에 그를 인도 최고의 병원으로 데려가기 위해 헬리콥터가 대기하고 있었다. 하지만 이 이른 봄날 아침, 그는 다소 수척해 보이긴 해도 기민하고 활기차 보였다. 그를 쇠약하게 했던 병에서 회복되었다는 것은 의심할 여지가 없어 보였다. 어디선가 카키색 군복에 점퍼를 입은 두 명의 인도인 장교가 나타나 그를 뒤따랐다. 티베트 인 경호원들과 락도르, 그리고 나는 맨 뒤에서 따라갔다.

우리는 곧 사택에서 뿜어져 나오는 눈부신 빛으로부터 벗어났다. 넓은 콘크리트 길을 따라 좁고 길다란 온실을 지나쳤다. 그곳에서 우리는 나무들이 빽빽이 우거진 어두운 숲 지대로 올라갔다. 추위를 막기 위해 짧은 코트를 입은 외로운 인디언 보초병이 콘크리트 막사 옆에서 허리춤에 날렵하게 총을 꿰차고서 경계 근무를 서고 있었다. 달라이 라마는 그에게로 다가가 장난스럽게 총을 잡아당기며 아침 인사를 건넸다.

병사는 그런 장난에 익숙한 듯했다. 그는 시선을 눈높이에 고정시킨 채 씩씩하게 대답했다.

"안녕히 주무셨습니까!"

우리는 꼭대기에 기도 깃발들과 흰 사리탑이 서 있는 작은 언덕 아래를 빙 돌았다. 접견실이 있는 관저 건물이 가까워지자 길이 좁아졌다. 그 지역은 칠흑같이 어두웠다. 앞서 갔던 경호원이 돌아서며 강력한 손전등으로 길과 부겐빌리아 꽃이 만발한 베란다를 비추었다. 달라이 라마는 둥근 진입로를 돌아 언덕 위쪽에 있는 자신의 개인 법당으로 향했다. 그 법당 맞은편 길이 빽빽한 숲을 지나 사택으로 내려가는 가파른 길이었다. 마지막 구간을 통과하는 동안 달라이 라마는 흐릿한 불빛 아래서 미끄러지지 않고 발 디딜 곳을 찾느라 조금씩 더듬거렸다.

이윽고 우리는 출발 지점으로 되돌아왔다. 달라이 라마가 산책로를 다시 한 바퀴 돌기 위해 돌아섰을 때 나는 놀라면서도 마음 한편으로 기뻤다.

내가 처음 이 아침 산책에 동행했을 때 그는 온실이 있는 지점까지만 갔다가 돌아왔었다. 그것은 다 합쳐 축구장의 가로폭 정도밖에 안 되는 거리였다. 그후 2년 동안 나는 그에게 운동의 중요성에 대해 자주 잔소리를 늘어 놓았었다. 그런데 이제 그가 진지하게 그것을 받아들여 준 것이 고마웠다. 그날 아침 달라이 라마는 산책로를 세 바퀴나 돌았다. 산책이 끝난 뒤 그는 우리에게 작별 인사를 한 뒤, 샤워를 하고 아침식사를 하기 위해 위층으로 올라갔다. 산책은 거의 반 시간이나 걸렸으며, 나는 시원한 산공기에도 불구하고 땀을 많이 흘렸다.

동트기 전의 흐린 빛 속에서 달라이 라마를 잠시 보았을 뿐이지만 그의 체중이 많이 줄었음을 분명히 알 수 있었다. 1월과 2월 내내 침대에 누워 지낸 것을 생각하면 그리 놀라운 일이 아니었다. 몇 시간 후면 나는 그와의 대화를 다시 시작하기로 되어 있었다. 그의 병에 대해 묻고 싶어서 견딜 수가 없었다.

그날 오후 접견실에 들어선 나는 락도르와 함께 가리 린포체가 앉아 있는 것을 보고 놀랍고도 반가웠다. 티베트 지도자의 막내동생인 그는 내가 달라이 라마와 대화를 나눌 때마다 늘 참석하지는 않았지만, 달라이 라마의 요청으로 합석할 때면 능수능란한 유머 감각으로 내 긴장을 풀어 주곤 했다. 잠시 후 달라이 라마가 평소처럼 정확한 시간에 방안으로 들어왔다. 그는 팔걸이 의자에 앉아 기대되는 표정으로 나를 쳐다보았다.

내가 질문을 시작했다.
"지금, 기분이 어떠세요?"
그가 대답했다.
"아주 좋습니다. 뱃속에 가스가 차서 좀 문제지요."
가리 린포체가 거들었다.
"복부 팽창 때문에 가스가 많아진 겁니다."
달라이 라마가 말했다.
"가스가 많아지면 어떤 때는 약간 아프기도 합니다. 하지만 걷는 데는 아무 문제 없어요."
나는 그가 평소처럼 의자에 등을 기대고 앉는 대신 팔걸이 의자 끄트머리에 엉덩이만 걸치고 앉아 있는 것을 눈치챘다. 그리고 그의 영어 또한 눈에 띄게 단문이었다. 나는 우리가 나란다 대학 유적지와 독수리봉을 순례한 뒤에 달라이 라마에게 무슨 일이 일어났는지 특히 궁금했다.

그는 자동차 행렬이 파트나에 도착하기 훨씬 전부터 배에 심한 통증을 느꼈다고 말했다. 통증이 너무 심해서 공처럼 몸을 둥글게 말아야만 했다는 것이다. 좀더 편안한 자세를 취하기 위해 그는 방향을 바꿔가며 차의 문짝에 몸을 기대기도 했다. 하지만 마침내 포기하고 왼쪽 좌석 팔걸이에 머리와 어깨를 올려놓고 길게 누웠다. 차가 울퉁불퉁한 도로 표면을 지날 때마다 몸 전체에 몹시 고통스러운 진동이 전해졌다. 에어컨이 가장 세게 틀어져 있는데도, 그는 눈을 감은 채로 비오듯 땀을 흘렸다.

달라이 라마와의 이 대화에 앞서 나는 티베트 지도자의 여행 세부 일정을 관리하고 있는 부티아와 이야기를 나누었다. 나는 나란다 유적지에서 파트나까지의 자동차 여행 중에 일어난 일에 대해 듣고 싶었다. 부티아는 인도에서 달라이 라마의 많은 여행에 동행했었다. 하지만 그는 달라이 라마가 그토록 심하게 괴로워하는 것을 본 적이 없었다. 가벼운 설사병이나 감기에 걸린 적은 있었지만 이런 경우는 한 번도 없었다.

차 안에서 달라이 라마는 병든 개처럼 몸을 웅크리고 있었고, 파트나까지는 아직 한 시간이나 남아 있었다. 부티아는 앞서 가는 경찰 호송 차량에게 무전기로 이 상황을 알렸다. 자동차 행렬은 사이렌을 울리고 라이트를 번쩍이면서 속도를 내기 시작했다. 10대가 넘는 이 이상한 차량 행렬이 지나갈 수 있도록 자동차와 화물차들이 도로 옆으로 비켜섰다. 차가 속도를 높이자 도로의 울퉁불퉁한 부분에서 오는 충격이 다소 줄어들었고, 달라이 라마의 상태도 약간 나아진 듯 보였다.

하지만 파트나 근처에 다다르자 차는 다시 속도가 떨어져 거의 기다시피했다. 도로는 초저녁 통행 차량들로 만원이었으며, 소음도 이만저만이 아니었다. 달라이 라마에게는 모든 운전자가 오직 경적에 의지하고 있는 것처럼 보였다. 경찰의 호위를 받고 있었지만 그곳을 빨리 빠져나갈 길이 전혀 없었다. 달라이 라마가 탄 차량 행렬은 매연을 뿜어대는 디젤 버스들과 악착같이 돌진하는 삼륜차들 틈새에 꼼짝 못하고 끼어 있었다. 잦은 출발과 정지 때문에 달라이 라마는 속이 몹시 불편해 오는 것을 느꼈다. 그는 가까스로 몸을 일으켜 세워 똑바로 앉았으며, 창 밖을 내다보면 멀미가 가라앉는다는 사실을 발견했다.

그가 길가에서 한 노인과 어린 소년을 발견한 것이 바로 그 순간이었다. 달라이 라마는 접견실에서 내게 그 장면을 설명했다. 가리 린포체는 그가 하는 모든 말을 한 마디라도 놓칠새라 귀를 세우고 얘기를 들었다. 그도 이렇게 자세한 이야기를 듣는 것은 처음이었다.

달라이 라마가 말했다.

"나는 너무 고통스러웠습니다. 고통이 이루 말할 수 없었습니다. 그리고 얼마나 많은 액체, 물, 땀을 흘렸는지 모릅니다. 그때 나는 알게 되었습니다. 눈에서 나오는 물은 감정과 많은 관계가 있고, 몸에서 나오는 물은 신체적인 고통과 관계가 있다는 것을. 그래서 신체적 고통이 너무 크면 눈에서 눈물이 나오지 않고 몸에서 액체가 나오는 것이지요. 그것들이 무슨 차이이고 무슨 관계인지 나는 잘 모릅니다. 아무튼 바로 그때 나는 길고 헝클어진 머리를 한 그 노인을 보았습니다."

달라이 라마는 오른손을 들어 자신의 머리를 만졌다. 그리고 엄지손가락과 새끼손가락을 넓게 펴서 그 노인의 머리가 얼마나 길었는지 보여 주었다.

"그는 수염도 몹시 지저분하고, 입고 있는 옷들은 먼지와 오물에 절어 있었습니다."

그는 그 가슴 아픈 장면을 회상하면서 얼굴을 찡그렸다.

"그리고 그곳에 많은 가난한 아이들이 있었습니다. 학교에 다니지 못하고 길가에서 그냥 살아가고 있었습니다. 그 중에서 키가 이 정도 되는 아이가 내 시선 속에 들어왔습니다."

달라이 라마는 팔을 뻗어 1미터 조금 넘는 높이를 가리켜 보였다. 그런 다음 양손으로 자신의 허벅지 아래를 만져 보았다.

"그 소년은 소아마비를 앓아 두 다리를 제대로 쓸 수 없는 상태였습니다. 그래서 목발에 의지하고 있었습니다. 내가 신체적인 고통을 겪고 있는 동안, 내 눈에는 오로지 그 가엾은 사람들의 모습만 떠올랐습니다. 나는 좋은 보살핌을 받고 있는 반면에 그들을 보살펴 주는 사람은 아무도 없었습니다."

달라이 라마는 눈을 감고 침묵에 잠겼다. 잠시 후 그가 말을 이었다.

"비록 난 신체적으로는 고통을 느끼고 있었지만 마음은 전혀 불안하지 않고 매우 평화로웠습니다. 조금 불편함을 느꼈을 뿐이지요. 왜 그토록 평화로운 느낌을 가졌을까요. 내 자신은 신체적인 고통을 겪고 있지만, 마음속으로는 끊임없이 아무 보살핌도 받지 못하는 다른 사람들을 생각했습니다. 따라서 내 자신의 고통에 대해서는 그다지 걱정하지 않게 되었습니다. 다른 사람들에 대한 염려가 내 자신의 고통을 덜어준 것입니다. 자비심을 갖는 경험은 다른 사람들에게는 반드시 이익이 되지 않더라도 자기 자신에게는 큰 이익을 가져다줍니다. 나는 그 노인과 소아마비에 걸린 그 소년의 끔찍한 상황을 생각했습니다. 그 염려의 감정이 내 자신의 신체적인 고통에 대한 느낌을 덜어 주었습니다. 따라서 매우 좋은 일이지요."

내가 달라이 라마에게 물었다.

"당신이 강론에서 세상의 붓다들과 보살들은 가장 이기적인 존재들이며, 그들은 이타적인 마음을 키움으로써 실제로 그들 자신을 위한 궁극적인 행복을 얻는다고 말씀하실 때의 의미가 바로 그것인가요?"

그는 대답했다.

"다른 사람을 돕는다는 것이 우리 자신을 희생시키면서 그렇게 하는 것을 의미하진 않습니다. 전혀 그렇지 않습니다. 붓다와 보살들, 진정으로 지혜롭고 자비로운 사람들은 자신들의 삶의 목표에 전적으로 집중합니다. 그 목표란 궁극적인 행복을 얻는 일, 깨달음을 성취하는 일입니다. 그들은 그것을 자비심을 키우고 이타적인 마음을 가짐으로써 이뤄냅니다. 그 과정에서 그들 자신이 큰 이익을 얻는 것이지요. 최대의 행복이라는 이익을.

그들은 자신들의 목표를 이루고 행복한 삶을 이끌어가는 최상의 길은 다른 사람들에게 봉사하는 일임을 알고 있습니다. 그것이 진정한 지혜입니다. 그들은 의도적으로 자기 자신을 가장 중요한 자리에 두고 다른 사람들을 두번째 자리에 두는 그런 일은 하지 않습니다. 그것은 그들의 방식이 아닙니다. 그들은 의도적으로 다른 사람들의 행복과 기쁨을 가장 중요한 것으로 여깁니다. 하지만 실제로는 그러한 행동이 그들 자신에게 가장 큰 이익으로 돌아오는 것입니다."

한 가지 생각이 달라이 라마에게 떠오른 듯했다. 그는 가리 린포체에게 시선을 돌려 영어로 말했다.

"나는 요리사가……."

그러더니 그는 다시 티베트 어로 말했다. 그의 동생이 통역을 맡았다.

"다른 사람들을 위해 요리하는 요리사는 비록 자기 자신을 위해 요리하는 것은 아니지만 언제나 배불리 잘 먹지요."

달라이 라마가 덧붙였다.

"내가 보았는데 많은 요리사들이 뚱뚱하더군요."

그와 그의 동생은 한바탕 크게 웃었다.

나는 내가 궁금한 것을 질문했다.

"그래서 당신이 파트나의 그 불쌍한 사람들을 보았을 때 당신의 통증이 실제로 사라졌나요?"

달라이 라마가 말했다.

"아니요. 난 그렇게 생각하지 않습니다. 하지만 내가 본 그 가난함과 무력함은 내 안에 매우 깊은 영상을 새겨 놓았습니다. 파트나의 호텔 침대에 누워 있을 때도 나는 몹시 아팠지만 내 눈에 떠오르는 것은 오로지 이 두 가지였습니다. 배고픔과 목마름. 나는 마음속으로 계속해서 물었습니다. '얼마나 가엾은 일인가! 그들을 위해 우리가 무엇을 해야 하지? 무엇을 해줄 수 있을까?' 그

행복한 삶에 이르는 길 247

러자 내가 겪는 고통의 강도가 훨씬 줄어들었습니다. 강한 염려의 마음이 내 자신의 고통을 압도해 버린 것이지요."

보드가야를 떠난 이후로 나는 줄곧 한 가지 의문에 사로잡혀 지냈었다. 달라이 라마의 복부 통증이 어떻게 그토록 갑자기 위기 상황으로 치달아, 뭄바이의 전문 병원으로 이송되는 결과까지 낳게 되었을까? 나는 그 병의 원인을 달라이 라마와 함께 풀어 보고 싶었다.

"독수리봉 정상까지 가파른 산길을 올라갈 때 당신은 몸의 상태가 별로 좋지 않았나요?"

접견실에서 내가 달라이 라마에게 질문을 던지자, 가리 린포체는 등이 곧은 의자를 자신의 형 쪽으로 좀더 가까이 끌어당겼다. 그는 우리와 함께 독수리봉에 가지 않았으며, 복통이 일어나기 전까지 달라이 라마에게 무슨 일이 일어나고 있었는지 알고 싶어 했다.

달라이 라마가 대답했다.

"아니오. 그날 아침은 나쁘지 않았습니다. 아무렇지도 않았어요. 오히려 몹시 상쾌했습니다. 하지만 그때에도 이미 내 안에는 몇 가지 원인과 조건들이 있었지요."

"라즈기리의 일본 호텔에서 먹은 음식이 안 좋았나요?"

"그런 것 같지는 않습니다."

"하지만 그 호텔에서 점심식사를 한 뒤 설사를 하셨잖습니까?"

"세균성 설사에 걸렸었지요."

"체텐 박사에게 듣기론, 당신 장 속에 아메바가 있었다고 하더군요. 그건 분명히 불결한 음식이나 깨끗하지 못한 물에서 온 것이거든요."

달라이 라마가 말했다.

"그 아메바들이 얼마나 오랫동안 내 뱃속에 있었는지 난 모릅니다. 반드시 그날 생겼다고 할 순 없지요. 많은 원인들이 있습니다. 한 가지, 직접적인 원인은 부주의지요."

"부주의요?"

"내 몸이 주로 아무 문제가 없으니까 부주의하게 된 겁니다. 그렇게 되면 나는……."

달라이 라마는 락도르를 쳐다보더니 티베트 어로 말하기 시작했다. 락도르가 통역했다.

"내 몸이 무척 건강하다고 느끼고 무리를 하게 되지요. 너무 많이 일하고, 너무 많이 여행하고, 주의가 부족했던 겁니다."

달라이 라마와 가까이서 일하는 사람들은 이 고백에 전적으로 공감할 것이다. 특히 여행을 나서면 그는 언제나 너무 빠듯하게 일정을 잡는다. 나는 그와 여러 차례 여행을 함께 했기 때문에 그것을 충분히 알고도 남는다. 나는 그보다 열 살이나 젊다. 하지만 그의 넘치는 에너지와 기운은 나를 부끄럽게 만들곤 했다. 그를 따라다니는 것은 공원에서 산책을 하는 것과는 분명히 달랐다.

달라이 라마가 말을 이었다.

"그날 아침 독수리봉을 오를 때 땀을 많이 흘렸습니다. 그리고 산꼭대기에선 약간 추웠어요. 산을 내려오면서 다시 땀을 흘렸고, 점심 먹을 때는 옷을 벗었지요. 점심식사 후엔 신선한 레몬 주스와 물을 마셨습니다. 대개는 아무 문제가 없는데, 그날은 이미 몸

상태가 달라져 있었기 때문에 그것이 한 가지 원인이 된 겁니다.

더 본질적인 원인이 있습니다. 독수리봉과 나란다 유적지로 순례를 떠나기 전에 나는 강론을 하러 남인도에 갔었습니다. 그곳에 머무는 동안 간과 눈에 좋다는 티베트 약을 복용하기 시작했습니다. 그것은 차가운 약이었습니다. 말하자면 몸에 냉기를 주는 약이지요. 약 30년 전에도 나는 간에 문제가 있어서 똑같은 약을 먹었었는데, 그 즉시 여기 배 부위에서 작은 통증을 느꼈었습니다. 그래서 나는 그 약을 끊고 그 대신 열을 발생시키는 약을 복용했습니다. 그러자 통증이 완전히 사라졌습니다. 이번에도 똑같은 장소에서 통증을 느꼈습니다. 너무 많은 냉기가 몸속에 들어간 것이지요."

너무 많은 냉기라……. 어렸을 때 나의 어머니도 내가 몸이 아플 때마다 그렇게 말하곤 했었다. 내 증상이 무엇인가는 그다지 중요하지 않았다. 문제는 언제나 '냉한 기운'이었다. 엄마는 나를 억지로 끌고서 전차로 홍콩 섬을 가로질러 변두리 지역까지 가곤 했다. 그곳에서 우리는 가파르고 좁은 골목길과 고르지 못한 돌계단들을 한참 동안 걸어올라가 한 약초 가게로 갔다. 가게 안은 불빛이 어두컴컴하고, 벽마다 온통 약초로 가득 찬 작은 나무 서랍들이 층층이 쌓여 있었다. 약재상은 내 맥박을 재고 혀를 내밀어보게 한 뒤 붓과 먹으로 진단서를 써주고는, 서랍들에서 이런저런 약초를 꺼내 저울에 달았다. 집에 돌아오면 어머니는 그 약초를 물에 넣고 검은 즙이 남을 때까지 여러 시간 동안 달였다. 약은 비록 쓰긴 했어도 맛이 아주 나쁘진 않았다. 나는 약이 뜨거울 동안 한 번에 다 마셔야만 했다. 그렇게 하면 대개 얼마 안 가 몸이 나

앉고, 나는 병이 나을 때가 되어 나은 것이지 약 때문은 아니라고 생각했다.

달라이 라마가 설명했다.

"중국의 한약이나 인도의 아유르베다 의약과 마찬가지로 티베트의 약은 크게 뜨거운 것과 차가운 것 두 종류로 나뉩니다. 하체에서 발생하는 대부분의 병은 지나친 냉기와 관련이 있습니다. 그리고 간에서 생기는 문제나 두통 등은 지나치게 많은 열을 의미합니다. 따라서 남인도에서의 3주 동안 나는 매일 아침마다 내 몸속에 냉기를 증가시키는 약을 먹었던 것입니다. 그때 작은 통증이 이따금씩 이미 시작된 상태였습니다. 그러다가 성지 순례 기간 중에 직접적인 원인이 일어났고, 한순간에 무엇인가가 터져 버린 것이지요."

그가 계속해서 말했다.

"여기 또 다른 요인이 있습니다. 지난 해 5월 미국을 여행할 때, 내 소화 기능은 매우 뛰어났습니다. 더할 나위가 없었지요. 그래서 아침마다 나는 많은 양의 찬 우유를 마셨습니다. 그런데 솔트레이크 시티에 갔을 때 한 부인이 우연히 내게 블루베리 열매가 눈에 매우 좋다고 알려 주었습니다. 그녀는 미국 공군 조종사들이 블루베리 열매로 만든 잼을 많이 먹는다고 설명했습니다. 그래서 블루베리 몇 개를 먹어 보았더니, 맛이 아주 좋더군요. 그리고 날마다 먹는 양이 늘어났습니다. 그것이 내 소화 기관에 어느 정도 영향을 미쳤다고 나는 생각합니다. 너무 많은 냉기가 들어간 것이지요."

달라이 라마가 락도르에게 짧게 말했다. 락도르가 통역했다.

"모든 일이 그때 시작된 것 같습니다. 블루베리 열매의 냉기 때문이죠."

그러고 보니, 위기를 불러온 것은 블루베리 열매의 냉기였다. 내가 기대했던 그런 답이 전혀 아니었다. 하지만 그렇더라도 나는 달라이 라마가 나나 다른 사람 같지 않다는 사실을 받아들였다. 그는 자기 주위의 세상을 바라보는 두드러지게 다른 방식을 가지고 있었다. 내가 그 병에 대해 알고 싶었던 몇 가지 의문점은 여전히 남아 있었다.

나는 달라이 라마에게 물었다.

"파트나에서 돌아와 보드가야에 있을 때는 무슨 일이 일어났나요?"

"시첸 사원에서 4, 5일을 있었지만 상태가 별로 나아지지 않았습니다. 그래서 나는 생각했습니다. '만일 칼라차크라 입문 행사를 시작했다가 실패로 끝난다면 그것은 시작하지 않으니만 못하다. 따라서 행사를 취소하고 뒤로 미루는 것이 낫겠다.' 그래서 난 그렇게 결정을 내렸습니다. 처음에는 3일 동안 강론을 할 수 있다는 희망이 들었지만 그렇게 할 수가 없었습니다. 그러던 어느 날 아침, 체텐 박사가 몸의 이쪽 부위가 부풀어 오른 것을 발견한 것입니다."

달라이 라마는 자신의 왼쪽 부분을 두들겨 보였다.

락도르가 말했다.

"체텐 박사는 달라이 라마에게 그날로 즉시 병원으로 옮길 것을 제안했습니다."

내가 물었다.

"그래서 칼라차크라 행사 마지막 날의 장수 기도 법회를 취소해야만 했군요."

달라이 라마가 말했다.

"그렇습니다. 하지만 바로 그날 떠날 준비를 갖춘다는 건 불가능했습니다. 그래서 다음날 뭄바이의 병원으로 떠나는 일이 가능한지 알아보았습니다. 델리의 인도 정부와 몇 번 접촉한 끝에 주 정부는 헬리콥터 한 대를 지원하는 데 동의했습니다. 그리고 중앙정부는 파트나에서 뭄바이로 가는 직항 특별 여객기를 제공했습니다. 뭄바이에서는 공항에서 곧바로 병원으로 갔지요."

이때 가리 린포체가 스스로 나서서 내게 말했다.

"달라이 라마가 병원으로 옮겨졌을 때 그의 눈에 맨 먼저 띈 것은 그를 기다리고 있는 큰 주사바늘과 링거 병이었어요. 그는 매우 불편해 했어요. 약간 겁도 먹었구요."

가리 린포체는 주로 락도르의 통역을 돕기 위해 그곳에 있었지만, 나는 그가 언제나 재미있는 이야기 거리를 갖고 있음을 믿어 의심치 않았다.

달라이 라마는 그 당시의 상황을 기억하고는 약간 얼굴을 찡그리며 말했다.

"하지만 선택의 여지가 없었어요. 할 수 없이 링거 주사를 맞았습니다."

그리고는 큰 소리로 웃음을 터뜨렸다.

내가 물었다.

"병원에선 무슨 검사를 하던가요?"

"모든 검사를 다 했습니다. 물론 위와 장 검사도 하고요. 그밖에도 심장, 간, 혈액 검사도 했습니다. 아무 이상이 없었어요. 암도 아니었고."

내가 물었다.

"그럼 복부가 부풀어 오른 원인이 무엇인가요?"

"그들은 그것을 밝히는 데 실패했습니다. 한 전문의가 이렇게 말하긴 했지만……."

여기서 달라이 라마는 다시 티베트 어로 말했다. 이번에는 가리 린포체가 통역을 했다.

"검사를 한 뒤, 그 전문의는 모든 것이 완벽하게 정상이며, 암의 조짐도 없다고 말했습니다. 그러더니 그는 이 한 가지가 심각한 문제였다고 했습니다. 그리고 그것이 내 목숨을 앗아갈 수도 있었다고 했습니다. 장에 미세한 구멍이 나 있었던 것입니다. 만일 그것이 조금만 더 컸더라도 나는 죽었을지도 모른다고 그는 말했습니다."

나는 달라이 라마의 얼굴에 떠올라 있는 장난기 어린 미소를 바라보았다. 그는 자신이 죽었을 수도 있었다는 사실을 은근히 즐기고 있는 듯했다.

그때 두 명의 수도승이 쟁반을 들고 접견실 안으로 들어왔다. 한 수도승은 뜨거운 물이 담긴 뚜껑 덮은 컵을 달라이 라마 옆에 조심스럽게 내려놓았다. 또 다른 수도승은 인스턴트 커피와 몇 개의 티백이 담긴 쟁반, 그리고 뜨거운 물이 든 보온병을 내 옆 야트막한 탁자 위에 내려놓았다. 가리 린포체가 의자에서 일어나 걸어오더니 귓속말로 내게 물었다.

"커피와 차 중 어느 걸로 드시겠습니까?"

나는 달라이 라마에게 시선을 고정시킨 채 대답했다.

"커피로 주시죠."

가리 린포체가 커피 가루를 한 스푼 가득 컵에 덜어 넣고 뜨거운 물을 붓는 것을 나는 대충 의식하고 있었다. 그가 또다시 내게 몸을 기대며 귀에 대고 속삭였다.

"밀크? 설탕?"

"아, 네, 좋습니다. 감사합니다."

나는 기계적으로 대답했다. 타이핑해 둔 질문 용지들을 넘겨 보다가 나는 약간의 공황 상태에 빠졌던 것이다. 마지막으로 한 질문이 무엇이었는지 잊어버렸고, 달라이 라마에게 그 다음 질문으로 무엇을 물어야 할지 전혀 떠오르지 않았다. 커피는 언제나 대환영이었다. 2시간이 넘는 대화 중간쯤에 이르면 내 기력이 흔들리기 때문이었다. 하지만 때로 이런 중단은 내 빈약한 집중력을 방해하기 십상이었다.

그 순간 나는 체텐 박사가 나와의 대화 중에 언급한 내용이 떠올랐다.

내가 달라이 라마에게 말했다.

"뭄바이의 인도 의사들이 당신의 심장이 이십대 청년의 심장과 똑같다고 말했다고 체텐 박사가 내게 그러더군요."

그가 대답했다.

"네, 맞습니다. 심전도 검사를 하고 나서 뭄바이의 의사들이 내게 알려 주더군요. 실제로 나를 검사했던 파트나의 의사도 정확히 똑같은 말을 했습니다."

"당신이 생각하기에 그 이유가 뭘까요?"

나는 인스턴트 커피를 한 모금 길게 마시고 나서 물었다.

달라이 라마가 조금의 망설임도 없이 말했다.

"마음의 평화라고 난 생각합니다."

"당신이 이십대 청년의 심장을 갖고 있는 이유가 마음의 평화 때문이라고요?"

"그렇습니다. 그렇지 않으면 내겐 특별한 것이 아무것도 없습니다. 난 어떤 특별한 운동도 하지 않으니까요."

이십대의 심장을 가진 67세의 노인 달라이 라마는 마음이 몸을 치료하는 힘을 갖고 있다는 것에 대해 조금의 의심도 하지 않았다. 그에게 있어서 마음과 몸은 분리될 수 없는 하나의 연속체에 속해 있다. 한 쪽에 무슨 일이 생기면 다른 한 쪽도 영향을 받는다. 세상의 모든 것이 서로 연결되어 있고 상호 의존하고 있다는 것은 달라이 라마가 반세기 동안 반복해 온 만트라이다. 오늘날은 심지어 정통파 의사들과 연구가들조차도 같은 결론을 내리고 있다. 신장에 문제가 생기면 뇌에 중대한 영향을 줄 수 있다. 그리고 현재는 심리적인 절망감도 심장병의 주된 위험 요인으로 여겨지고 있으며, 그것은 콜레스테롤만큼이나 나쁠 수 있다. 결국 몸과 마음은 혈액, 신경, 호르몬, 항체 등과 같은 동일한 기본 요소들을 공유하고 있는 것이다.

그것을 달라이 라마는 이렇게 표현했다.

"마음의 수행을 한다는 것은 긍정적인 감정을 키우는 것을 의미합니다. 용서와 자비, 그리고 다른 사람의 행복을 위해 헌신하는 마음이 그것입니다. 미움과 질투 같은 부정적인 감정들은 당신이 적으로 불러야 할 것들입니다. 우리는 수행을 통해 이런 부정적인 감정들을 최소화시킬 수 있습니다. 몇몇 과학자들에 따르면, 이런 마음의 수행은 건강과 매우 밀접하게 연결되어 있습니다. 더 고요한 마음일수록, 더 평화로운 마음일수록 신체도 더 건강합니다. 혼란스런 마음은 건강을 해치고, 몸에 매우 해롭습니다. 따라서 약간의 마음 수행은 모두에게 매우 이롭습니다. 이것이 내 느낌입니다."

나는 달라이 라마에게 자신의 병 때문에 얻어진 긍정적인 것이 있다면 무엇인가를 물었다. 전세계의 티베트 인들이 그에 대해 이루 말할 수 없이 걱정을 했었다. 그가 시첸 사원의 병상에 누워 있는 동안, 수천 명의 순례자가 분명 몹시 추운 상황임에도 불구하고 그의 건강을 기원하는 기도를 올리며 노천에서 며칠 밤을 지새웠다.

달라이 라마는 티베트 어로 락도르를 통해 대답했다.

"나는 그 일이 사람들로 하여금 선한 행위를 하고 영적인 삶을 추구하게 하는 데 좋은 활력소가 되었다고 생각합니다."

나는 얼른 이해가 가지 않았다.

달라이 라마가 좀더 설명했다.

"만일 모든 것이 정상이라면, 설령 우리가 많은 기도를 할지라도 그 기도는 그다지 절실하지 않습니다. 하지만 내가 아팠기 때문에 모든 기도가 절실해졌습니다. 우리 모두가 간절하게 기도했습니다. 따라서 그런 식으로 몇 가지 긍정적인 결과가 얻어진 것입니다."

가리 린포체가 요약해서 말했다.

"달라이 라마의 병환은 우리 모두를 더욱 영적인 존재로 만드는 촉진제였습니다."

달라이 라마에게 있어서, 고통과 고난은 인내심과 포용력을 키우는 필수적인 조건이다. 인내심과 포용력은 우리가 미움이나 분노 같은 부정적인 감정들을 줄이길 원할 때 없어서는 안 되는 중요한 요소들이다. 모든 일이 잘 되어 나갈 때, 우리는 인내심과 용서가 그다지 필요하지 않다. 오직 문제와 맞부딪칠 때, 고통받을 때만, 우리는 그것들의 가치를 진정으로 배울 수가 있다. 일단 우리가 그것들을 자기 것으로 만들면, 자연스럽게 자비의 감정이 흘러나온다.

"내가 시첸 사원을 떠날 때 당신은 슬펐나요?"

달라이 라마가 내게 갑작스럽게 물었다.

나는 대답했다.

"네, 슬펐습니다."

가리 린포체가 궁금해 하며 물었다.

"달라이 라마가 돌아가실 것 같았나요?"

내가 대답했다.

"아니요. 전혀요. 난 믿음을 갖고 있었어요. 이유는 모르겠지만, 달라이 라마가 좋아지리라는 걸 알고 있었어요. 다만 난 그가 너무도 허약하고 상처받기 쉽게 보여서 슬펐던 것입니다. 전에는 그토록 연약한 모습을 본 적이 없거든요. 그것 때문에 난 몹시 충격을 받았던 겁니다. 많은 사람들이 충격 받은 것처럼요. 그리고 한 가지 더 있어요. 달라이 라마는 시첸 사원을 떠날 때 나를 껴안아 주었습니다. 난 크게 감동 받았습니다. 그는 몸이 너무 아파 혼자서 서 있기도 힘든 상태였음에도 불구하고 여전히 나를 위로하고, 나에게 기운을 북돋아 주려고 했습니다. 그토록 병에 시달리면서도, 여전히 염려하는 눈길로 나를 바라봐 주었습니다. 언제나 그렇게 해온 것처럼. 그는 자신의 행복보다 타인의 행복을 먼저 생각했습니다."

나의 수행은 내가 쓸모 있는 삶을 살도록 도와준다. 만일 내가 짧은
순간이나마 다른 사람들을 행복하게 해줄 수 있다면, 내 삶은 어느 정도
목적을 이룬 것이다. 그것은 내게 깊은 정신적 만족감을 안겨 준다.

16
보리죽 한 그릇의 만족

나는 달라이 라마와 함께 그의 사택 옥상 위에 서 있었다. 멀리 바깥쪽 히말라야가 영화 화면처럼 장엄하게 펼쳐져 있었다. 해발 4,350미터의 인드라할 협곡에서 굽이쳐 흐르는 3개의 능선이 안개에 감싸인 채 저 아래쪽 넓고 푸른 캉그라 골짜기로 이어지는 것을 볼 수 있었다. 더 멀고 훨씬 높은 곳에는 만년설에 뒤덮인 다울라다르 히말라야 정상이 보였다. 가까운 능선 부근에서 나는 몇 개의 작은 회색 반점들을 발견했다. 자그마한 고원에 둥지를 튼 작은 마을이었다. 그 옆에는 산사태로 깊이 패인 흔적이 있었다. 더 아래쪽으로 내려오면, 은빛 실타래 같은 강이 한 무리의 반짝이는 작은 빛들 사이를 지나 골짜기 바닥을 구불거리며 흐르고 있었다.

달라이 라마가 왼손에 염주를 들고서 그 반짝이는 빛의 무리 하나를 가리키며 말했다.

"저기 마을의 불들이 아직 켜져 있군요."

그는 내게 자기 쪽으로 몸을 더 기대, 산사태 흔적이 있는 산 아래쪽 평원 부근에서 반짝이고 있는 작은 촌락을 바라보라고 손짓했다.

인도의 우기가 시작되기 전 일요일 새벽 5시였다. 달라이 라마는 그 시간에 바깥에 나가 있기에는 옷을 얇게 입고 있었다. 평소에 입는 승복 차림이 아니라, 소매가 없고 깃이 높은, 밝은 오렌지색 셔츠 차림이었다. 공단 같은 옷감이 이른 새벽 빛을 받아 희미하게 빛이 났다. 그는 발목까지 오는 고동색 허리두르개로 몸을 감싸고 있었다. 그리고 몸통에는 승려들이 겉에 걸치는 밤색 숄을 동여매고 있었다. 나는 전에는 그가 이런 복장을 한 모습을 본 적이 없었다. 아마도 자신의 거처에서 아침 일상을 보낼 때는 이따금 이런 차림을 하는 모양이었다.

달라이 라마가 나를 옥상으로 초대한 것은 이번이 처음이었다. 최근에 콘크리트로 된 좁은 통로와 전망대가 새로 만들어졌다. 우리 아래로는 그의 사택이 자리잡고 있는 울창한 히말라야 삼나무와 소나무숲, 그리고 키 큰 철쭉나무숲이 내려다보였다.

우리는 옥상에 오래 머물지 않았다. 약 5분 뒤, 다시 넓은 2층 거실로 내려와, 달라이 라마의 명상하는 방으로 들어갔다. 그는 신발을 벗고, 명상하는 자리로 걸어가 탁자 뒤켠에 가부좌를 하고 앉았다.

그것과 거의 동시에, 달라이 라마의 시봉을 드는 수도승 팔조르가 아침식사를 쟁반에 받쳐 들고 들어왔다. 그는 달라이 라마 옆 바닥에 있는 낮은 방석 위에 쟁반을 내려놓았다. 따뜻한 보온병 2개, 보리죽이 담긴 커다란 유리 대접, 두껍게 썬 토스트 접시, 그리고 잼과 버터가 있었다.

달라이 라마는 천으로 된 냅킨을 무릎에 두르고, 제법 큰 보리죽 대접을 집어들었다. 그는 왼손으로 그릇을 잡고 오른손으로 한 숟가락 크게 떴다. 그리고 그걸 입술 가까이 내고는 잠깐 동안 먼

곳을 응시했다. 그리고는 먹기 시작했다. 식사를 하면서 그는 자기 앞 탁자 위에 반듯하게 놓인, 낱장씩 떨어지게 되어 있는 티베트 경전을 읽기 시작했다.

보리죽을 다 먹고 나서 달라이 라마는 그날 아침 주방에서 신선하게 구운 티베트 빵 한 조각을 집어 그 위에다 딸기 잼을 고르게 발랐다. 그리고 그 위에 다시 버터를 살짝 바른 다음 한 입 베어 물었다. 아침식사로 달라이 라마는 보리죽 큰 대접, 꽤 큰 토스트 두 조각, 그리고 머그 잔으로 밀크 티 두 잔을 마셨다. 식사를 하는 동안 내내 그는 경전 읽기에 몰두해 있었고, 나에게 전혀 말을 걸지 않았다.

달라이 라마는 혼자 식사하는 것을 좋아했다. 해외를 여행하면서 그는 수많은 아침식사와 점심식사에 초대 받았다. 비서실장 텐진 게세는 그 초대들을 거절하느라 항상 진땀을 뺐다. 이 티베트 지도자는 다른 사람들과 함께 식사를 하면, 식사하는 동안 대화 분위기를 가라앉혀 버리기 일쑤였다.

5시 30분이 되자, 달라이 라마는 자리에서 일어나 나더러 따라오라고 신호를 보냈다. 우리는 그의 욕실로 갔다. 한쪽 벽면 전체가 유리로 되어 있었다. 그가 커튼을 젖히자, 신비롭고 아름다운 산 능선들이 나타났다. 〈극동 이코노믹 리뷰〉 더미가 변기 옆 낮은 탁자 위에 놓여 있었다. 달라이 라마는 수도꼭지를 틀고 이를 닦기 시작했다.

그와 함께 한 여행들에서 나는 그가 식사를 마치면 거의 언제나 그 즉시 이를 닦는 걸 보아 왔다. 한번은 노르웨이의 트롬소 대학교 총장과 교수단이 그를 존경하는 뜻에서 공식적인 오찬을 마련했다. 식사를 마친 뒤, 달라이 라마는 자신의 바랑에서 짙은 자주색 칫솔과 작은 콜게이트 치약을 꺼내 들고, 마치 어부가 월척을 낚아서 의기양양하게 쳐들 듯이 그것들을 높이 들어 보였다. 그를 초대한 사람들이 감탄의 눈으로 쳐다보고 있는 동안, 그는 여전히 양치질 도구를 높이 쳐들고서 세면실로 향했다. 그 자리에 모인 60여 명의 사람들 모두가 웃음을 참느라 혼이 났다.

명상하는 방으로 돌아온 달라이 라마는 숄을 허리춤에 두르고 방석 위에 앉았다. 명상을 시작하기 전에 그는 내게 대충 그날의 일정을 말해 주었다.

그는 말했다.

"명상이 끝나고 8시쯤에 나는 또다시 혼자서 몇 가지 특별한 기도와 명상을 시작할 겁니다. 그것은 한 시간 반 정도 걸리며, 당신은 계속 이곳에 머물러 있어도 좋습니다. 그후에 나는 독서를 할 겁니다. 당신은 여기든 저기든 편안히 앉아 있으세요."

그는 거실 쪽을 가리켰고, 나는 열린 문을 통해 거실을 볼 수 있었다.

"그리고 11시 반에 이곳에서 점심을 먹습니다. 오후에는 자유입니다. 자유란 이것저것 읽는 것을 의미합니다. 오늘은 일요일이고, 난 특별히 해야 할 일이 없습니다. 대개는 시계줄을 바꾼다든지 하는데……."

달라이 라마는 자신의 시계를 만지작거리며 껄껄 웃었다.

"하지만 오늘은 아무 일도 하지 않을 생각입니다. 저녁 5시쯤에는 목욕을 할 겁니다. 목욕을 하고 나서는 수건을 몸에 두르고 이곳에 앉아 있을 겁니다. 남태평양의 섬사람들처럼 벌거벗고서 말입니다."

그는 스스로 자신의 익살스런 모습을 상상하면서 고개를 젖히고 웃음을 터뜨렸다.

"5시 30분이나 40분쯤에는 저녁 차를 마십니다. 그리고 나서 당신과 작별입니다."

그를 알고 나서 처음으로, 그는 나를 자신의 사적인 공간에서 하루를 함께 보내자고 초대했다.

달라이 라마는 숄을 풀어 그것으로 배를 따뜻하게 감쌌다. 그런 다음 염주를 무릎에 놓고, 승복 자락을 가부좌 튼 다리 밑으로 접어 넣은 뒤, 시계를 팔꿈치까지 밀어올렸다. 그는 등을 쭉 펴고 몸을 앞으로 한 번 흔든 뒤, 똑바로 앉았다. 이제 명상할 준비가 끝난 것이다.

명상을 하고 있는 달라이 라마는 내가 티베트에서 보아 온 은둔 수행자들과 크게 다르지 않았다. 그 은둔 수행자들은 히말라야 높은 곳에 있는 작은 동굴에 자신을 숨긴 채 살아가고 있었으며, 음식은 충실한 제자들이 날라다 주었다. 그들의 삶은 오직 영적인 수행에 집중되어 있었다. 달라이 라마가 그의 1평방미터의 방석에 앉아 명상에 잠겨 있을 때, 비록 시설이 잘 갖추어진 곳이긴 하지만 그는 혼자서 외딴 은둔처에 앉아 있는 것이나 다름없었다. 단순하게 생긴 마호가니 탁자와 무릎 높이의 야트막한 목재 진열장, 그리고 그 위에 얹힌 붉은색 사물 정리함으로 둘러싸인 그의 혼자만의 공간은 전화 부스보다도 크지 않은 아늑한 토굴이었다.

달라이 라마는 명상을 시작하자마자 곧바로 깊은 상태에 이르렀다. 시작하고서 1,2분도 채 걸리지 않았다. 눈은 감겨져 있고,

무릎에 놓인 양 손은 규칙적으로 염주를 돌렸다. 명상이 깊어져 감에 따라 그의 머리가 앞으로 숙여졌다. 불룩한 눈꺼풀은 매번 빠른 안구 운동을 보여 주고 있었다. 마치 커다란 구슬이 손수건 밑에서 앞뒤로 움직이는 것과 같았다.

한 시간이 흘렀다. 달라이 라마는 명상에서 완전히 깨어나지 않은 상태에서 오른쪽에 있는 나무 진열장 선반으로 손을 뻗어 소니 단파 라디오의 스위치를 올렸다. 시보를 알리는 귀에 익은 음이 네 번 울린 뒤, BBC 월드 뉴스가 흘러나왔다. 다람살라는 오전 6시 30분이었지만, 영국 그리니치는 오후 1시였다. 톱 뉴스는 아리엘 샤론 이스라엘 총리와 팔레스타인 지도자 마흐무드 압바스의 역사적인 만남에 대한 이야기였다.

'두 사람은 로드맵으로 알려진, 미국이 지원하는 평화 계획안을 논의하기 위해 예루살렘에서 만났습니다.'

여성 아나운서가 억양 섞인 발음으로 말했고, 그녀의 목소리가 평화로운 명상 공간에서 크게 울렸다.

'만남은 엄중한 경호를 받으며 샤론 총리의 사무실에서 이루어졌으며, 안전이 주요 의제였습니다.'

달라이 라마는 듣고 있는 기색이 없었다. 하지만 그의 몸은 이상하게 긴장하고 있었다. 그는 두 손바닥을 맞대고서 엄지손가락 끝으로 코를 세게 눌렀다. 그는 그 동작에 전심전력을 다했다. 그것은 마치 새로운 차원의 통찰력을 얻기 위해 가능한 한 세게 손바닥으로 자신의 얼굴을 누르는 것과 같았다.

여전히 명상 상태에 있으면서 그는 손을 뻗어 선글라스를 집어 들었다. 태양이 다울라다르 산 능선 위로 떠올랐고, 환한 아침 햇살이 방안으로 쏟아져 들어왔다. 그는 간단한 기도 몇 구절을 중얼거리고 나서 라디오를 껐다.

방석에서 일어난 달라이 라마는 바닥에서 천장까지 삼 면이 유리로 된 넓직한 거실로 걸어갔다. 그 방은 2층의 절반 이상을 차지하고 있었다. 커다란 자주색 부겐빌리아 넝쿨이 건물 외벽에 드리워져 있어서 방안으로 흘러들어오는 늦은 아침 햇살을 부드럽게 막아 주었다. 달라이 라마는 구석으로 가서, 불교 경전 더미가 쌓여 있는 낮은 탁자 뒤의 방석에 앉았다.

그 근처에는 독일인 신도가 선물한 최신형 러닝 머신이 있었다. 그 운동 기계는 옹이가 울퉁불퉁한 나무 둥치로 조각한, 윤기나게 칠을 한 불상 바로 앞에 서 있었다. 나는 그 독특한 불상을 금방 알아보았다. 그것은 대만 총통 천수이벤이 보낸 선물이었다. 총통이 티베트 지도자에게 그것을 선물할 때, 나도 그 자리에 있었다. 나는 사람들이 운동을 하면서 자기가 좋아하는 텔레비전 프로를 보듯이, 달라이 라마가 불상을 응시하면서 러닝 머신을 사용하기로 결정을 내린 것인지 궁금했다.

달라이 라마는 경전을 읽으면서 이따금씩 낱장으로 된 페이지 위에 메모를 했다. 약 20분 뒤, 그는 일어나서 방 반대편 구석에 있는 팔걸이 의자로 옮겨 갔다. 나는 따라가서 옆에 놓인 등받이 의자에 말없이 앉았다.

달라이 라마가 불쑥 말했다.

"때때로 이상한 일들이 일어납니다. 1958년 여름, 귀중한 사리들이 라싸에 있는 사원의 불상 자리에서 발견되었습니다. 나는 보고를 받았고, 사리 일부를 여름 궁전에 있던 내게로 보내졌습니다. 난 약간 의심이 갔지만, 그것이 진짜인지 가짜인지 알 수 없었습니다. 그 당시 그 불상을 관리하던 승려는 늙고 뚱뚱했는데, 성격이 의심스러웠습니다. 우린 그에 대해 항상 농담을 하곤 했지요. 그래서 난 의심스러운 나머지 관리 한 사람을 보냈습니다. 그 관리는 사리들이 나타난 장소를 흰 스카프로 덮어 봉인을 했습니다. 며칠 뒤 내가 그곳을 방문해 봉인을 열어 보니, 불상이 놓인 자리의 갈라진 틈새에 많은 사리들이 있었습니다. 난 그것이 하나의 징조라고 생각했습니다. 작별의 선물 같은 것. 그로부터 몇 달 뒤인 1959년 3월에 우린 티베트를 떠났습니다. 참 이상하지요?"

내가 물었다.

"그 사리들은 어떤 모양이었나요?"

"희고, 작고, 둥근 알약 같았어요. 아주 많았습니다. 거의 머그잔으로 가득 찰 정도였어요."

그는 생각에 잠긴 듯 보였다. 규칙적으로 염주를 돌리며 창 밖을 응시하더니, 문득 나를 돌아보았다. 그리고는 말했다.

"지난 몇 해 동안 당신은 여러 차례 이곳으로 나를 찾아왔습니다. 나와 함께 많은 곳을 여행하기도 했구요. 기회가 있을 때마다 당신은 내게 질문을 했습니다. 때로는 매우 어리석은 질문도……"

그렇게 말하고 나서 그는 한바탕 소리내어 웃었다.

그가 말을 이었다.

"이제 내가 당신에게 몇 가지 질문하고 싶습니다."

나는 너무도 놀랐다. 전혀 예기치 않았던 일이 벌어지고 있었다. 이것은 대본에 없던 일이었다. 그리고 나는 아무 준비도 안 된 상태였다.

내가 정신을 가다듬으며 말했다.

"물론입니다. 최선을 다해 대답해 드리겠습니다."

달라이 라마가 질문을 시작했다. 나는 그가 나에 대해 집중력을 높이고 있음을 느꼈다. 마치 집중된 명상 에너지의 일부를 나를 향해 보내는 것처럼.

"티베트를 알게 된 이후로 당신은 여러 차례 티베트를 여행했습니다. 당신은 실제로 그곳에서 많은 일을 했습니다. 티베트의 순례 장소들에 대해 두꺼운 책을 썼어요. 당신은 티베트 인들에 대해 어떻게 생각합니까?"

내가 대답했다.

"아시다시피 나는 30여 년 전에 이곳 다람살라에 와서 처음 티베트 인들과 티베트 문화를 접했습니다. 바쁘게 돌아가는 환경에 익숙한 홍콩에서 태어난 중국인으로서, 그것은 내게 큰 문화적 충격이었습니다. 사람들의 친절함에 나는 많이 놀랐습니다. 티베트 인들은 언제나 잘 웃었습니다. 그리고 나는 그들이 자신들과 접촉하는 모든 이들을 보살펴 준다는 느낌을 받았습니다. 완전히 낯선 사람까지도.

티베트를 여행할 때, 그곳에서 만난 사람들도 같은 성품을 지니고 있었습니다. 특별한 것 한 가지는, 그들은 전혀 선입견을 갖지 않고 나를 대했다는 것입니다. 심지어 내가 중국인이라는 사실을 알고 나서도 그러했습니다. 나는 일본인인 척할 필요가 전혀 없었습니다.

외부 세계에는 티베트에 대한 낭만적이고 이상적인 관념들이 많다는 걸 나는 알고 있습니다. 실제의 모습은 그것과 다릅니다. 티베트 인들도 다른 사람들처럼 영악하고 물질적일 수 있습니다. 그러나 오랫동안 그들을 관찰한 결과 나는 솔직하게 말할 수 있습니다. 대체로 티베트 인들은 나쁜 점을 상쇄하고도 남을 정도로 좋은 점이 많습니다."

달라이 라마가 말했다.

"그것이 외부인들이 받는 일반적인 인상이라고 나는 생각합니다. 그렇지 않다면, 시간이 지남에 따라 외국 여행자들의 우호적인 태도가 바뀔 수 있습니다. 그러나 중국이 티베트를 침략하고 44년이 지난 지금, 몇 가지 결점과 단점들을 알고 있음에도 불구하고 티베트 인에 대한 세상의 우호적인 태도는 점점 커지고 있습니다."

나는 고개를 끄덕였다. 내가 봐 왔듯이, 다람살라에서 실제로 그런 일이 일어나고 있었다. 날마다 더 많은 여행자들이 몰려오고 있었다. 인도 정부가 이 외딴 구릉지대의 낡은 시설들을 개선하려는 특별한 노력을 기울이기로 결정할 정도로.

"이쪽으로 더 가까이 와서 앉으시오."

달라이 라마가 지시했다. 나는 의자를 그의 앞으로 당겨 앉았다. 그가 말했다.

"이제 우리는 좋은 친구가 되었습니다. 뿐만 아니라 당신은 곧 세상에 나올 책을 통해서 티베트 인들과 달라이 라마에 대해 이야기하려고 합니다. 그 책은 선전이 아니라고 나는 생각합니다. 당신은 책에 대해 어떻게 생각합니까? 우리의 공동 작업에 대해?"

나는 달라이 라마가 '선전'이라는 단어를 사용한 것에 흥미를 느꼈다. 그것은 그가 매우 민감하게 여기는 부분이었다. 그는 전 생애에 걸쳐 중국의 거짓 선전과 선동의 희생자가 되어 온 사람이었다. 그가 가장 피하고 싶은 것이 그것이었다.

"나는 이 책이 선전이라고 생각하지 않습니다. 나는 내 눈으로 직접 본 것들에 대해서만 쓸 것입니다. 가능한 한 진실하게 기록할 것입니다. 하지만 한 가지 사실은 밝혀야 하겠지요. 나는 완전히 객관적이거나 조사에 열중하는 신문기자가 아닙니다. 지난 여러 해 동안 나는 많은 티베트 인들과 깊은 정을 나눠 왔습니다. 나는 당신과 티베트를 사랑합니다. 하지만 객관적이려고 노력할 것입니다. 너무 비현실적이지 않으려고 노력할 것입니다."

달라이 라마는 고개를 끄덕였다. 그는 안경을 벗고 손바닥으로 눈을 비볐다. 아마도 두서없는 내 이야기를 듣느라 피곤해졌을 것이다. 나는 그의 맞은편에 놓인 또 다른 목재 진열장에 처음으로 눈길이 갔다. 책과 잡지들이 그곳에 쌓여 있었다. 그리고 그것들 사이에 검은색의 큼지막한 단파 무전기가 무심히 놓여 있었다. 초창기 시절에는 그것이 꽤 전문적인 장비였다. 지금은 고인이 된 달라이 라마 어머니의 작은 사진이 한쪽 구석에 눈에 띄지 않게 놓여 있었다. 달라이 라마는 어머니를 무척 사랑했었다.

달라이 라마가 다시 일련의 생각들을 갖고 돌아왔다.

"당신이 나와 만나기 시작하면서 이 모든 일들이 일어났습니다. 그래서 지금 당신 자신은 어떻게 변해 있나요?"

그것은 내가 많이 생각해 보지 않은 주제였기 때문에 나는 무슨 대답을 해야 할지 잘 떠오르지 않았다.

마침내 내가 입을 열었다.

"글쎄요……. 한 가지는 이것입니다. 당신은 지금까지 나의 좋은 본보기가 되어 왔습니다. 당신의 용서하는 능력, 사람들에 대한 친절함, 심지어 방금 만난 사람에게까지 친절을 아끼지 않는 마음, 당신의 높은 도덕 수준, 당신의 이타주의, 이런 것들을 내 눈으로 직접 목격해 왔습니다. 나에게는 너무도 훌륭한 본보기들이었습니다."

달라이 라마는 팔걸이 의자 끄트머리에 어색한 자세로 앉아 있었다. 오전 4시간 동안 바닥에 앉아서 보낸 그에게 일반인들에게 맞게 설계된 이 현대식 가구가 적응하기 힘들어 보였다. 그는 자세를 바꾸어 쿠션에 길게 몸을 기대려고 했다. 하지만 그렇게 하려면 몸을 길게 뻗어야만 했다. 그 대신 그는 등 한쪽을 천을 댄 의자 손잡이에 기댔다. 그렇게 하니 아까보다 훨씬 더 불편해 보였다.

내가 계속해서 말했다.

"당신과 함께 일하게 되면서 내가 전보다 더 나은 인간이 되었다고 말하려는 건 아닙니다. 당신이 말해 왔듯이, 그런 것은 시간이 걸립니다. 하지만 내 생각에 나는 더 깨어 있고, 더 민감해졌습니다. 예를 들어, 이타적인 행동이 가져다주는 보상을 자각하게 되었습니다. 만일 내가 다른 사람들에게 좋게 행동하면, 나 자신에게도 이득이 생길 것입니다. 그리고 남을 배려함으로써 정신적인 만족을 경험하게 되었습니다. 용서가 당신의 근본 자세임을 나는 의심치 않습니다. 그리고 그것이 당신에게 마음의 평화를 가져다주는 것을 보았습니다. 나는 또 상호 의존에 대해서도 배웠습니다. 당신이 말했듯이, '어떤 장소에서 한 가지 일이 일어나면, 그

반작용이 내가 있는 장소에서 일어난다'는 것을 알게 되었습니다. 이런 것들이 내가 지금까지 매 순간 당신으로부터 배운 것들입니다. 실제로 어떤 것들은 내 자신의 것이 되기도 했습니다. 비록 일시적이긴 했지만. 만일 내가 당신과 또 다른 책을 쓰게 된다면, 나에게도 조금은 더 가망이 생기겠지요."

달라이 라마는 그 말을 듣고 한바탕 웃었다.

이번에는 내가 한동안 마음에 품어 온 질문을 그에게 하기로 마음먹었다.

"당신은 불교 수도승으로 평생을 살아왔습니다. 열반이나 깨달음 같은 어려운 것들은 제외하고, 당신은 이 생에서 무엇을 이루고 싶습니까?"

잠시의 주저함도 없었다. 마치 이 질문을 기다리고 있었던 것처럼, 그의 대답은 즉각적이었다. 달라이 라마가 내게 한 말은 이것이었다.

"행복해지는 것입니다. 나의 수행은 내가 쓸모 있는 삶을 살도록 도와줍니다. 만일 내가 짧은 순간이나마 다른 사람들을 행복하게 해줄 수 있다면, 내 삶은 어느 정도 목적을 이룬 것입니다. 그것은 내게 깊은 정신적 만족감을 안겨 줍니다. 이 느낌은 당신이 타인을 위해 봉사할 때면 언제나 찾아옵니다. 다른 사람들을 도울 때 나는 행복을 느낍니다. 나에게 가장 중요한 것은 인간의 자비, 서로를 보살피는 마음입니다."

우리의 막간 대화는 끝이 났고, 달라이 라마는 의자에서 일어나 다시 명상하는 방으로 향했다. 나는 그에게서 몇 미터 떨어진, 입구 근처의 붉은색 접는 의자에 홀로 앉았다. 그 자리에서는 달라이 라마의 옆모습이 보였다. 그의 머리 위로는 유리벽을 통해 다울라다르 산의 겹겹이 중첩된 칼날 같은 능선들이 보였다. 내 왼쪽으로는 한 장소에 모여 있는 것들로는 최고의 작품들이라고 할 만한 화려하고 성스런 티베트 예술품들이 커다란 유리 진열장 안에 세심하게 진열되어 있었다. 크고 작은 수백 개의 불상들과, 모두 전설적인 유래를 간직하고 있으면서 생동감 넘치는 색채들로 그려진 수백 년 된 티베트 탱화들의 놀라운 이미지들이 내 감각을 자극했다. 나는 그것들 모두에서 달라이 라마의 생명력 넘치는 에너지를 느낄 수 있었다. 그의 본질적인 선한 마음이 그 방안에 있는 모든 사물과 공간 속에 스며들어가 있었다. 그가 이곳에서 수천 시간을 명상과 기도로 보낸 결과가 그곳에 있었다.

마음의 평화에는 두 가지 길이 있다. 하나는 단순한 삶이다. 그런 삶은 마음을 덜 혼란스럽게 한다. 또 다른 길은 매우 복잡한 삶, 많은 것들을 알고 있는 삶이다. 하지만 그럼에도 불구하고, 내면에서 평온을 유지하는 삶이다.

17
단순한 삶, 고요한 마음

두 명의 티베트 인 의사가 일주일에 한 번씩 있는 달라이 라마의 건강 검진을 위해 사택에 도착했다. 남걀 박사가 먼저 명상하는 방 입구에 모습을 나타내었다. 그는 문지방에서부터 달라이 라마에게 삼배를 올렸다. 체텐 박사가 그 뒤를 따랐다. 내가 그곳에 있는 걸 보고 놀랐다 하더라도, 그들은 전혀 내색하지 않았다. 그들의 관심은 한치의 흔들림도 없이 오로지 그 티베트 지도자에게 집중되어 있었다.

체텐 박사는 함께 온 동료 의사에게 시작하자는 신호를 보냈다. 호리호리한 체격을 가진 삼십대의 남걀 박사는 목깃을 접어올린 길고 검은 중국풍의 옷을 입고 있었다. 티베트 의학 전문가인 그는 달라이 라마 앞의 두꺼운 양탄자 위에 무릎을 꿇고 앉았다. 티베트 지도자는 왼쪽 팔꿈치를 넙적다리에 기대고서 팔을 세운 채 몸을 앞으로 구부렸다. 의사는 두 손으로 부드럽게 달라이 라마의 왼쪽 손목을 잡았다. 마치 플루트를 연주하는 것처럼 남걀 박사의 손가락들이 달라이 라마의 손목에서 춤을 추었다. 그는 환자의 기의 흐름에 일어난 극히 미묘하고 미세한 변화를 탐지하고 있었다.

두 사람의 머리가 거의 맞닿아 있었다. 한 사람은 짙은 색조의 밤색과 황토색 옷을 입고 있었고, 다른 사람은 진한 검은색 옷을 입고 있었다. 두 사람은 흡사 아주 다른 깃털을 가진, 종류가 다른 커다란 새 두 마리가 몸을 웅크리고 함께 붙어 앉아 서로의 심장 박동에 자신의 심장 박동을 맞추고 있는 것처럼 보였다.

달라이 라마는 티베트 어로 무엇인가를 말했다. 깊고 그윽하면서 거침없는 목소리였다. 남걀 박사는 더없이 부드러운 속삭임으로 반응했다. 1, 2분쯤 뒤, 그는 달라이 라마의 손목을 놓아 주었다. 달라이 라마는 다른쪽 손을 내밀었다. 이번에 의사는 자신의 왼손가락들을 사용해 맥을 짚었다.

남걀 박사가 진찰을 마치자, 서양 의학을 배운 체텐 박사가 달라이 라마에게 다가가 그의 무릎에 두툼한 베개를 올려놓았다. 티베트 지도자가 그 위에 오른팔을 올려놓자, 의사는 청진기를 대고 환자의 혈압을 재었다. 그러는 동안 달라이 라마는 대답하고 질문하면서 내내 그와 얘기를 나누었다. 달라이 라마가 자신의 건강을 점검하고 유지하는 데 적극적으로 협조하고 있음이 분명했다.

10분쯤 뒤, 두 의사는 들어올 때와 마찬가지로 조용히 나갔다.

달라이 라마는 명상할 때 앉는 방석 위로 돌아갔다. 그가 내게 얼굴을 돌리더니 말했다.

"자, 내가 질문을 계속할까요?"

그는 나와의 대화를 계속하길 바라고 있었다. 그가 자신의 이 새로운 역할을 즐기고 있음을 느낄 수 있었다. 그는 변화를 위해 자신이 질문하는 역할을 맡았다. 내 쪽에서도 이 역할 바꾸기가 즐겁고 새로운 경험이었다. 그것은 나의 공동 저자와 다른 방식으로 영향을 주고받을 수 있는 하나의 기회였다. 그리고 내가 전에는 별로 관심을 기울이지 않았던 것들에 대해 생각할 수 있게 만들었다.

달라이 라마가 말했다.

"당신은 중국인으로서 중국인 가정에서 태어났지만, 내가 생각하기엔 보다 서구화된 사회에서 성장했습니다. 안 그런가요?"

내가 대답했다.

"그렇습니다. 스무 살 때까지 나는 아직 중국적인 것이 많이 남아 있던 홍콩에서 살았습니다. 나의 어머니는 영어를 할 줄 몰랐고, 사고방식과 습관들도 매우 중국적이었습니다. 하지만 홍콩은 그 당시 영국 식민지였고, 나는 영국인 학교에 다녔습니다. 따라서 나는 반반이라고 생각합니다. 중국식으로 성장했지만, 동시에 서구적인 방식에 영향을 받았지요."

달라이 라마는 고개를 끄덕이며 내 얘기에 귀를 기울였다. 그가 말했다.

"현재 당신은 티베트 인들과 더욱 많은 접촉을 하고 있습니다. 티베트는 동양에 속한 나라입니다. 그리고 불교는 티베트 인뿐만 아니라 중국인들의 종교이기도 하지요. 따라서 당신은 동양적인 문화를 더 많이 갖고 있다고 할 수 있습니다."

나는 약간 혼란스러웠다. 달라이 라마가 무슨 결론을 이끌어내려고 하는지 분명하지가 않았다. 그의 의도를 알기 위해 내가 좀 더 얘기를 전개했다.

"나는 스무 살에 홍콩을 떠났습니다. 그때 이후로 대부분의 삶을 미국과 캐나다에서 보냈습니다. 하지만 네팔에서도 4년을 살았고, 티베트를 여러 차례 여행했습니다. 히말라야에서 보낸 그

세월들은 나에게 깊은 영향을 미쳤습니다. 티베트를 알고 티베트 불교를 접하면서 나는 확실히 동양의 문화를 더 잘 이해하게 되었습니다."

달라이 라마가 말을 이었다.

"한번은 마음과 인생 학술 회의 때, 한 일본 여성이 참관인 자격으로 참석했습니다. 회의가 막을 내릴 무렵, 그녀가 내게 말했습니다. '지금까지 나는 우리 동양인들이 풍부한 전통을 갖고 있으면서도 탐구하는 능력이 부족하다고 느껴 왔어요.'

우리는 항상 우리 자신을 서양인들의 연구 대상일 뿐이라고 느낍니다. 반면에 과학적인 사고 체계를 지닌 서양인들은 언제나 우리를 관찰하고 조사하지요. 하지만 우리는 그렇게 할 능력이 없다고 스스로 판단합니다.

그런데 마음과 인생 학술 회의를 참관하고 난 뒤, 그녀는 우리 동양인들에게도 동양의 전통을 갖고 좀더 동등한 방식으로 탐구할 능력이 있다고 느끼게 되었습니다. 당신도 그런 느낌을 가진 적이 있습니까? 우리의 전통은 풍부하긴 하지만 오래된 것입니다. 현대 사회에서는 그다지 쓸모 있지도 않고, 오히려 시대에 뒤떨어져 보이기도 하지요. 그러면 서양의 그것들은 아주 고상하고 차원 높은 것인가요?"

제3세계 나라에서 성장한 우리들 대부분은 인생의 어느 시점에선가 거의 예외없이 이런 고민에 부딪친다. 서양은 매우 진보했고, 그 나라의 시민들은 부유하고 똑똑하다. 동양인인 우리는 내내 그런 비교에 시달릴 수밖에 없다.

내가 대답했다.

"나는 1950년대와 60년대에 홍콩에서 성장했습니다. 그 당시 중국은 아시아의 환자로, 홍콩은 문화적 불모지로 알려져 있었습니다. 영국 통치하에 살면서 나는 중국 문화에 대해 열등감을 키웠습니다. 적어도 우리가 홍콩에서 알고 있던 중국 문화 말입니다. 우리는 기술적으로 뒤쳐져 있었고, 그 간격은 빠른 속도로 커지고 있었습니다. 이 심리적인 열등감은 내가 시카고의 엔리코 페르미 연구소에서 물리학을 공부하는 학생이었을 때 더욱 깊어졌습니다. 양자 이론과 원자 분쇄기에 대해 배우면서 나는 경외감에 사로잡혔습니다."

달라이 라마가 가부좌 자세에서 상체를 앞으로 기울이며 질문을 계속했다.

"티베트에 대해 새롭게 알았기 때문에 당신은 티베트 문화, 티베트 불교를 더 많이 이해하게 되었습니다. 이것들은 동양의 지적인 추구를 대표하는 것들입니다. 따라서 이제 당신은 자신이 동양인이라는 느낌을 더 강하게 갖게 되었나요? 그것은 어떤 애국적인 감정인가요? 우리 동양인, 우리 중국인, 우리 티베트 인 같은....... 아니면 더 많은 자신감을 얻었나요?"

달라이 라마는 지금까지 불교를 선전하거나 전도한 적이 한 번도 없었다. 지난 수십 년 동안 그는 우리 모두가 자신들의 문화적 환경에서 토착적으로 생겨난 전통을 지켜 나가는 것이 더 좋다고 말해 왔다. 하지만 지금, 내가 그를 안 이후 처음으로 달라이 라마는 불교에 대한 찬사의 말을 꺼내고 있었다. 그는 마치 첫아이를 자랑하는 자부심 많은 아버지 같았다. 이례적으로 허심탄회하게 그는 마음속 깊이 자리잡고 있는, 불교에 대한 경외심을 밖으로 표현하고 있었다. 나는 그것을 이해할 수 있었다. 어쨌든 그는 60년 넘게 불교 수행을 해온 사람이었다. 그는 마치 믿을 수 없을 정도의 자기 규율과 엄청난 훈련을 통해 마침내 시상대 위의 합당한 자리에 올라선 올림픽 선수와 같았다. 그리고 어렵게 메달을 딴 올림픽 우승자를 누구나 찬양하듯이, 나 역시 그가 약간의 자부심을 갖는 것에 대해 나무랄 생각이 전혀 없었다.

내가 그에게 말했다.

"1972년 당신을 처음 만난 이후부터, 나는 명상에 대한 호기심을 키우기 시작했습니다. 선, 도교, 비파사나를 배우기도 했습니다. 지난 몇 년간은 당신 덕분에 티베트 불교에 대해 많은 것을 알게 되었습니다. 내 생각은 이렇습니다. 2,500년의 역사를 가진 이 사상은 오늘날의 인류와 시대에도 놀라울 정도로 부합한다는 것입니다. 진정한 보물이라고 할 수 있지요. 그것은 마음의 행복에 이르는 효과적인 청사진을 제시해 줍니다. 그리고 과학자들이 결론 내린 것처럼, 그것은 우리의 신체적인 건강을 위해서도 좋습니다. 그래서 나는 동양에서 나온 지혜의 전통인 불교를 알고 있는 것이 자랑스럽습니다. 한 유명한 영화 감독이 말한 것처럼, 이제 불교는 어디에나 있습니다. 그리고 온라인 서점인 아마존 닷컴은 현재 영어로 씌어진 불교 관련 서적을 2만 종이나 판매하고 있습니다."

11시 30분, 달라이 라마의 시봉 팔조르가 음식이 가득 든 커다란 쟁반을 들고 들어왔다. 그는 그것을 달라이 라마 앞의 작은 탁자 위에 내려놓았다. 달라이 라마는 이미 구석의 팔걸이 의자에 앉아 있었다. 쟁반에는 적어도 열 가지가 넘는 접시와 그릇들이 놓여 있었다. 대다수 불교 수도승들과 마찬가지로 하루 중에서 달라이 라마의 가장 중요한 끼니는 점심이었다.

달라이 라마는 몹시 시장했다. 그는 새벽 3시 30분에 일어났으며, 아침을 먹은 지 6시간 반이나 지나 있었다. 그는 참을성을 잃고 앞으로 몸을 기울여 재빨리 그릇 뚜껑들을 열었다. 풍성하게 차려진 음식이었다. 냄새도 아주 좋았다. 둥근 티베트 빵, 수프, 모양이 예쁜 몇 가지 볶음 야채들, 무 한 접시, 그리고 베트남 식 스프링롤처럼 생긴 음식이 담긴 큰 접시……

달라이 라마는 입맛을 다시며 자기 앞에 차려진 음식들을 훑어보았다. 그는 먼저 티베트 빵을 집어 한 입 베어 물었다. 맛을 음미하다가 그는 고개를 들어 내가 적당한 거리에 서서 재미있는 표정으로 자신을 바라보고 있음을 알아차렸다. 그는 다시 자기 앞에 놓인 접시들로 시선을 돌려, 한 순간 망설인 뒤 무가 담긴 접시를 집어들었다.

그가 그 접시를 내 쪽으로 내밀며 말했다.
"내가 주는 것이니, 하나 드셔 보시오."
나는 공손하게 하나를 집었다.
수프를 떠먹으며 그가 말했다.
"지난 세월 동안 나는 거의 채식주의자로 살았습니다. 이따금 티베트에서 선물로 가져온 말린 야크 고기 외에는 거의 고기를 먹지 않았습니다. 전에도 엄격한 채식주의자로 생활한 적이 있지요. 하지만 지금은 아주 철저한 채식주의자는 아닙니다."

그는 수프 그릇을 내려놓고 스프링롤 하나를 집었다.

"이 스프링롤 맛 좀 보시오."

그렇게 말하며 달라이 라마는 내게 스프링롤 접시를 내밀었다. 쫄깃쫄깃한 야채가 독특한 향의 야크 고기, 국수가락, 아삭아삭한 채소 등의 내용물을 잘 감싸고 있었다. 맛도 뛰어났다. 달라이 라마는 훌륭한 요리사를 둔 게 분명했다.

"맛이 괜찮은가요?"

"네, 맛있습니다."

달라이 라마가 고개를 끄덕이며 말했다.

"그럼 점심을 드시고, 잠시 쉬었다가 5시에 다시 오시오. 고맙습니다. 이따가 봅시다."

그날 오후 5시, 내가 달라이 라마의 방으로 갔을 때, 그는 다시 탁자 뒤에 있는 명상 방석 위에 앉아 있었다. 연노란색 목욕 타올이 상체를 감싸고 있고, 고동색 허리두르개가 엉덩이와 다리 주변에 주름 잡힌 채 늘어져 있었다. 대개는 불단 옆 진열장 안에 감춰져 있던 구형 소니 텔레비전이 지금은 밖으로 모습을 드러내고 낮은 볼륨으로 켜져 있었다. 달라이 라마는 리모컨에 오른손을 얹고서 디스커버리 채널 시청에 몰두하고 있었다. 남지나 해를 항해하고 있는 세 돛 달린 중국 배가 에메랄드 빛 섬들 사이를 솜씨 좋게 통과해 나가고 있었다. 1, 2분 뒤 달라이 라마는 채널을 돌렸다. BBC 월드 방송이 최근의 위성 사진을 보여 주며 일기 예보를 하고 있었다.

시선을 여전히 텔레비전에 고정시킨 채, 달라이 라마가 내게 물었다.

"홍콩에 100살이 넘는 사람들이 몇 명이나 있는지 아십니까? 최근에 타왕에서 90살이 넘은 사람들을 15명쯤 만났습니다. 또 한 곳에서 어떤 남자를 만났는데, 몇 살이냐고 물었더니 100살이라고 하더군요. 하지만 60살 정도로밖에 보이지 않았습니다."

나는 홍콩의 연령 분포 통계에 대해 아는 바가 없었기 때문에 엉뚱한 대답을 했다.

"나의 할아버지도 90살 넘게 사셨습니다. 아편 중독자였는데도 말입니다."

달라이 라마는 이 뜻밖의 정보에 약간 놀란 듯했다. 그가 그 얘기를 진짜로 믿는 건지는 알 수 없었다.

그가 말을 이었다.

"시킴에서도 90살이 넘은 사람들 몇 명과 100살이 넘은 사람 한 명을 만났습니다. 한 비구니 승려는 몇 년 뒤 내가 그곳에 다시 갔을 때 100살이 넘었다고 말했습니다. 그녀도 70살밖에 안 돼 보였습니다."

"마음이 평화롭기 때문이겠죠."

나는 마음의 평화가 건강한 삶을 가져다준다는 달라이 라마의 확신을 염두에 두고서 말했다.

그러자 달라이 라마가 말했다.

"나는 그들의 삶이 보다 더 단순하다고 생각합니다. 마음의 평화, 그것에는 의심할 여지가 없습니다. 마음의 평화에는 두 가지 길이 있습니다. 하나는 매우 단순한 삶입니다. 그러한 삶은 마음을 덜 혼란스럽게 합니다. 또 다른 길은 매우 복잡한 삶, 머리가 많은 것들을 알고 있는 삶입니다. 하지만 그럼에도 내면에서 마음은 평온할 수가 있습니다. 바로 나처럼 말입니다!"

그는 손가락으로 자신의 코를 가리키더니, 머리를 뒤로 젖히고 한참 동안 큰 소리로 웃었다.

내가 그에게 물었다.

"하지만 어떻게 하면 평온한 마음을 얻을 수 있나요?"

그가 간단히 대답했다.

"분석입니다."

"분석이라구요?"

"예를 들어, 파트나에서의 나의 심한 복통에 대해 생각해 봅시다. 나는 상황을 분석합니다. 만일 통증을 없앨 수 있는 어떤 가능성이 있다면 걱정할 필요가 없습니다. 해결 방법이 있으니까요. 하지만 만일 해결 방법이 없다면, 그래도 걱정할 필요가 없습니다. 왜냐하면 당신이 할 수 있는 것이 아무것도 없으니까요. 또 다른 방법이 있습니다. 그 고통을 다른 사람들이 겪는 더 큰 고통과 비교하는 것도 매우 큰 도움이 됩니다. 그때 당신은 곧바로 이런 느낌을 갖습니다. '아, 나의 고통은 그 고통들에 비하면 실제로 그렇게 큰 것이 아니구나.' 그러면 당신은 곧바로 더 나은 기분이 됩니다."

달라이 라마는 진열장 위에 놓인 사물 정리함으로 손을 뻗어 서류 몇 장을 꺼냈다.

그가 내게 말했다.

"얼마 전 대만에서 편지 한 통을 받았습니다."

그는 접힌 두 장의 종이를 펼쳐서, 자신이 흥미를 느낀 부분을 찾았다. 이윽고 그는 큰 소리로 그 부분을 읽기 시작했다.

'나는 성질이 나쁜 남자입니다. 사람들은 종종 나 때문에 화를 내곤 했습니다. 차茶 거래상인 나는 욕심 때문에 오히려 이윤을 잃기도 하고, 때로는 정신적인 번뇌에 시달렸습니다. 이제 명상에 대해 배우면서 욕망의 문제를 깨닫고 있습니다. 나의 나쁜 기질도 점차 바로잡아 나가고 있습니다. 이제는 다른 사람들을 쉽게 비난하지도 않을 것입니다.'

달라이 라마는 편지를 무릎에 내려놓고 나를 건너다 보았다. 그의 얼굴에 만족에 찬 밝은 빛이 떠올라 있었다.

"여기 그가 말한 또 한 가지가 있습니다."

그는 편지를 훑어 내려가다가 다시 큰 소리로 읽었다.

'어느 날 나는 장사를 하고 있었습니다. 그런데 나도 모르는 사이 갑자기 나 자신보다 경쟁자의 입장을 더 많이 생각하고 있었습니다. 이것은 전에 없던 새로운 경험입니다.'

달라이 라마는 고개를 들고 크게 소리내어 웃고 나서 계속 읽어 내려갔다.

'나는 지금까지 살면서 그런 적이 한 번도 없었습니다. 이제 내 가족과 친구들은 나를 훨씬 더 편안하게 여기며, 사업도 더 나아지고 있습니다.'

그는 머리를 긁으며 또다시 웃었다.

오후 5시 30분, 시봉 팔조르가 보온병 두 개와 냅킨으로 덮은 접시 하나가 담긴 쟁반을 바쳐들고 들어왔다. 그는 달라이 라마의 탁자 위에 머그 잔을 내려놓고, 거기에 뜨거운 차를 부었다. 달라이 라마는 다른 보온병 뚜껑을 열어 그 머그 잔에 뜨거운 우유를 더 부었다. 팔조르가 몸을 돌려 떠나려고 할 때, 달라이 라마는 냅킨 한 모서리를 슬쩍 들어올려 접시에 담긴 내용물을 살폈다. 그가 팔조르에게 티베트 어로 뭐라고 말하자, 팔조르는 방 한켠으로 가서 다양한 종류의 비스킷이 담긴 커다란 플라스틱 상자를 들고 왔다. 달라이 라마는 상자 안을 세심히 뒤적이기 시작했다. 약간의 시간이 걸렸다. 마침내 그는 둥근 비스킷 하나를 골라, 그것을 내게 건넸다.

그가 말했다.

"자, 이것으로 오늘 우리의 만남은 끝이 났습니다. 고맙습니다. 다음에 또 봅시다."

방석에 앉아 그는 나를 향해 두 손을 뻗었다. 나는 몸을 숙여 그의 두 손을 잡고 그것에 내 이마를 갖다대며 말했다.

"감사합니다."

달라이 라마의 사택을 걸어나오면서 한 가지 의문이 계속 나를 따라왔다. 그 접시에는 과연 무엇이 담겨 있었을까? 뭔가 맛있는 것? 모든 티베트 수도승들과 마찬가지로 달라이 라마도 점심식사 후에는 물을 제외하고 어떤 것도 먹지 않도록 되어 있었다. 그는 냅킨 아래에 있는 것을 내가 보지 않기를 바라는 것처럼 행동했다. 내가 그의 명상하는 방을 떠나는 순간, 그는 그 접시에 담긴 치즈 케이크나 애플 파이 한 조각을 몰래 먹으려 한 걸까?

달라이 라마가 직접 골라 준 비스킷을 한 입 베어 물며 나는 의미심장하게 웃지 않을 수 없었다.

용서는 우리로 하여금 세상의 모든 존재를 향해 나아갈 수 있게 한다. 우리를 힘들게 하고 상처를 준 사람들, 우리가 '적'이라고 부르는 모든 사람을 포함해, 용서는 그들과 다시 하나가 될 수 있게 해준다. 그들이 우리에게 무슨 짓을 했는가는 상관없이, 세상 모든 존재는 우리 자신이 그렇듯 행복해지기 위해 노력한다는 사실을 떠올려 보라. 그러면 그들에 대한 자비심을 키우기가 훨씬 쉬울 것이다.

나는 행복해지는 것이야말로 삶의 목적이라고 믿는다. 세상에 태어나는 순간부터 사람은 누구나 행복을 원하고, 고통을 원치 않는다. 이것은 사회적 여건이나 교육, 또는 사상과는 무관하다. 우리는 내면 깊숙한 곳에서부터 그저 만족감을 원할 뿐이다. 그러므로 무엇이 우리에게 가장 커다란 행복을 가져다줄 것인가를 알아내는 것이 중요하다. 그것은 다름 아닌 용서와 자비다.

고통을 견뎌낼 수 있는 인내심을 키우기 위해서는, 우리를 상처 입힌 누군가가 있어야 한다. 그런 사람들이 있어서 우리는 용서를 베풀 기회를 얻는 것이다. 그들은 우리의 스승조차 할 수 없는 방식으로 우리 내면의 힘을 시험한다. 용서와 인내심은 우리가 절망하지 않도록 지켜주는 힘이다.

나는 새로운 사람을 만날 때, 굳이 서로를 소개해야 할 필요성을 느끼지 못한다. 그는 나와 같은 단 하나의 사람일 뿐이다. 움직이고, 미소 짓는 눈과 입을 가진 존재를 소개해야 할 필요성을 느낀 적은 없다. 우리는 피부색만 다를 뿐, 모두 똑같은 존재다. 살아 있는 어떤 존재라도 사랑하고 자비를 베풀 수 있다면, 무엇보다 우리를 미워하는 이들에게 그런 마음을 가질 수 있다면, 그것이야말로 참다운 사랑이고 자비이다. 누가 우리에게 용서하는 마음을 가르쳐 주는가. 다름 아닌 우리의 반대편에 서서 우리를 적대시하는 사람들이다. 그들이야말로 진정한 스승들이다.

다른 인간 존재에 대해 분노와 미움, 적대적인 감정을 가지고 싸움에서 승리를 거둔다 해도, 삶에서 그는 진정한 승리자가 아니다. 그것은 마치 죽은 사람을 상대로 싸움과 살인을 하는 것과 같다. 왜냐하면 인간 존재는 모두 일시적이며, 결국 죽게 되어 있기 때문이다. 전쟁터에서 죽는가, 병으로 사망하는가는 별개의 문제다. 어쨌든 우리가 적으로 여기는 사람들은 언젠가는 죽기 마련이고, 그러므로 결국 사라질 사람들을 죽이고 있는 것과 마찬가지다. 진정한 승리자는 적이 아닌 자기 자신의 분노와 미움을 이겨낸 사람이다.

용서의 마음을 가지고 있으면 다른 사람이 어떤 모습을 하고, 우리에게 어떤 행동을 하든 아무 상관이 없다. 진정한 자비심은 다른 사람의 고통을 볼 줄 아는 마음이다. 그의 고통에 책임을 느끼고, 그를 위해 뭔가를 해주고 싶은 마음이다. 다른 사람의 행복에 마음을 기울일수록 우리 자신의 삶은 더욱 환해진다. 타인을 향해 따뜻하고 친밀한 감정을 키우면 자연히 자신의 마음도 편안해진다. 그것은 행복한 삶을 결정짓는 근본적인 이유가 된다.

나는 한 명의 인간이자 평범한 수도승으로서 이야기할 뿐이다. 내가 하는 말이 그럴 듯하게 들린다면, 그대로 한번 실천해 보기를 바란다.

—달라이 라마

류시화

시인. 시집으로 〈그대가 곁에 있어도 나는 그대가 그립다〉 〈외눈박이 물고기의 사랑〉 〈나의 상처는 돌 너의 상처는 꽃〉과 잠언시집 〈지금 알고 있는 걸 그때도 알았더라면〉 〈사랑하라, 한번도 상처받지 않은 것처럼〉 산문집 〈삶이 나에게 가르쳐준 것들〉 인디언 추장 연설문 모음집 〈나는 왜 너가 아니고 나인가〉 인도 여행기 〈하늘호수로 떠난 여행〉 〈지구별 여행자〉가 있다. 옮긴 책으로 〈마음을 열어주는 101가지 이야기〉 〈영혼을 위한 닭고기 수프〉 〈티벳 사자의 서〉 〈조화로운 삶〉 〈달라이 라마의 행복론〉 〈인디언의 영혼〉 〈영혼의 동반자〉 등이 있다. www.shivaryu.co.kr

용서

1판 1쇄 발행 2004년 9월 6일
1판 85쇄 발행 2024년 11월 1일

지은이 달라이 라마 · 빅터 챈
옮긴이 류시화

펴낸이 정중모
펴낸곳 오래된미래

등록 1980년 5월 19일(제406-2000-000204호)
주소 경기도 파주시 회동길 152
전화 031-955-0700
팩스 031-955-0661
홈페이지 www.yolimwon.com
이메일 editor@yolimwon.com

ISBN 978-89-955014-6-7 03840

• '오래된미래'는 도서출판 열림원의 자회사입니다.

과연 달라이 라마는 대중 앞에 모습을 드러낼 때와는 전혀 다른 개인적인 모습을 갖고 있을까? 겉으로 보이는 것보다는 덜 영적일까? 적을 향한 사랑보다는 미움이 더 많을까? 챈의 관찰은 매우 특별하다. 그는 어떤 격식도 없이 이 위대한 영적 지도자의 감동적인 모습을 그려내고 있다.

〈용서〉는 달라이 라마와 그의 절친한 중국인 친구와의 가슴과 가슴을 맞댄 대화이다. 우리는 왜 삶에서 수많은 상처를 껴안고 고통받는가? 그 고통을 치유할 길은 무엇인가? 나는 홀로 서 있는 존재인가, 아니면 세상 전체와 연결된 존재인가?

'용서하라, 그래야만 진정으로 행복해진다'고 달라이 라마는 말한다. 우리는 지금까지 대중 강연과 강론을 통해 달라이 라마의 목소리를 들어왔다. 이 책은 달라이 라마가 혼자 지내는 개인적인 방으로의 초대이며, 지혜를 향한 여행으로의 동행이고, 티베트 인들이 가진 삶의 기술에 대한 특별한 강의록이다.

빅터 챈은 홍콩 출신으로 미국과 캐나다에서 물리학을 전공했고, 캐나다 브리티시 콜럼비아 대학의 동양학 연구소 교수이며, 인도와 네팔과 티베트를 여러 차례 여행했다. 지금은 밴쿠버에서 살고 있다.

표지와 본문 디자인_ 행복한물고기 HappyFish

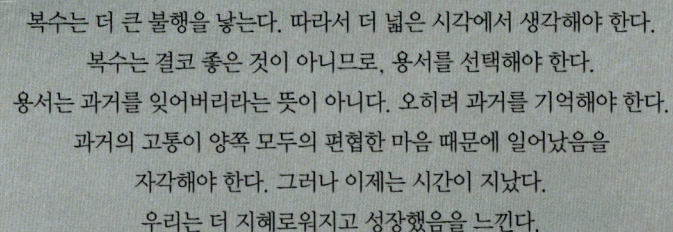

복수는 더 큰 불행을 낳는다. 따라서 더 넓은 시각에서 생각해야 한다.
복수는 결코 좋은 것이 아니므로, 용서를 선택해야 한다.
용서는 과거를 잊어버리라는 뜻이 아니다. 오히려 과거를 기억해야 한다.
과거의 고통이 양쪽 모두의 편협한 마음 때문에 일어났음을
자각해야 한다. 그러나 이제는 시간이 지났다.
우리는 더 지혜로워지고 성장했음을 느낀다.